書

他让世界变小了

成吉思汗

(1162-1227)

高地 著

Genghis Khan

时事出版社

图书在版编目（CIP）数据

他让世界变小了：成吉思汗 / 高地著. -- 北京：时事出版社，2014.9

ISBN 978-7-80232-749-8

Ⅰ. ①他… Ⅱ. ①高… Ⅲ. ①成吉思汗（1162~1227）–传记 Ⅳ. ①K827=47

中国版本图书馆 CIP 数据核字(2014)第 171363 号

出 版 发 行：时事出版社
地　　　址：北京市海淀区巨山村 375 号
邮　　　编：100093
发 行 热 线：(010)82546061　82546062
读者服务部：(010)61157595
传　　　真：(010)82546050
电 子 邮 箱：shishichubanshe@sina.com
网　　　址：www.shishishe.com
印　　　刷：北京市业和印务有限公司

开本：787×1092　1/16　印张：16.5　字数：215 千字

2014 年 9 月第 1 版　2014 年 9 月第 1 次印刷

定价：29.50 元

前言

preface

“一代天骄，成吉思汗，只识弯弓射大雕。”

或许正是如此，他不专文采，全无风骚，一生只识手中紧握的射雕弯弓，但正是这把弯弓，将他手中的征服之箭射出了蒙古大草原，射向那广阔的欧亚大陆，让他成为当之无愧的世界征服者！

成吉思汗，这是一个足以撼动世界、震惊历史的封号。他几乎创造了整个13世纪的辉煌与奇迹，他所建立的伟大帝国和无坚不摧的蒙古铁骑，至今仍然是军事史上不朽的传奇。

他生于草原部落的黄金家族，却一生坎坷、命途多舛。幼年丧父，部族离散，使得他曾流浪于大草原最贫瘠荒凉的地方，也曾沦为最卑贱下等的囚犯。但在这样艰苦卓绝的环境中，他却凭借着惊人的谋略和恢弘的气度，崛起成为大草原的新主人。他以非凡的毅力先后收服数以百计的游牧部落，将整个战乱频发、杀戮不断的蒙古草原部落统一成为一个完整而强大的蒙古汗国。

他以天才的军事指挥能力，打造出一支战无不胜的蒙古铁骑，并带领着他们挥戈南下，攻城掠地，让恢弘一时的金国奄奄待毙。

他睚眦必报，高举复仇的大旗横扫中亚，覆灭西域诸国，以极其残暴而直接的方式打开了欧洲世界的大门，从而建立了一个横跨欧亚大陆的帝国。

成吉思汗的一生是伟大而传奇的，同时也伴随着令人触目惊心的累累血债。有人说他是冷酷嗜杀的帝王，有人却认为他是高瞻远瞩的统帅。他成长于弱肉强食的世界，同样以弱肉强食的观念去征服世界。他摧毁文明，杀戮无数，踩踏着鲜血与白骨登上权力的巅峰。但同时，他又打通了东西方经济文化的交流，从侧面推动了人类历史的发展。

从一个小小的部落酋长，到令全世界都闻风丧胆的天之骄子，一个无依无靠的十几岁少年，究竟是如何创造出一部具有超强力量的军事机器，并操纵着它征服世界的呢?

本书从辽远的蒙古大草原开始，追随着孛儿只斤家族的儿子铁木真，为读者一步步展现他雄霸草原，攻取中原，进而征服世界的步伐。在这里，你将看到，曾经在草原上孤苦无依的铁木真，究竟如何一步步成长为踏遍欧亚大陆的伟大帝王成吉思汗。

目录

contents

第一篇　雄霸草原

第二篇　中原，我来了

第一篇

雄霸草原

第一章　仇杀阴云

千里姻缘

1170年，一个寻常的日子里，在扯克彻儿山与赤忽儿古山之间的草地上，居住于此地的弘吉剌部落贵族特薛禅正骑在马上，若有所思地望着远方。此时已经过了晌午，广袤的大草原依旧安静得只听得到风呼啸而过的声音。特薛禅脑海中又浮现起昨夜的梦，梦中，一只雪白的猎鹰一只爪抓着太阳，另一只爪抓着月亮，落在自己的肩膀上。特薛禅一遍遍地在心里琢磨着，这个梦究竟预示着什么不平凡的事情呢?

特薛禅是蒙古弘吉剌部的大贵族，别部孛思忽儿氏的首领之一，本名为特，薛禅是众人对他的尊称，在蒙古语里有“聪明”、“睿智”的意思。《史集》中将蒙古人分为蒙古尼鲁温和迭儿列斤两大族系，弘吉剌部便属于迭儿列斤一支，主要游牧于呼伦湖东南一带，而其别部孛思忽儿氏则主要驻牧于漠南一带。

特薛禅正若有所思之际，忽然见到远方有一队人快马飞奔而来，待走近后，他才认出，为首的正是乞颜氏首领也速该把阿秃儿。乞颜部是蒙古最古老的部落之一，属于蒙古尼鲁温一系。在历史上，蒙古乞颜部有很多分支家族，但真正属于“黄金家族”，即称得上出身纯正的蒙古人的姓氏只有三个，分别为主儿乞氏、泰赤乌氏以及孛儿只斤氏，而也速该把阿秃儿正是出自于孛儿只斤家族。“把阿秃儿”在蒙古语里是“勇士”的意思，只有那些在战场上屡立战功、英勇无比的人才能得到这样的称号，也速该正是一位在蒙古草原上声名远扬的勇士。

见到也速该，特薛禅急忙迎了上去，笑着喊道:“也速该忽达，你们急匆匆地是打算上哪里去啊?”

忽达在蒙古语里是“亲家”的意思，也速该的妻子诃额伦与特薛禅一样，是弘吉剌部族的人，当时有嫁娶关系的部落之间都会称呼对方为“亲家”。

也速该停下马，朗声应道:“马驹子长大了就该配对儿，我家的铁木真已经九岁了，是时候给他讨个媳妇了。我正打算带他去斡勒忽讷兀惕氏那里找他的舅舅，给他说门亲。”

斡勒忽讷兀惕氏是也速该妻子的娘家，与孛思忽儿氏一样，也是弘吉剌部的一个分支。草原上的人都知道，弘吉剌部向来盛产美女，能够娶到弘吉剌部美丽的女儿，是草原上每个男儿的荣耀。

听也速该这么一说，特薛禅这才注意到在他身后一个骑着马的小子，一副神采奕奕、面容生光的样子，极其讨人喜欢。

打量了铁木真许久之后，特薛禅突然一拍手，惊喜地笑道:“你的儿子铁木真不一般啊！他的眼睛里闪烁着激情的火花，他的面容展现出无穷的活力，将来必定能干一番大事业！昨个儿夜里我做了一个梦，雪白的猎鹰将日月一同抓在利爪之中，落到我的肩头，我一直在想，这究竟预示着什么好事情呢？直到此刻，见到你和你的儿子铁木真，我才算知道，原来这‘好事情’正是我将迎接到你与你的儿子呀！”

也速该听特薛禅这么说，心中又惊又喜，得到如此睿智贤德之人的欣赏，是儿子铁木真多大的福气啊！

特薛禅随即又对也速该说道："也速该亲家，不如带着铁木真一同到我的帐篷里，见见我的女儿孛儿帖吧。她今年已经十岁了，有着高贵的举止和美丽的容貌，还有一颗金子般善良的心，她必定能够成为铁木真的好媳妇！"

草原上的汉子都心直口快、直来直去，听特薛禅这么一说，也速该也大大方方地答应了，带着儿子铁木真与随从一起到了特薛禅的帐篷里。也速该一见到孛儿帖，心中便喜欢上了，特薛禅所说果然属实，孛儿帖确实出落得标致可人，举止行为也大方得体，实在是难得一见的好媳妇！也速该当晚便带着铁木真和仆人一同住了下来，与特薛禅一起饮宴，对于这门亲事，两人也心照不宣。

第二天一大早，也速该就正式向特薛禅提亲，要把孛儿帖娶回家给铁木真做媳妇。特薛禅非常高兴，豪爽地答允道："人家都说'多求几次应允才显得贵重，少求几次应允便显得轻贱'，但我从不理会这些形式，我喜欢铁木真，所以这门亲事，我答应了！"

也速该非常高兴，随即和特薛禅交换了信物，正式定下了这门亲事。特薛禅赶紧命人大摆酒宴，两人这回真成了亲家了！

为表诚意，也速该将所带的马匹作为聘礼送给了特薛禅，并应允将儿子铁木真留在弘吉剌部，遵从妻方居住婚的古老习俗。妻方居住婚是母权时代古老的婚姻风俗，一般来说有两种形式：一是"入赘婚"；二是"服役婚"。所谓"入赘婚"，实际上就是结婚以后，男人做上门女婿，在女方家中落户，并跟随女方的姓氏，也被称为"倒插门"。而所谓"服役婚"指的就是，结婚以后，男方到女方家中进行一段时间的劳作，以作为娶妻回家的代价，而"服役"的时间各地不一，也有的只要到有了孩子之后便能结束"服役"，将妻子带回家。

这种古老的风俗如今早已不过是一种象征形式罢了，也速该心中也很清楚，铁木真在弘吉剌部只需待上几年，到正式结婚的年龄时便能将媳妇孛儿帖领回家。因此，也速该痛痛快快地留下了儿子，翻身上马，与随从一同踏上了回家的道路，他迫不及待地要将这个好消息告知他的妻子和族人。

这场顺利而圆满的姻缘让也速该心中欢喜非常，他策马奔腾在辽阔的大草原上，憧憬着儿子将来能够成为和他一样，不，是比他更加优秀、更加英武的勇士，并作出一番惊天动地的大事业！这份喜悦和憧憬让也速该原本劳累的旅途变得轻松起来，但也同时遮盖住了他警惕的双眼，让他毫无察觉地向着“万丈悬崖”飞奔而去……

草原上的“鸿门宴”

也速该离开孛思忽儿部落后马不停蹄地向着回家的方向奔驰，当他抵达扯克彻儿山附近的赤剌克额儿草原时，已经是黄昏时分，此时的也速该又累又饿，不由得放慢了赶路的脚步。就在这个时候，他忽然看到不远处荒草遍地的大草原上，一群人正围坐在一起载歌载舞，设帐饮宴，气氛甚是欢畅。

也速该大喜，策马向着宴会举行的地方奔去。按照草原上游牧民族的习俗，只要有人在草原上设宴，那么路过的客人无论亲疏，都可以加入其中，随意地喝酒吃肉。即便路过的人没有主动加入其中的意思，作为主人方，也应当热情地邀请他们加入，并以酒肉招待。

走近后，也速该才发现，原来设宴摆酒的竟是塔塔儿人，蒙古部落的世仇。就在也速该犹豫着是否继续上前的时候，塔塔儿人发现了他，并热情地邀请他一同加入宴会。正所谓仇人相见，分外眼红，正常来说一般人遇到这种情况，应该是什么都不想，立马掉头就跑的，毕竟寡不敌众，保住小命才是当务之急。也速该却大步走上前去，大大方方地应了塔塔儿人的邀请，和这些仇人坐在一起，吃肉喝酒，有说有笑。

也速该本就是个豪爽直率的人，在他看来，酒宴之上哪有什么恩怨情仇，作为草原上的好男儿，报仇就该是在战场上的事！先前他犹豫，是因为担心这些塔塔儿人忌惮他的身份，但见他们热情邀约，他也就没有什么可顾虑的了。更何况，这些塔塔儿人不过是寻常百姓，想必也不知晓他的身份。

也速该入座后，塔塔儿人立即送上了烤羊肉和马奶酒，此时的也速该已经饿坏了，根本无暇去想什么，大口地吃着烤得喷香的羊肉，喝着味道纯正的马奶酒。也速该万万没想到，在这些友好的笑脸和美味的膳食背后，等待着自己的是已经敞开的死亡之门，而这场突如其来的草原宴会，实际上是一场充满阴谋的复仇盛筵！

吃饱喝足之后，又在营地逗留了片刻，也速该告别了众人，继续踏上回家的道路。也速该离开之后，一个穿着华贵的年轻人从帐篷里缓缓走了出来，嘴角挂着残忍的笑意，眼中闪烁着复仇的火光，他正是塔塔儿部的首领札邻不合。

早在也速该和铁木真离开乞颜部的时候，塔塔儿人就盯上他了，札邻不合一路上安排了众多探子，掌握着也速该的行踪，由此策划了这场“复仇之宴”。塔塔儿人早已在也速该的马奶酒里下了足以致命的毒药来对付这个在草原上威名赫赫的勇士。

离开塔塔儿人的营地后不久，也速该就感到身体不适，浑身瘫软无力，面无血色，他心中大感不妙，咬牙坚持着，继续在马背上颠簸，一直到了黎明时分，才终于赶回自己的部落。

此时，也速该已经奄奄一息了，毒药的发作让他痛楚难耐，族人们请来萨满为他作法祈祷也无济于事。也速该在病榻之上挣扎了三天，他知道自己大限将至，心中对塔塔儿人卑鄙无耻的行径无比痛恨。也速该把最信任的手下蒙力克找来，对他说道："蒙力克，我最信任的朋友，以后我幼小的儿子们就要托付给你照顾了。我送铁木真去定亲，却没想到回来的途中遭了塔塔儿人的道，这些卑鄙无耻、阴险狠毒的小人们！蒙力克，我的儿子铁木真还在我的亲家特薛禅那里，我要你把他叫回来，让我见他最后一面……"

蒙力克流着泪答应道："我一定会快马加鞭将铁木真接回来！"

蒙力克马不停蹄地赶到特薛禅的营地，对他说道："我们老爷也速该十分想念铁木真，铁木真还从未离开过家中这么长的时间，一时之间很不习惯，所以也速该老爷派我来将铁木真接回家住几天，之后我再将他送回来。"

蒙力克并没有将真实的情况告知特薛禅，一方面是因为他并不信任特薛禅，另一方面则是担心这场婚事突然生变。蒙力克非常清楚，特薛禅之所以愿意将女儿孛儿帖嫁给铁木真，完全是因为乞颜部强大的势力以及也速该英勇的声名，说白了就是想要"攀高枝"。他一旦知道也速该命不久矣，随时可能撕毁婚约，甚至将铁木真扣留起来做人质或奴隶。因此，蒙力克找了一个不痛不痒的理由来带走铁木真：爹想儿子了。

父母想孩子不是什么稀奇事，虽然特薛禅心中有所疑虑，但还是大方地答应了蒙力克的要求，并为他和铁木真备下了最好的马匹，让他们能够尽快赶回去。

一直到离开特薛禅营地，蒙力克才将真实的情况告知了九岁的铁木真，铁木真大惊失色，心急如焚地一路狂奔，但可惜还是晚了一步，当他回到部落的时候，看到的只是也速该冰冷的尸体和紧闭的双眼，他最终没能赶上见父亲最后一面。

铁木真扑到也速该冰冷的遗体上放声痛哭，眼前的一切都让他难以相信，就在几天前，父亲还和他有说有笑，一同骑马去讨媳妇，可如今，怎么一转眼竟发生了这样的事情?!

诃额伦走到了铁木真身旁，眼睛里布满血丝，似乎许久不曾入睡了。她轻轻地拍着铁木真的背，神情肃穆地说道:“塔塔儿人用阴险狡诈的手段谋害我，铁木真你要记住，总有一天要扫平塔塔儿，为我报仇，将塔塔儿所有高过车轮的男子全部杀死！这是你父亲留给你最后的遗言，我的儿子，你要牢牢记住。”

“血海深仇，铁木真一定铭刻于心。父亲，你放心，铁木真总有一天会扫平塔塔儿，用他们的鲜血来祭奠你的在天之灵！”铁木真跪在也速该身旁，咬牙切齿、一字一句地说着，他抹去脸上的泪水，眼中迸发出仇恨的火焰。

世仇

札邻不合毒杀也速该，使得塔塔儿部落与蒙古部落之间旧恨未消，又添一笔血海深仇。

塔塔儿人的家园主要分布在大兴安岭附近的布尤尔湖和科伦湖一带，靠近蒙古人的东南方，他们是大草原上亲密的“邻居”，几乎拥有相同的语言。然而，这对原本应该缔结同盟成为兄弟的部落之间，却结下了血海深仇，世代相恶，而这其中的缘由还要从蒙古人与女真人之间的恩怨说起。

1115 年正月，女真人完颜阿骨打成功统一女真族各部落，建立金国，与契丹人所建立的大辽正式展开抗衡。完颜阿骨打是个非常注重改革的君主，他重用一些精通汉文化的人做谋士，并参照汉字创制了女真文。在阿骨打的统治之下，大金国力日渐强盛，成为大辽国最大的敌人。当时，北宋王朝的统治者宋徽宗试图从辽国手中夺回燕云十六州，于是派遣使臣于 1120 年出使金国，正式与其缔结盟约，共同夹击辽国。

1123 年，完颜阿骨打去世，其弟完颜吴乞买继任成为金国第二任皇帝，即金太宗。金太宗即位之后便与另一少数民族政权西夏联合，继续攻打辽国，直至 1125 年，大辽天祚帝被俘虏，辽国正式灭亡。

攻灭辽朝之后，金太宗随即将目标转向了盟友宋朝。1127 年，金军先后俘虏了宋徽宗和宋钦宗，北宋王朝由此灭亡，宋徽宗第九子康王赵构逃亡临安，建立起新的南宋政权，金王朝由此成为从黑龙江到淮河以北一带的霸主。

就在这个时候，蒙古高原上出了一位英雄——来自蒙古乞颜部的孛儿只斤·合不勒汗，他将蒙古高原上四分五裂的蒙古部落团结到了一起，使得原本如同一盘散沙的蒙古部落顿时展现出惊人的作战能力，在蒙古高原上迅速崛起。

金国自灭辽攻宋之后，其所有注意力都集中在对南宋王朝的攻打上，根本无暇顾及其他部落的动向。而当金太宗终于注意到合不勒汗对自己的威胁时，蒙古人的势力已经不容小觑了。为解决后顾之忧，全力对付南宋，金太宗决定暂时对蒙古采取拉拢安抚政策，于是派人给合不勒汗送去一张请柬，邀请他来金国“吃顿饭”，打算给他点“好东西”来收买他。

接到金国皇帝的邀请后，合不勒汗感到非常惊讶，立即带着随从前往金国都城上京去赴宴。此时的蒙古人还处于完全的游牧民族生活状态，主要居住在帐篷里，有的人甚至连帐篷都没有，以天为被，以地为床。而金国由于深受汉文化的影响，早已经建筑了金碧辉煌的宫殿，并订立了一系列礼仪形式。

合不勒汗到达上京之后，对自己所见的一切都感到非常震惊，同时也对金国人更加忌惮和提防。金太宗对合不勒汗非常热情，三天一小宴，五天一大宴，恨不得把金国所有的山珍海味都端到他面前来。起初，合不勒汗非常小心，生怕金国人在酒肉中下毒，因此每每喝完一坛酒后便借故上茅房，把吃下喝下的东西全部吐出来。这样偷偷地往来几次之后，合不勒汗发现自己的随从们吃肉喝酒似乎也没什么事，这才放下心来，好好地享受美味佳肴。

几巡酒下肚后，合不勒汗开始有些忘形了，他摇摇晃晃地站起来朝金太宗走去，作出了一个让众人目瞪口呆的举动——揪金太宗的胡子。

游牧民族向来民风豪放，或许合不勒汗只是看金太宗的长胡子特别有趣才作出这样的举动，但此举对于深受汉文化影响的女真人来说，无异于是冒犯天威、藐视国君的大罪！金国大臣们纷纷怒不可遏，有的人甚至直接将腰间佩剑拔出，直指合不勒汗。一看这阵仗，合不勒汗顿时酒醒了，赶紧跪在地上向金太宗赔不是。

金太宗虽然对合不勒汗的无礼之举甚为不满，但考虑到大局，便压下了不满的情绪，哈哈大笑道："咱们女真人和你们一样，都是豪爽直率的民族，哪回酒宴上不发生些这样的事情，没什么大不了的！我赏给你一些黄金白银、绫罗绸缎，你回去以后就不要和我们大金作对了，让我们做世世代代的好邻居吧！"

合不勒汗一听，这金国皇帝似乎不打算追究自己的罪责，还有赏赐，连连叩头谢恩，嘴里千恩万谢地说着，但心里始终有些发憷。都说伴君如伴虎，金国皇帝虽然现在不追究，可难保什么时候不会突然反悔，让自己赔上一条命，多不值当啊！于是就在当晚，合不勒汗一拿到赏赐，便赶紧带着财物和随从连夜离开了上京，向自己的大本营飞奔而去。

金国大臣们一看合不勒汗居然跑了，纷纷去觐见金太宗，向他进言，说这个蒙古人不可信，连夜逃跑必然是心怀不轨等等。金太宗原本就对合不勒汗此举感到不满，如今听大臣们一说，更是气不打一处来，随即派出使臣，快马加鞭去追合不勒汗。

见金国使臣追来，合不勒汗心里更加认定金国人这是打算反悔要谋害自己了，便义正言辞地斥责使臣："草原上的好男儿们顶天立地，说出的话更是一言九鼎，金国皇帝刚刚说了让我回去，转眼却又叫人来追赶，你们金国人莫非就是这样反复无常的小人?"

金国使臣无言以对，只得放行。回到大本营后，合不勒汗这才松了口气。可没过多久，金国又遣来了使臣，再次邀请合不勒汗到金国和皇帝一起喝酒。这一次，合不勒汗愤怒了，这金国人看来是不会放过自己了，非要谋害自己不可，倒不如一不做二不休，直接把这些金贼全部斩杀！

打定主意后，合不勒汗带领手下，手握尖刀，一拥而上冲入了金国使臣的帐篷，片刻之间便将他们尽数杀死。很快，这一消息就传到了金太宗那里，金太宗大怒，随即下令讨伐合不勒汗，弱小的蒙古部落与强大的金国正式结下了梁子。

与游牧民族作战，最大的问题在于你很难在广袤的草原上找到他们的踪迹，况且蒙古人又是游牧民族中的佼佼者，他们是天生的骑手和神射手，在草原的掩护下，金军根本没办法与他们抗衡，或者说，金军根本连敌人的行踪都难以找到。

在蒙古草原游荡一段时间后，金军只得决定撤军，而此时，合不勒汗已经带领一众蒙古勇士埋伏在金军撤军的必经之路上，以逸待劳地等待着金国军队自投罗网。在蒙古草原的这段时间里，金国的军士们早已疲惫不堪，尤其是此次无功而返，使得大军士气低落，他们根本没有什么战斗力了。因此，一遭遇蒙古伏军，金国士兵们几乎没怎么抵抗便被打得四散奔逃，溃不成军。

此次战败后不久，金太宗就去世了，金太祖完颜阿骨打的长孙完颜合剌继位成为金国新的皇帝，即金熙宗。金熙宗即位之后本想继续攻打合不勒汗，但倒霉的是，在对南宋作战中，由于宋朝出了诸如岳飞以及韩世忠等一干猛将，金国军队连连失利，甚至连早前占据的城池土地也相继失去。而最为棘手的是，金国内部还发生了叛乱。一连串的问题让金熙宗疲于应对，加之在蒙古草原上一直没能占得好处，反而在蒙古铁骑的践踏下失去了二十多个城寨，无奈之下，金熙宗接受了叔父兀术的建议——向蒙古人求和，赠予他们大量的牲畜粮食，并且正式承认了合不勒汗的“国王”地位。

就在蒙古部落日益强盛的时候，合不勒汗去世了。当时，合不勒汗有七个儿子，但在选择继承人的时候，合不勒汗却选择了自己的堂弟俺巴孩。俺巴孩汗即位后，想继承合不勒汗的意志，继续发展壮大蒙古部落，于是不可避免地与当时的其他部落发生了大大小小的摩擦。

在当时的蒙古高原上，除了蒙古部落之外，还有很多其他的部落。经过长期的争斗，蒙古高原主要形成了六大重要的势力集团，分别为蒙古部落、塔塔儿部落、蔑儿乞部落、汪古部落、克烈部落以及乃蛮部落。这六大势力集团实力相当，彼此之间既有竞争又有合作。

合不勒汗死后不久，其小舅子赛因特斤生了一场重病，当时塔塔儿部落的萨满非常出名，为了救治赛因特斤，蒙古人特意前往塔塔儿部请了一名萨满来为他驱魔治病。萨满来到蒙古部落之后，就立即开始在营帐里作法跳神，但一点也不管用，赛因特斤反而越病越重，没几天就去世了。

赛因特斤死后，亲友们非常愤怒，认为是塔塔儿部的萨满从中做了手脚，故意害死了赛因特斤，一怒之下就把萨满处死了。

萨满在部落中的地位是非常神圣且崇高的，被认为是能够与天神沟通的人，相当于部落的精神领袖，甚至在有的部落中，萨满的影响力要远远超过部落首领。因此，得知蒙古人竟私自处死了萨满之后，塔塔儿人愤怒了，仇恨的血液沸腾起来，大队人马手握武器冲向了蒙古部落。

此前说过，合不勒汗有七个儿子，虽然这七个儿子都没有达到合不勒汗心中继承人的标准，但他们都与合不勒汗一样，十分英勇善战。他们带领着蒙古士兵把来势汹汹的塔塔儿人打了个落花流水。但塔塔儿人并没有死心，战败之后不到一年，又再次向蒙古部落发动进攻，但一年的卧薪尝胆并没有赐予塔塔儿人战胜英勇无比的蒙古人的力量，他们再次失败了。

塔塔儿人非常愤怒，但是又拿蒙古人无可奈何，思来想去之后，决定耍“阴招”来对付蒙古部落。随即，塔塔儿人派遣使者前往蒙古部落，对俺巴孩汗说:“你们蒙古男儿都是勇猛的战士，我们非常佩服。咱们都是大草原上的邻居，不应该为了一些小事情就兵戎相见，如果你愿意，我们不如结为儿女亲家，世世代代友好相处!”

虽然在与塔塔儿人的战斗中，蒙古部落一直处于上风，但打仗这种事情，即便最终胜利了，也难免对部落有所损害。因此，俺巴孩汗听了塔塔儿人的请求之后，非常高兴地同意了，当即许诺将自己的女儿嫁给塔塔儿的首领。

在与塔塔儿人达成协议之后，为表示对塔塔儿的尊重，俺巴孩汗按照蒙古部落的风俗，亲自带领几个随从护送自己的女儿前往塔塔儿部。但没有想到的是，俺巴孩汗的真诚换来的却是塔塔儿人的背叛与欺骗。俺巴孩汗一行人才刚抵达塔塔儿部，就被塔塔儿人团团围住，这些塔塔儿人不由分说，一哄而上把俺巴孩汗捆了起来。随从一见势头不对，赶紧趁乱逃出了塔塔儿部，回到蒙古大本营报信。

蒙古人得知消息后非常生气，合不勒汗的大儿子斡勒巴儿合黑随即带领一众人前往塔塔儿部要人。结果，塔塔儿人一看，合不勒汗的大儿子来了，带的随从也不多，干脆把他也给抓了起来。

塔塔儿人虽然抓了俺巴孩汗和斡勒巴儿合黑，但是由于惧怕蒙古人的势力，一时之间也不敢轻易处置他们。思来想去之后，塔塔儿人决定向金国投诚，将此二人献给金国皇帝。

之前，金熙宗是迫于无奈才与蒙古人握手言和的，如今见塔塔儿人与蒙古人结下梁子，巴不得他们斗个鱼死网破，金国好坐收渔人之利。于是，当塔塔儿人将俺巴孩汗叔侄二人送到金国之后，金熙宗当即就决定将俺巴孩汗处死，让塔塔儿部与蒙古部结下血海深仇。

俺巴孩汗本是抱着一颗真诚的心想要化解塔塔儿部落与蒙古部落之间仇怨的，没想到却遭此暗算，心中激愤不已，当金熙宗“宣判”了他死刑之后，俺巴孩汗悲怆而愤怒地高喊道:“我俺巴孩乃是全族的主人，英雄一世，为表对塔塔儿的诚意，亲自护送我的女儿前去结亲，却没想到，塔塔儿人是如此的龌龊和卑鄙！蒙古部落的男儿们，无论何时你们都要牢牢记住，我是被阴险狡诈的塔塔儿人所害，哪怕你们十个手指都磨伤，五个指甲都磨光，也绝不能忘记这血海深仇！”

最后，俺巴孩汗和斡勒巴儿合黑都被金国人钉在木驴之上处死了。木驴是一种木制的绞刑架，木驴之刑是金国最为残酷的刑罚之一。金熙宗以如此残酷的刑罚处死俺巴孩汗叔侄，为的就是进一步强化蒙古人对塔塔儿人的仇恨。

俺巴孩汗死后，蒙古部落推举了合不勒汗的第四个儿子忽图剌继任为汗。俺巴孩是蒙古别部泰赤乌部落的人，而忽图剌则是别部乞颜部的人，作为“汗王”后代的泰赤乌氏不满大权落入其他氏族人手中，因此一直不服忽图剌汗的管制。与此同时，蒙古其他部族的人也开始为争权而蠢蠢欲动，得到短暂统一的蒙古部落再次产生了裂痕。

虽然蒙古部落的团结已经岌岌可危，但在对付敌人这一立场上，他们依然保持着一致的态度。忽图剌汗在继位之后便提出要向塔塔儿人复仇，得到了众人的响应。但此时，塔塔儿人已经得到了金国的支持，而正在崛起中的蒙古人的实力显然还不足以与金国相抗衡。因此，勇猛的忽图剌汗始终未能实现俺巴孩汗的遗愿，扫平塔塔儿部族。而塔塔儿部族则在金国的支持下逐渐发展起来，成为蒙古东部大草原新的霸主。

抢个新娘做媳妇

不能为俺巴孩汗报仇是骁勇善战的忽图剌一生最遗憾的事情，他将这一希望寄托在了下一代人的身上。忽图剌汗有三个儿子，但他最为看重的却是他的侄子，蒙古部落的把阿秃儿（勇士）也速该。

也速该身体里流淌着最纯正的蒙古血液，从小就臂力过人，非常擅长骑马射箭。据记载称，他能够拉开七石的硬弓。石是古代的一种计量单位，各个朝代有不同的标准，石用来计算弓力时，往往是将弓放平，然后在弓弦上挂上重物，看大约重多少石的重物能够将弓拉满，这个弓的弓力就是多少石。据《国语·周语》中记载，一石是“百二十斤”，换算到今天的重量来看，一石大约有三十一公斤，也就是说，也速该能够拉开大约需要二百多公斤的力气才能拉开的弓。这一记载显然有夸大的成分，但也反映出也速该在蒙古人心目中的勇武形象。

也速该是蒙古部落中让人敬佩的勇士，他看女人的眼光自然也非常挑剔，二十好几了还打着光棍，不免让周围的人替他着急。

一天，也速该和往常一样在大草原上放鹰打猎，突然见到远处有一队人正在娶亲。虽然还没遇上自己倾心的女子，但也速该不免也对婚姻生活有了一些向往，于是好奇地停下马观望了一番。据《蒙古秘史》记载，当时的新娘子应该是坐在一辆由公牛或牦牛拉的黑色小车上，而新郎官则骑着一匹褐色的马，与小车并行前进，前后跟着几个随从。

新郎官穿戴得整整齐齐，骑在马上，一副意气风发的模样，但整个人却始终透着一股怯懦的感觉，缺少那种霸气冲天的气势。也速该轻蔑地看了新郎官一眼，随即将目光转向了坐在马车上的新娘子。那新娘子约莫十五六岁的年纪，出落得清丽绝伦，体态丰腴，是个少见的美人儿。也速该顿时呆住了，目光再也离不开坐在牛车上的美人儿，心中顿时荡起了一丝涟漪，这样的美人儿，不正是自己一直在寻找的丽姝吗。

也速该心中一阵激动，对着那新郎官大声喊道："你们是什么人？要到什么地方去?"

新郎官一愣，看到骑在马上的也速该，心中不免有些忐忑，不知道这陌生人为何要与自己搭话，低声应道："我叫也客赤列都，是蔑儿乞部落的人，我从弘吉剌部落迎娶了一位新娘，正要带着她回去呢！"

也速该一听，心中更加喜欢那美丽的新娘子了。弘吉剌部落是大草原上远近闻名的盛产美女的部落，草原上的男儿，谁不想娶个弘吉剌部的漂亮姑娘啊！现在，眼前这姑娘不仅美若天仙，还是弘吉剌部落的美人儿，怎么能不让人喜欢呢。

据记载，自从统一了蒙古部落的合不勒汗去世之后，蒙古各部族之间就开始产生分裂的迹象，而到俺巴孩汗被金国处死之后，蒙古各部落与氏族之间的关系也就彻底破裂了，各个部族之间相互抢掠仇杀，而抢亲也成了非常平常的事情。因此，当也速该看中了牛车上的新娘子之后，并没有中原人士那种"恨不相逢未嫁时"的惆怅，而是当即就下了决心，定要将这新娘抢过来。但此时，也速该只身一人，想要从对方手中将新娘抢走，成功率似乎并不高。寻思了片刻，也速该随即掉转马头，向营地奔去。

新郎官也客赤列都虽然感到莫名其妙，但也没放在心上，继续和队伍一起赶路，倒是牛车上的新娘子心中感到阵阵不安起来。

也速该一冲回营地，就遇到了二哥捏坤太石和四弟答里台斡惕赤斤，他赶紧把事情大概一说，兄弟三人立即背着弓箭，跨着腰刀翻身上马，朝那娶亲队伍离开的方向追了过去。

远远地，也客赤列都就看到刚才离开的也速该身后带着两个人，气势汹汹地朝自己冲过来，不由得大惊失色。牛车上的新娘子急忙拉着也客赤列都说道："这三个人来势汹汹，恐怕没什么好事，送亲的人都没带武器，你自己也敌不过他们，赶快跑吧！如果被他们抓住，恐怕会丢了性命。"

也客赤列都心中也怕得很，但看着新娘，又有些犹豫不决。新娘脱下自己的汗衫，流着泪塞到了也客赤列都手里，着急地说道："这大草原之上这么多的女子，你还怕娶不到媳妇吗？若再不走就来不及了！日后你若心中真想我，便让你之后娶的妻子叫我的名字吧，给她取名为诃额伦，让她代替我陪着你。这件汗衫你留着，实在想念我的时候，就看看它。"

眼看也速该等人越来越近，也客赤列都赶紧接过了汗衫，流着泪带着随从策马而去，把新娘子留在了牛车上。

一看这新郎官居然不战而逃，也速该心中对他更加蔑视了，策马追了上去，足足追赶了他几个山头，这才折返回来。

三兄弟拉着新娘的牛车，高高兴兴地朝大本营驶去。而牛车上的新娘子诃额伦呢？看着新郎官已经跑没了影，自己又被这三个彪形大汉"绑架"了，不由得失声痛哭起来，自己今后的命运该何去何从啊……

也速该的兄弟答里台斡惕赤斤看姑娘哭得伤心，笑着对她说道："你哭什么呀！你看看你那丈夫，只顾着自己逃命，却将你丢在了这旷野之中，这种人，嫁给他做什么？我三哥也速该可不一样，他是草原上的把阿秃儿，是一等一的好汉子，你嫁给他，和他好好过日子，没什么不好的！"

诃额伦不搭理他，继续抹着眼泪，但心中思来想去，却觉得他说的也有道理。虽然是自己劝新郎官跑的，但遇到这种事情，哪个女人不希望自己的男人爷们一把，拼死来保护自己啊。再说，这也速该看上去倒也是个汉子，既然命运已经由不得自己来选了，那倒不如接受吧。

见诃额伦渐渐停止了哭泣，也速该知道，她这是同意嫁给自己了，心中十分高兴。一回到大营，也速该兄弟几个就赶紧把事情报告给了忽图剌汗。忽图剌汗一听，大喜过望，这也速该的亲事已经让他着急好久了，没想到竟能有这般天赐良缘，他赶紧吩咐左右，当晚就给他们举行婚礼！

这个被也速该强抢而来的新娘子正是蒙古历史上非常著名的女人月伦夫人，也叫诃额伦，她便是日后威震蒙古帝国的成吉思汗的亲生母亲。

再说说那个倒霉的新郎官也客赤列都，他本想逃回蔑儿乞部落之后纠集人马抢回自己的新娘子，但蔑儿乞人却因为惧怕蒙古部落的势力而迟迟不敢妄动，使得这个新郎官郁结于心，没多久就病倒了，随后更是一命呜呼。临死前，也客赤列都将诃额伦留给他的汗衫交到了他的大哥、蔑儿乞的首领脱黑脱阿手中，并嘱咐他说："夺妻之恨深入骨血，令我备受煎熬，大哥你今后务必要记得为我报仇！"

于是，在若干年后，蔑儿乞人将这仇报到了也速该与诃额伦的长子铁木真的身上。这是后话了。

铁木真的诞生

虽然诃额伦是被也速该抢来的，但成婚之后，她心中对这个丈夫也算颇为满意，小两口日子过得甜甜蜜蜜。没多久，诃额伦就怀孕了，夫妻俩无限欣喜地期盼着这个小生命的降临。就在这个时候，与蒙古部落已经结下血海深仇的塔塔儿部落又挑起了事端，战事一触即发。身为蒙古部落的把阿秃儿，也速该自然不能坐视不理，便自动请缨带着蒙古士兵前往迎战。

得知蒙古派出了也速该，塔塔儿人也不敢怠慢，派出了部中两名大将领兵对战。这两名大将一个名叫铁木真兀格，另一个名叫库鲁不花，都是塔塔儿部落中英勇善战的人物。双方交战许久，一直未分胜负，就在这时，自小就天生神力、臂力过人的也速该趁着与铁木真兀格两马交错的一瞬间，一把抓住他的腰带，一用力，把他硬生生拽到了自己的马鞍上，将他俘虏了！

塔塔儿人不由得方寸大乱，库鲁不花一见自己的“搭档”被俘，二话不说，赶紧提着武器策马追击也速该，试图将铁木真兀格救下。也速该将计就计，故意放慢了速度，等着库鲁不花追上自己。库鲁不花着急救人，毫无防备地追了过去，也速该突然回身，一枪刺中了库鲁不花的坐骑，库鲁不花顿时从马上落下，被一拥而上的士兵俘获了。

两名将领相继被俘，塔塔儿人大为震惊，赶紧调整战略，改进攻为防守，就是不与蒙古人正面交战，双方陷入了僵持之中。就在这个时候，后方突然传来消息，说忽图剌汗病重，也速该见再继续与塔塔儿人对峙下去也不会得到什么好处，只好下令暂且撤军回营。

一回到蒙古大营，也速该的弟弟答里台斡惕赤斤就赶紧给他贺喜，也速该却叹息道：“与塔塔儿人对战了这么久，却只俘虏了两名敌将，不能报深仇大恨，又何喜之有啊！”

答里台斡惕赤斤大笑道：“俘虏了敌军两名大将，这已经是非常可喜的事情了。但弟弟给你贺的，却是更大的喜事！嫂嫂给你生了个大胖小子！”

也速该一听，惊喜交加：“这是真的吗？我已经成为父亲了吗？我要赶紧见到我的妻子和我的大胖小子！”

也速该快步跑进了诃额伦的营帐，帮忙接生的长辈惊喜地告诉也速该，说这孩子长得漂亮可爱，而且一生下来，手心里就握着一块如同红宝石一般的血块，以后必然会成为了不得的男人。也速该大喜过望，赶紧从长辈手中接过孩子，轻轻掰开孩子的手，果然如长辈所说的一般，孩子手心里有一块像矛尖一样的凝血。也速该心中一阵激荡，一种非凡的成就感和幸福感涌上心头，他将孩子高高举过头顶，自豪地对众人说道：“看到了吗？在他的手里，握着胜利和希望！他将会成为草原上的狼王，蒙古最英勇的把阿秃儿，他是蒙古未来的希望，生生不息的象征！”

1162 年，即南宋绍兴三十二年、金大定二年，也速该的长子，一个将对蒙古甚至世界的未来造成深远影响的孩子出世了。蒙古族是一个非常尊重英雄的民族，蒙古人认为，若是用敌方英雄的名字给孩子命名，那么就能够将敌人英雄的勇猛传到自己的孩子身上。因此，为了纪念这一次的战功，也为了表示对儿子的祝福，也速该为儿子取名为铁木真。孛儿只斤•铁木真，这个在历史上赫赫有名的人物在蒙古大草原的天空下横空出世！

此时，忽图刺汗已经病卧床榻，弥留之际得知这个好消息，深感欣慰，将首领的重担交给也速该后不久便去世了。关于忽图刺汗去世的具体时间和情况，史籍之上已经找不到确切记载。忽图刺汗去世之后，也速该成为蒙古部新的首领，但在他有生之年，不知是出于什么原因，他始终不曾称汗，只是继续以乞颜部首领的名义自居。

之后，诃额伦又相继为也速该诞下三个儿子、一个女儿，三个儿子分别为合撒儿、合赤温和帖木格，女儿则为帖木仑。也速该此后又娶了一名弘吉剌部的美女速赤格勒为妾，速赤格勒为也速该生了两个儿子，分别为别克帖儿和别勒古台。

仇恨如同一柄锋利的刀，当获得胜利的人在刀背那边高歌欢庆的时候，失败的人却被刀刃伤害得痛不欲生。蒙古人与塔塔儿人之间的怨恨并没有随着时间的流逝而消散，反而在一次又一次的对垒之中日益尖锐。

1170 年，当也速该满怀欣喜地为九岁的儿子铁木真敲定亲事时，被仇恨折磨得痛不欲生的塔塔儿人札邻不合正带领着族人部署一场卑鄙的谋杀，以图畅快地复仇。他永远不会忘记自己的父亲是如何被也速该俘虏的，更不会忘记也速该“炫耀”般地以父亲的名字为自己的儿子命名。是的，札邻不合，他正是在铁木真出生的那一年，被也速该所俘虏的塔塔儿部将领铁木真兀格之子！

复仇的巨轮再次滚动起来，也速该把阿秃儿的死让塔塔儿人欢呼庆贺，同时也在幼小的铁木真心中埋下了仇恨的种子。而当铁木真跪在也速该灵前誓言复仇的那一刻，年少的他还不曾意识到，失去父亲的他将要面对怎样的坎坷与苦难！

第二章　兄弟与义父

树倒猢狲散

蒙古部落与传统意义上的中国封建社会有着本质上的区别，那是一个弱肉强食的世界，在也速该还活着的时候，乞颜部成为了蒙古部落的“王族”，他也相当于蒙古部落事实上的领袖，但这并非是因为“血统”或是“继承”父辈的“王位”，而是因为他本身有着强大的力量和令人望而生畏的威望。

也速该去世之后，作为长子的铁木真年仅九岁，根本不具备和他父亲一样强大的能力。因此，虽然铁木真本应成为乞颜部的新首领，但事实上却难以得到众人的拥戴，而蒙古部落这个由利益驱使而结合在一起的联盟部落也随之土崩瓦解。

早在忽图剌汗成为蒙古部落可汗的时候，俺巴孩汗的族人泰赤乌氏就已经不满大权“旁落”了，也速该死后，乞颜部顿时群龙无首，泰赤乌氏自然不会放过这个重掌蒙古部落霸权的机会。

在也速该去世一年之后，蒙古部落迎来了盛大的祭祖日。在当时，祭祖是蒙古部落非常隆重的盛事，按照传统习俗，在祭祖结束之后，各个参加祭祖的氏族都将分到供奉祖先的肉。这一次祭祖仪式由俺巴孩汗留下的两位妃子，斡儿伯和莎合台负责召集，她们竟故意没有邀请诃额伦母子，以此来显示对孛儿只斤家族的轻视。

蒙古部落信奉萨满教，被排斥在祭祖仪式之外，实际上就相当于被驱逐出“领导体系”，这是一件非常严重的事情。诃额伦得知后非常愤怒，气冲冲地来到祭祖盛筵上质问斡儿伯和莎合台，但没想到，这二人却对她丝毫没有敬意，甚至恶言相向，将她驱离了祭祖仪式。诃额伦非常气恼，心潮难平，然而却也无可奈何。失去了丈夫的她和失去了首领的孛儿只斤家族已经无法让任何人产生敬畏了。

与诃额伦发生冲突的斡儿伯和莎合台也非常不满诃额伦的强硬态度，祭祖仪式结束之后便跑到当时泰赤乌氏的首领塔儿忽台面前对诃额伦母子大加抱怨。塔儿忽台早就想从孛儿只斤家族手中夺过统治蒙古部落的大权，如今听这二位俺巴孩汗的遗孀一说，干脆顺势而行，下令让整个泰赤乌氏的人带着帐篷和牲畜离开此地，让诃额伦母子留下自生自灭。同时，塔儿忽台还令人四处游说其他部族的贵族，让他们也一同离开，试图以此来彻底孤立并摧毁孛儿只斤家族。

第二天一大早，在泰赤乌氏的领导下，各个部族的贵族们纷纷收拾行囊准备离去，当时与泰赤乌同行的还有孛儿只斤家族中的一个长辈——合不勒汗的第七个儿子脱朵延。脱朵延带领孛儿只斤氏的牧民们也打算离诃额伦母子而去，就在即将启程的时候，脱朵延突然被人叫住了，回头一看，原来是晃豁塔歹氏的察剌合老人，也就是也速该托孤的蒙力克的父亲。

察剌合老人骑马追了上来，死死拉住脱朵延的马缰说道：“您是孛儿只斤氏的长辈，怎么能够与他们一同离去呢？即使要离去，也不该就这样丢下诃额伦母子啊！”

脱朵延一把夺过马缰，说道：“深渊已经干涸，岩石已经破碎，也速该家也只剩下那些孤儿寡母了，跟着他们，必然没有什么好日子可过，倒不如依附于势力强大的人，为自己寻个好靠山！”

察剌合老人听脱朵延这么说，心中一阵激愤，转过头对孛儿只斤氏的牧民们大声说道：“你们难道已经忘记也速该首领的恩情了吗？你们的牲畜、你们的帐篷、你们身上的皮袄，难道不是也速该首领赏赐给你们的吗？今天，你们真的要成为忘恩负义之辈吗！”

牧民们面面相觑，一时之间不知道该怎么回答，见到察剌合竟公然动摇自己的手下，脱朵延突然气恼地挺起长矛，直直地刺向了察剌合的后背。察剌合大惊失色，急忙伏在自己的马背上逃回了营地。

回到自己的蒙古包时，察剌合已经奄奄一息了，年少的铁木真前去看望他，察剌合老人悲伤地对他说道：“铁木真啊，你伟大的父亲死去后，部族们都要远走高飞啦。我本想劝他们留下，但没想到，他们却这样对待我。”

铁木真看着老人身上的伤，流着泪离开了，这是他第一次体会到什么叫背叛。

一走出蒙古包，铁木真便看到站在旷野之中的母亲诃额伦，她面色严肃，眼神坚定，手里高高举着孛儿只斤家族的大旗，对铁木真和依然追随着他们的几十个部众说道：“去把他们追回来！”

话音刚落，诃额伦便翻身上马，带领众人朝脱朵延等人离开的方向疾驰而去。

这时，脱朵延正为赶走察剌合老人而洋洋得意，怎么也没想到，诃额伦这个寡妇竟会带着人追来。

诃额伦高举着家族的大旗，挡在了众牧民的前方，高声说道：“立刻停下，任何人都不许再往前走！”

脱朵延心中一惊，怎么也没想到这个女人竟有如此魄力，不由得生出了些许惧意，当即拍马率先离去。

此前察剌合老人的劝说已经让牧民们心生愧意，此时又见到诃额伦，众人心中不免想起了昔日也速该首领的恩情。但这个选择所关乎的是日后的生存，孛儿只斤家族已经没落了，若是留下跟随年少的铁木真，未来还有什么前途可言啊！犹豫许久之后，一些部众决然拍马上前去追随脱朵延。

诃额伦见状又厉声说道："今天，我的儿子们都还年幼，但他们总有长大的一天，他们会成为和他们的父亲一样的把阿秃儿！你们听好了，今天跟着脱朵延走的人，就是我孛儿只斤氏不共戴天的仇人！有朝一日，我的儿子们长大成人，绝不会放过你们！"

这个时候，铁木真也追了上来，声泪俱下地对众人说道："各位叔叔爷爷们，我们都是孛儿只斤氏的子孙，请你们不要背弃家族，留下来吧！"

眼见诃额伦放出狠话，年幼的少主又苦苦哀求，一部分牧民思量许久之后还是留下了，跟随诃额伦母子回到营地。此时，察剌合老人已经伤重去世，诃额伦母子痛哭流涕，可由于条件艰苦，只能将他草草埋葬。

虽然诃额伦以令人敬佩的勇气和魄力留下了一部分孛儿只斤氏的族人，但现实终究是残酷的，艰苦的生活条件让留下的牧民们再次纷纷离去，投往泰赤乌部族。最终，甚至连忠心耿耿的蒙力克家族也抛弃了诃额伦母子。广袤的大草原上，曾经兴盛一时的孛儿只斤氏营地只剩下两个孤零零的蒙古包和少得可怜的牲畜。

同室操戈

部众的叛离让诃额伦一家从高高在上的部落首领沦为草原上的艰苦流民。为了活下去，诃额伦放下身段，四处采野果、挖野菜充饥。而孩子们也开始学着用弓箭来猎捕一些小动物，以此得到食物养活自己。在艰苦的岁月里，无依无靠的诃额伦一家就这样顽强地活了下来。

当时的蒙古人自小便崇尚武力，孩子五岁就开始学骑马，十岁便开始学射箭。不论是贵族子弟还是平民百姓都深刻地明白一个道理：要在蒙古大草原上生存，就必须成为强大的男人，让你的敌人望而生畏，从你的敌人那里抢掠属于你的东西，弱者只有死路一条。

经历了人生的大起大落，一直游走在死亡边缘的铁木真更是深刻地认识到这一点。但正是这种深刻的体会，使得悲剧再次降临在这个原本就十分不幸的家庭。

此前说过，也速该除了诃额伦以外还娶了一名女子速赤格勒为妾，诃额伦与也速该一共孕育了五个儿女，而速赤格勒则为也速该生了两个儿子。在众人抛弃了诃额伦一家之后，诃额伦一直告诫几个孩子要和睦相处，紧密地团结在一起，但即便如此，铁木真与他的两个异母兄弟别克帖儿和别勒古台却时常发生冲突。

一次，铁木真和弟弟合撒儿出去打猎，射下了一只云雀，就在哥俩高呼庆祝的时候，别克帖儿和别勒古台却冲了出来，把他们射下的云雀给抢走了。铁木真和合撒儿非常恼怒，冲到诃额伦面前告了那两个小子一状。铁木真本以为母亲一定会给自己撑腰，把别克帖儿和别勒古台两兄弟教训一顿，要回自己的云雀。诃额伦却没有这么做，此时她考虑的是，如何保存孛儿只斤家的力量，让这些微小的力量能够团结到一起，慢慢变得强大。诃额伦对铁木真兄弟俩说道："我曾一再告诫你们，要紧密地团结在一起，你们怎么能为了一只小小的云雀而起冲突呢？在这广袤的大草原上，四处都是我们的敌人，如果连你们兄弟几个都不能团结在一起，我们又如何与敌人抗衡呢？铁木真，你是家里最年长的孩子，是他们的大哥哥，你更要学着去团结兄弟，而不是把他们当作敌人！"

诃额伦的话让铁木真非常不甘心，但他非常孝顺，不愿再让操劳的母亲烦心，只得把怒气憋在肚子里，带着合撒儿出去了。

几天后，类似的事情再次发生了。铁木真和合撒儿一起钓到了一条非常好看的小鱼，但没想到，别克帖儿和别勒古台兄弟这个时候又跳出来了，再次从铁木真手上抢走了小鱼。这一次，铁木真再也不能忍了，作为长子，在父亲死后，他便相当于是一家之主，然而别克帖儿兄弟却对他一再冒犯，如同敌人一样，从他的手中抢夺猎物，这对于铁木真而言，是对尊严的侮辱！

这一次，铁木真没有再到母亲那里告状，他决定像男子汉一样，自己去解决这件事情。铁木真对弟弟合撒儿说道："别克帖儿兄弟实在太坏了，一再欺负我们，我们应该像草原上真正的男子汉一样，拿起弓箭去对付我们的敌人！"

合撒儿早就看别克帖儿和别勒古台不顺眼了，经大哥这么一说，当即同意，两个血气方刚的年轻人操起弓箭便杀气腾腾地去找别克帖儿和别勒古台算账了。此时，别克帖儿和别勒古台正优哉游哉地躺在山坡上晒太阳，为又一次抢夺到猎物而沾沾自喜，根本不知道灾难已经悄然来临。

铁木真很快锁定了别克帖儿兄弟的位置，就像往常打猎一样，指挥着合撒儿前后包抄，此时别克帖儿兄弟正是他们的猎物。

等别克帖儿反应过来的时候，铁木真和合撒儿已经站在他面前拉开弓指着他了。别克帖儿大惊，对铁木真说道："难道你们忘记母亲常常对咱们说的话了吗？母亲说过，咱们是孛儿只斤家最后的希望和力量，在这草原上，咱们除了影子已经没有其他的伙伴，除了牲畜的尾巴也再没有其他的鞭子。仇人正威胁着咱们，咱们怎么能够自相残杀呢？"

但此时，铁木真和合撒儿正在气头上，仇恨堵住了他们的耳朵，任何的道理和劝说恐怕都不能动摇他们的决心。见铁木真表情冷峻，手上的弓箭丝毫没有放下的意思，别克帖儿知道自己恐怕是难逃一死，索性盘腿坐在了地上，对两人说道："既然你们不愿放过我，死就死了吧。但我的母亲也需要人奉养，希望你们能放过我的弟弟别勒古台。"

别克帖儿话音刚落，"嗖嗖"两只利箭直直射入他的身体。看着别克帖儿倒在地上，铁木真心中顿时百味陈杂，他维护了自己的尊严，但却射杀了与自己留着同样血液的兄弟。他的心中充满痛苦，但他似乎并不后悔自己的所作所为。在他其后的人生中，他从来不曾为此事表示过任何的负罪感，或许对于铁木真而言，他的尊严高过一切，不容许任何人亵渎。

诃额伦知道铁木真和合撒儿干的"好事"之后，非常愤怒，责骂了他们。看着母亲痛心疾首的样子，铁木真心中感到非常痛苦，和弟弟一起跪在地上，祈求母亲的原谅。

事已至此，死者已然不能复生，诃额伦虽然生气，但儿子已经失去了一个，总不能再失去两个，他也只好再三告诫铁木真和合撒儿之后作罢了。此后，失去了兄弟的别勒古台也不再作乱，投靠了铁木真兄弟，铁木真和诃额伦对他一直十分疼爱。

沦为阶下囚

在铁木真十五六岁的时候，诃额伦所担心的事情终于发生了。泰赤乌氏的首领塔儿忽台等人担忧长大成人的铁木真会带领孛儿只斤家族东山再起，对他们进行报复，于是决定斩草除根，趁着铁木真羽翼未丰之际将其诛杀。

1177 年的一天，塔儿忽台带领着一队人马浩浩荡荡地向诃额伦一家居住的地方挺进。得到消息后，诃额伦赶紧带着孩子们躲到了附近的一处树林里，用木桩和树枝架起屏障来躲避敌人。但没过多久，塔儿忽台等人就发现了他们，铁木真带领合撒儿和别勒古台用弓箭阻击敌人，两位母亲和年纪小的弟弟妹妹则躲进了附近的岩洞之中。

诃额伦毕竟是前首领也速该的遗孀，若是将其一家残忍灭门，恐怕不太妥当。于是，塔儿忽台上前喊话道:“我们只要铁木真，绝不会伤害其他的人!”

听到这话，铁木真大概也明白了塔儿忽台心中的想法，他所惧怕的只是作为也速该继承人的孛儿只斤家的长子，只要自己离开，他便不会再为难母亲和弟弟妹妹。铁木真思索片刻后下定了决心，对两位母亲和弟弟妹妹们说道:“放心吧，我出去把他们引开，他们去追我，你们就安全了。”

诃额伦一把抓住铁木真，流着泪说道:“铁木真，你不能出去，他们抓到你，一定会杀了你的!”

“放心吧，我的马快，他们追不上我。再说了，我们也不可能一辈子死守在这里不出去啊。”铁木真笑着安慰母亲，随即又转头对合撒儿和别勒古台说:“以后家里就靠你们照看了。”

交代完后，铁木真翻身上马，对着泰赤乌人大喊道:“不要放箭！我是铁木真，我现在就出来！”

话音刚落，铁木真双腿一夹，马儿如同离线的箭一般，“嗖”地飞奔了出去，从另一个出口直奔密林深处。待塔儿忽台等人反应过来时，铁木真已经驰向了斡难河上游的温度儿山，没入了密林深处。这里古树参天、林木繁茂，塔儿忽台一行人不敢贸然深入，只得紧紧围住森林，守株待兔。

铁木真足足在森林里躲了三天三夜，依靠野果和泉水充饥，后来实在是受不了了，便决定铤而走险逃出去。但就在铁木真打算翻身上马的时候，马鞍子突然掉了下来，铁木真仔仔细细检查了一番，发现马肚带捆得挺牢靠，并没有松弛的迹象，心中不由得大惊。转念一想，这莫非是腾格里的警示?于是，铁木真决定继续坚守在密林之中。

腾格里在蒙古话里是“长生天”的意思。在蒙古的民间宗教里，最高的神便是苍天，也就是长生天。在不同的历史阶段，由于宗教信仰的不同，腾格里被赋予过多种不同宗教神的意义，到后来逐渐成为一个较为抽象的词，即指代诸神。

铁木真又在密林之中躲了三天三夜，饿得前胸贴后背，于是他再次决定逃出密林去寻找食物。据蒙古史书记载，当时铁木真牵着马，刚走到一个岔路口，突然一块足足有帐篷那么大的石头飞了出来，挡住了他的去路。铁木真大惊失色，这好端端怎么会出现一块石头呢? 看来这又是腾格里的警示啊！铁木真只有再度强忍着饥饿回到密林深处。

之后又过了三天三夜，铁木真这回实在坚持不下去了，决定无论再遇到什么都必须逃出去寻找食物。结果，铁木真这才刚走出林子就被泰赤乌氏的人俘虏了。出乎意料的是，铁木真被俘之后，塔儿忽台却没有下令处死他，而是将他带回了泰赤乌部落，将他交给部落中的牧民轮流看管。当时的蒙古部落是没有监狱的，部族抓到重要囚犯之后，会让部中牧民轮流进行看守，以防囚犯逃脱。

据《蒙古秘史》记载称，当时泰赤乌的首领塔儿忽台之所以不杀铁木真，是因为有“一股不可抗拒的力量”阻止了他。至于这股力量究竟是塔儿忽台的心理作用，还是其他的什么东西，我们已经不得而知，但可以肯定的是，塔儿忽台那一刻的决定对整个中国历史造成了不可忽视的影响。

被带到泰赤乌部落之后，铁木真戴上了沉重的枷锁，作为一名囚犯被看管起来。每一天的日子铁木真都过得战战兢兢，他知道总有一天塔儿忽台会取走自己的性命，他必须在那个时候来临之前逃离这里。终于有一天，铁木真的机会来了。

一个夏天的夜晚，泰赤乌氏举办了一场宴会，当时负责看管铁木真的是一名少年，少年或许心系宴会的盛事，一副心不在焉的样子。铁木真一看，四下无人，抓住机会，趁少年不备，举起木枷一下就把他打昏了。之后，铁木真拖着沉重的木枷拼命地奔逃，但木枷实在是太沉重了，当他跑到一条河边，就再也没力气往前跑了。为了避免敌人发现自己，铁木真把木枷当作浮板，跳到河里躲藏，只把头露在水面上呼吸。

这个时候，泰赤乌氏的人已经发现铁木真跑了，大举出动四处进行搜捕。不一会儿，泰赤乌的人就追随铁木真的脚印来到了河边。铁木真非常害怕，一动也不敢动，但他很快还是被一个叫锁尔罕失剌的人发现了。

锁尔罕失剌是泰赤乌一个地位极其普通的属民，他发现铁木真之后却没有声张，而是俯下身子小声地对他说道:“你年纪虽小，但却是个英雄，我在你的眼中看到了激情的火花。你好好藏着，我不会告发你的，你所遭遇的一切磨难，都是腾格里赐给你的历练！”

铁木真提到嗓子眼的心这才放了下来，心中对锁尔罕失剌充满了感激。

许久，前来搜寻的人才离开，四周再次陷入一片寂静，铁木真这才从河里爬了出来，坐在冰冷寂寞的河岸边上，看着茫茫大漠，一时之间竟不知该何去何从。若是逃，逃得了吗？若是躲，要躲到何时？经过一番挣扎之后，铁木真做了一个非常大胆的决定，到锁尔罕失剌家里去寻求他的帮助！

铁木真之前也曾被锁尔罕失剌家看守过，凭借模糊的记忆，铁木真返回了泰赤乌的营地，在一片蒙古包中认出了锁尔罕失剌的家。

看到铁木真出现在自己面前，锁尔罕失剌大为吃惊，随即生气地说道："你不是应该回到你母亲的身边吗？你来找我做什么啊！"

铁木真看着锁尔罕失剌，低声说道："大叔，我实在没有地方可以去，请你收留我吧！"

正在锁尔罕失剌犹豫不决的时候，他的两个儿子沉白和赤老温在一旁发话了："被老鹰追赶的兔子逃入草丛之中，草丛便为它提供庇护；被野狼追击的山羊逃到山林之中，山林便成为它的屏障。如今铁木真落难躲到了我们家里，父亲，我们难道还不如草丛与山林那般仁慈吗？"

私自藏匿铁木真，一旦被发现，全家性命必然不保，但眼见两个儿子竟这般大义，锁尔罕失剌心中颇为感动，当即决定帮助铁木真。他将铁木真身上的枷锁卸去，并把他藏在装羊毛的大车里，准备过几天风声小了就把他送出泰赤乌部。

当时正值夏季，酷暑难当，铁木真藏在羊毛车里实在是热得难受，但又担心泰赤乌的人突然前来搜索，只得忍着酷热一动不动。锁尔罕失剌让小女儿合答安负责照顾铁木真，合答安看铁木真难受得很，赶紧给他拿去了一些羊毛，并用袖子不住地给他扇风。看着眼前温柔美丽的小妹妹，铁木真心中顿时泛起一丝涟漪，叹息道："唉，真是太可惜了。"

合答安不明所以地问道："什么可惜啊？"

铁木真叹道："只可惜我已经定亲了。"

冰雪聪明的合答安顿时明白过来，铁木真这是变相地对自己告白啊，顿时就脸红了，教训铁木真道："你这人真是的！都什么时候了，还瞎琢磨这些。好好躲在这里，不要再胡思乱想了！"

第二天一大早，塔儿忽台果然下令让众人挨家挨户地进行搜寻，以防有人私藏铁木真。很快，这些人就搜查到了锁尔罕失剌家里，铁木真赶紧把身子整个窝在羊毛车里，大气也不敢出一声。

搜捕队把锁尔罕失剌的蒙古包彻彻底底检查了一遍，随即盯上了堆放羊毛的地方。锁尔罕失剌一边假意帮助搜捕队翻弄羊毛，一边不动声色地说道："这么热的天气，要是真有人能藏在这羊毛堆里头，恐怕不闷死也热死了吧！"

搜捕队听锁尔罕失剌说的有道理，随意查探了一番之后便离开了，铁木真这才逃过一劫。等太阳下山之后，铁木真才从羊毛车里爬了出来，锁尔罕失剌心有余悸地对他说道："孩子，这里怕是待不住了，你赶紧吃点东西就逃跑吧，去你的母亲身边！"

晚上，铁木真吃饱喝足后，锁尔罕失剌为他准备了一匹没有马鞍的马和一些弓箭，还给他带上了一些煮熟的羊羔肉。据推测，锁尔罕失剌没有给铁木真准备马鞍，应该是担心如果铁木真不幸被捕，泰赤乌人认出自家的马鞍，自己会受到牵连。

铁木真背上弓箭，装好锁尔罕失剌给他准备的肉和奶，热泪盈眶地与锁尔罕失剌一家道别："谢谢你们，腾格里见证，我铁木真今生今世都不会忘记你们的大恩大德！"

朋友！博尔术

铁木真逃出泰赤乌部之后，便马不停蹄地奔回了居住多年的营地，此时距离他被泰赤乌人抓走已经快一年了。铁木真到达营地后，只见到两座空荡荡的蒙古包，却不见母亲和弟弟妹妹。他在营地四周查看了许久，找寻到一些人畜践踏的痕迹，一路沿着斡难河上游追踪而去。

跟随着这些痕迹，铁木真一直沿斡难河疾驰，直到乞沐儿合河附近，才终于找到了为躲避泰赤乌人袭击而迁徙至此的诃额伦等人。一家人见到铁木真都惊喜交加，尤其是诃额伦，简直不敢相信自己有生之年竟还能见到儿子铁木真。一家团聚之后，为了远远避开泰赤乌氏的追杀，诃额伦一家再次迁徙，到了黑锥山下一处水草丰美的地方。

铁木真从泰赤乌氏逃出的消息很快就传遍了蒙古草原，各个部落氏族的人都感到非常震惊，铁木真的威名得以传播开来。

迁徙之后，铁木真一家过着和普通牧民无异的生活，日子虽然艰苦，但也算和和美美、平平安安。

铁木真一家最宝贵的财产就是家里的九匹马，当初泰赤乌部煽动众别部离开孛儿只斤家的时候，带走了所有的牛羊，只留下了九匹马给他们。后来，铁木真骑马逃入林中，被泰赤乌人连人带马擒住了。逃回来的时候，锁尔罕失剌又赠给了铁木真一匹马。在蒙古大草原上，马就是蒙古人的命根子，他们迁徙要依靠马，打猎要依靠马，与敌人打仗更是离不开马，马被牧民们称为“草原上的靴子”。因此，这九匹马对于铁木真一家而言，不仅仅是贵重的财产，更是赖以生存的资本。

一天，别勒古台和往常一样，骑着一匹马去狩猎，其余八匹马则在营地附近放牧，不想却突然遭遇了盗马贼。此时，家里已经没有多余的马匹前去追赶盗马贼，铁木真一家只能眼睁睁地看着宝贵的八匹马被偷走。

直到夕阳西下，别勒古台才满载着猎物归来，远远就看到几个兄弟守在营地前翘首盼望着。别勒古台心中一颤，莫非发生了什么事情？他赶紧策马迎了上去，问道：“发生什么事了吗？”

“遇到盗马贼了！咱家的八匹马都丢了！”铁木真恨恨地说道。

别勒古台急了，这八匹马可是家里最重要的生存资本啊！他赶紧把马上的猎物一丢，作势就要掉转马头去追盗马贼。合撒儿一把拉住了马缰，说道：“你已经打了一天猎了，让我去追吧！”

“好了，都别争了！让我去！”铁木真说着，一把将别勒古台揪了下来，自己翻身上马，向着盗马贼离去的方向疾驰而去。作为兄长，一家人的依靠，保护家中的财产对铁木真而言是责无旁贷的。

铁木真循着盗马贼留下的痕迹足足追了三天三夜，却一直没有看到盗马贼的踪影。正在着急的时候，他突然见到前方有一个帐篷，帐篷外一个长相英武、岁数和自己差不多的少年正在挤马奶。铁木真赶紧迎了上去，向少年询问道：“这位兄弟，你有没有看到有人赶着八匹马从这儿经过？”随即，铁木真将八匹马的样子仔仔细细地形容了一遍。

少年听完，对铁木真点了点头说道：“不久前我确实看到了这样的八匹马，难道那些是你的马？”

铁木真把事情的经过大致说了一遍，少年听后把手里的挤奶工具往旁边一丢，说道：“这些盗马贼竟然如此可恶！你别急，我跟你一块儿去追他们！你等着，我去家里牵马，你这匹马跑得太慢，恐怕追不上他们！”

铁木真闻言大喜，心中充满了感激之情，他怎么也没想到，自己与这位少年素未谋面，他却愿意热情相助，甚至还主动将家中的好马借给自己。

随后，铁木真与少年一人骑着一匹马，结伴去追盗马贼。路上，铁木真问道："这位兄弟，请问你尊姓大名？你的恩情铁木真日后定会报答！"

少年一惊，笑道："原来你就是铁木真！你在泰赤乌氏的事情我都听说了！我叫博尔术，我的父亲是阿剌鲁惕氏的纳忽阿儿阑。不必说什么报答不报答的话，我这个人天生见不得不平之事，况且你是个英雄，我敬重你，以后若有什么事，招呼一声，博尔术必然会来相助！"

铁木真一听，原来这个仗义相助的少年与自己还是同一个宗祖，心中更加欢喜了。

两人追了很久，忽然见到远处有一个山坡，山坡上有一个马圈，圈里的八匹马正是铁木真家被偷走的。两人轻手轻脚到了马圈附近，打开圈门把八匹马赶了出来，可跑出没多远，就被一个盗马贼发现了，盗马贼骑着马气势汹汹地追了上来。博尔术回头一看，对铁木真说道："把你的弓箭给我，我给那小子点颜色瞧瞧！"

铁木真笑道："你都已经帮我这么大忙了，这点小事就让我来吧！"

说着，铁木真已经拉开了弓，"嗖"的一箭射了出去，正中盗马贼所骑的马匹。此时，其他的盗马贼似乎不在，这个盗马贼见势单力薄，也不敢再继续往前追了。

成功找回马匹的铁木真非常高兴，对博尔术更是感激非常，行至博尔术的营帐，他慷慨地对博尔术说道："要不是得到你的帮助，我的马匹根本不可能追回来。现在，我就将四匹马赠予你作为谢礼吧！"

博尔术听完面色一沉，不高兴地说道："难道我是冲着四匹马来帮你的吗？我认为你铁木真是草原上的英雄，真心实意地想要帮助你，你难道要用这四匹马来羞辱我吗？"

铁木真心中一阵感动，急忙向博尔术致歉，并与他约定，一同向腾格里起誓，要做一辈子的好朋友。此后，铁木真与博尔术也确实一生不离不弃、肝胆相照。在铁木真初次点兵之际，博尔术就毅然决然地应邀前往铁木真帐下，一生追随他南征北战，立下了赫赫战功。

靠山脱斡邻勒

随着年龄渐长，铁木真在蒙古草原的声誉也日渐提高，一些牧民陆陆续续回到铁木真帐下，归附于他，孛儿只斤氏终于呈现出欣欣向荣的景象。此时，铁木真已经 17 岁了，诃额伦想起也速该去世前为铁木真定下的亲事，便对他说道:“时候也差不多了，你也该去弘吉剌部将你的未婚妻孛儿帖迎娶回来，给家里添几口人啦!”

听母亲这么说，铁木真自然欣然应允，此时的他与未婚妻已经有近十年不曾相见了。诃额伦挑选了一个好日子，铁木真便带着两个兄弟合撒儿及别勒古台向弘吉剌部出发。

当初也速该在与特薛禅定下亲事后不久便遭到塔塔儿人的毒害，此后铁木真更是一去不回，生死未卜。特薛禅怎么也没想到，阔别已久的女婿竟然还会再次出现在自己面前。当年，特薛禅与也速该结亲，一方面是看中铁木真一表人才，另一方面也是想让强大的乞颜部成为自己的靠山。如今，孛儿只斤家虽然没落，铁木真的地位也几乎与普通的牧民无异，但其却颇具乃父之风，在各部族之间声誉颇高，可以说是一支值得投资的潜力股。因此，即便铁木真此时落难，特薛禅依旧愿意履行当初的婚约，让女儿孛儿帖与铁木真完婚。由此可以看出，特薛禅确实是个颇具眼光的贤德人。

特薛禅知道铁木真的境况并不富裕，在营地为女儿女婿举行完婚礼之后，他特意准备了丰富的陪嫁赠予小两口，并令人一路护送小两口回到铁木真家中。在这些陪嫁中，最为珍贵的是一件黑貂皮袄。在当时的草原上，牧民之间还以原始的以物易物的方式进行“贸易”，对于游牧民族而言，最需要也最普遍的财产便是牲畜和皮毛，而黑貂皮袄正是当时非常罕见的珍贵货品。

迎娶孛儿帖之后，孛儿只斤家开始热闹起来，虽然享受着新婚燕尔的甜蜜，但铁木真却从未忘记自己的宏图大愿，自从父亲被害及部族离散之后，复仇的火苗从未在铁木真心中熄灭过。但铁木真非常清楚，以自己目前的实力而言，想要发展壮大是非常不容易的，况且还有一直对自己虎视眈眈的泰赤乌部族。现在的铁木真急需一个靠山来帮助他在草原上立足，但放眼茫茫草原，谁能够成为自己的靠山呢?

此前说过，在蒙古草原上一共有六个重要的势力集团，除了蒙古部落之外，还有塔塔儿部落、蔑儿乞部落、汪古部落、克烈部落以及乃蛮部落。其中，塔塔儿部落与蒙古部落是世仇，蔑儿乞部落与也速该有夺妻的私仇，而汪古部落与蒙古部落没有多少交集，乃蛮部落则因为距离较远，与蒙古部落也没有什么交往，唯有克烈部的首领脱斡邻勒汗与铁木真一家颇有渊源。

当年，脱斡邻勒汗的父亲去世之后，将汗位传给了他，但没想到的是，统治还未稳，脱斡邻勒的叔叔古儿汗就起兵造反，夺了他的汗位。战败之后，脱斡邻勒带领少数亲信随从逃到了蔑儿乞部落。为了得到蔑儿乞人的帮助以夺回汗位，脱斡邻勒将自己的女儿嫁给了蔑儿乞部落当时的首领脱黑脱阿，并赠送给他们大量财物。但没想到的是，蔑儿乞部落收了人也收了钱，却不给脱斡邻勒办事，迟迟不肯出兵。走投无路之下，脱斡邻勒只得辗转到了蒙古部落，求见了当时的首领，乞颜部的也速该把阿秃儿，也就是铁木真的父亲。

也速该是个非常有正义感的人，听脱斡邻勒说了情况之后立马就拍胸脯保证帮他夺位。果然，没过多久，也速该就实践了对脱斡邻勒的承诺，引兵直击古儿汗大营，把克烈部的汗位给抢了过来，交还到脱斡邻勒手中。脱斡邻勒大为感动，当即便与也速该结为安答，并对他许诺说："我对腾格里起誓，这个恩情没有尽头，我的子子孙孙都会铭记于心，世世代代报答下去。"

安答在蒙古语里是兄弟的意思，结安答也就是我们所说的"结拜兄弟"。

对于脱斡邻勒所说的话，也速该并没有太放在心上，只是回去之后曾对妻子诃额伦提起过。在也速该被毒死，一家人陷入困境的时候，诃额伦也曾想起过这个誓言，但考虑到当时孩子年幼，若是贸然前往克烈部，顶多是得到一处安居之所，寄人篱下，这样一来，很可能使得孛儿只斤家族归入克烈部旗下，再想图发展就非常困难了。如今，孩子已经长大，铁木真也有了一定的实力，诃额伦知道，要求脱斡邻勒汗兑现诺言的时候终于到了。

铁木真从母亲处得知此事后非常高兴，当即便决定带着合撒儿和别勒古台前往克烈部求见脱斡邻勒汗。为了表示自己的诚意，铁木真决定将孛儿帖陪嫁中最珍贵的黑貂皮袄作为礼物赠送给脱斡邻勒汗。

抵达克烈部之后，铁木真一见到脱斡邻勒汗便恭恭敬敬地行父子之礼，捧出了黑貂皮袄，并对脱斡邻勒汗说道："您曾与我的父亲结为安答，如今我的父亲已经不在了，您便如同我的父亲一般。这件黑貂皮袄是我妻子的陪嫁，我将它献给父亲您，希望您能笑纳。"

铁木真的一番话说得非常得体，既委婉地提醒脱斡邻勒汗曾经欠也速该一份恩情，同时又给足了脱斡邻勒汗面子，丝毫不提报恩之事，反而献上贵重礼物，并主动行父子之礼。如此一来，二人之间的关系迅速拉近，脱斡邻勒汗也被铁木真捧得心花怒放，当即就收下礼物，对铁木真许诺道："从今往后，你便是我的儿子。你离去的属民，我将为你召集回来；你分散的部众，我将为你聚拢起来！我脱斡邻勒所说的话如同巍峨的博格多乌拉山一样，永远不会动摇和改变，我今日对你许下的诺言，他日必定兑现！”

脱斡邻勒汗许下庄重的誓言，铁木真终于如愿找到了强大的靠山。对于铁木真而言，有了脱斡邻勒汗和强盛的克烈部做靠山，他在充满危机的草原上就有了保护伞，以此得到了发展和喘息的机会，为其日后势力的壮大提供了必要的保障。

而脱斡邻勒汗呢？他之所以愿意为铁木真提供帮助，一方面自然是为了报答当年也速该的恩情，而另一方面自然也是出于利益上的考量。此前说过，铁木真颇有乃父之风，且在草原上也有了一定名气，特薛禅愿意履行婚约，也是因为看到了铁木真的潜力，认为他日后必定有所作为。脱斡邻勒汗也一样，他料定铁木真将来必定前途无量，为他提供帮助，事实上也是为自己培养一个强而有力的外援。

得到脱斡邻勒汗的支持后，铁木真在草原上的地位顿时就不一样了，很多有能力的人纷纷投奔到他的帐下，其中有一位非常有名的铁匠，名叫札儿赤兀歹，他打铁的手艺非常高超，他的加盟使得铁木真部队的冷兵器上了不只一个档次。两军交战，除了士兵的个人素质和将领的领导才能等软实力之外，还要比拼装备这项硬实力，装备的精良与否在很大程度上决定了一只军队的战斗力。铁匠札儿赤兀歹的加盟将冶铁技术带入了铁木真的部落，为铁木真军队的壮大提供了坚实的基础。

此外，札儿赤兀歹还为铁木真带来了一个非常重要的帮手，他的儿子者勒篾。后来者勒篾与博尔术一起，以伴当的身份追随铁木真左右，与他一同出生入死，三人结下了深厚的情谊。

随着铁木真的崛起，孛儿只斤家终于又看到了希望，然而看似苦尽甘来的背后，铁木真所要遭受的磨难却远远没有结束。

第三章 夺妻之恨

孛儿帖遇劫

在迎娶孛儿帖，获得义父脱斡邻勒汗的支持后，铁木真过了差不多一年美好平和的时光，直到 1179 年的春天，不幸的事情发生了。

这天早晨，天刚蒙蒙亮，众人还在半睡半醒之中，忽然远处传来一阵急促的马蹄声，听这声音，来人至少有数百之多。此时，负责照顾诃额伦的老侍女豁阿黑臣已经起来干活了，一听这声音便觉得不好，恐怕是敌人前来偷袭了。于是，豁阿黑臣赶紧冲入各个帐篷里大声叫嚷起来。

听到豁阿黑臣的喊叫声，铁木真一家顿时从梦中惊醒，二话不说就冲出了帐篷，骑上马慌忙逃命。这一逃，却把孛儿帖和别勒古台的母亲速赤格勒给丢下了，一同被留下的还有老侍女豁阿黑臣。

豁阿黑臣没跑是可以理解的，她不是孛儿只斤家的人，也不是铁木真的手下，即便敌人攻来，也不会太为难她。但孛儿帖和速赤格勒怎么会被丢下呢？有可能是她们二人动作太慢，没能跟上大部队逃亡的步伐，而且当时在蒙古草原上，各个部落之间发生争斗，几乎是不会杀害女人的，顶多就是将她们掳走做奴隶。所以，为大局着想，总不能让男人们都耽搁时间而等死。更重要的是，在逃跑的时候，铁木真一家人一直认为前来偷袭的敌人是泰赤乌部族的人，此前泰赤乌部的人就曾追击过铁木真一家，在抓到铁木真之后也没有再为难他的家人。因此，铁木真和几个兄弟都认为，即便把孛儿帖和速赤格勒暂且留下，两人也不会有任何危险。但可惜，他们错了，此次前来偷袭的人并非泰赤乌人，而是与铁木真的父亲也速该有着夺妻之仇的蔑儿乞人。

当孛儿帖和速赤格勒准备逃跑的时候，家里已经没有马匹了，老侍女豁阿黑臣只得赶紧套了一辆牛车，将二人藏在牛车里。此前说过，铁木真的家中最宝贵的财产就是九匹马，虽然现在铁木真的地位已经有所提高，日子越来越好过，归附他的人也越来越多，但这并不表示他的财产会得到一个突飞猛进的增长。牧民归附铁木真，不代表要将自己的财产贡献给他，因此铁木真名下所拥有的马匹数量依旧非常少，况且在当时混乱不堪的情况下，也不排除有马匹受惊而跑失的可能。

总之，牛车成为孛儿帖和速赤格勒逃亡的唯一工具，牛和马竞速，结果可想而知，蔑儿乞人很快就追上了这辆缓缓前行的牛车，俘虏了孛儿帖和速赤格勒。与此同时，铁木真一干人已经逃进了不儿罕山。不儿罕山树林茂密，沼泽遍布，不熟悉的人进入其中可谓危机四伏。蔑儿乞人追击到不儿罕山之后不敢贸然前进，正徘徊犹豫之际，突然听说后方士兵俘获了铁木真的妻子孛儿帖和也速该的妾室速赤格勒，不由惊喜交加，欢庆道："虽然我们未能杀死孛儿只斤家的人，但我们的大仇已经得报，我们在这里抓获了他们的妻子！"

直到这个时候，铁木真才知道，这次的敌人并非泰赤乌人，而是蔑儿乞人，他不由得大惊失色，悔恨非常。当年父亲也速该抢走了蔑儿乞人的新娘，如今他们前来报复，最危险的不正是他铁木真的妻子孛儿帖吗？只可惜，他不但没有意识到这一点，甚至还将孛儿帖丢下，让她成为蔑儿乞人的囊中之物！想到此，铁木真不由得悲从中来，直怪自己当时没有带老婆一起跑。

在不儿罕山躲了一段时间，确定蔑儿乞人已经离去之后，铁木真这才让弟弟别勒古台和合撒儿返回营地探查情况，在得知妻子与庶母都被蔑儿乞人劫走后，他心中百味陈杂：一方面庆幸腾格里庇佑，让自己逃过一劫；一方面悔恨当初没有弄清楚情况就将妻子留下；一方面又对蔑儿乞人有着难以言表的愤怒。

回营之前，铁木真用马奶酒在不儿罕山进行了简单而庄严的祭祀，并对不儿罕山行了九跪之礼。他认为，不儿罕山是一座神山，正是因为它的存在，自己今日才得以保住性命，逃过一劫。此后，蒙古帝王祭祀不儿罕山成为一项特殊的传统，与中原皇帝封禅泰山的传统有着异曲同工之妙。

仇恨之火在失去妻子的铁木真心中熊熊燃烧起来，他将向蔑儿乞人复仇，抢夺回属于自己的女人！但此时，他的力量是弱小的，根本不足以与蔑儿乞人抗衡。最终，铁木真决定向他的靠山、义父脱斡邻勒汗寻求帮助。

安答札木合

失去孛儿帖的铁木真带着合撒儿和别勒古台一同抵达了克烈部，向义父脱斡邻勒汗说明了事情的原委。脱斡邻勒汗大怒，拍案而起，当即便应允出兵攻打蔑儿乞，帮助铁木真夺回孛儿帖。

脱斡邻勒汗如此爽快地答应帮助铁木真，一方面自然是因为双方有过黑貂誓言作为草原上赫赫有名的人物，他绝不能违背自己的誓言；另一方面也是为了报私仇。脱斡邻勒汗在大约七八岁的时候曾被蔑儿乞人掳走，在蔑儿乞受尽凌辱，做了许久的奴隶，直到后来其父亲率领部众打败了蔑儿乞人，才将他救了出来。这件事情一直是脱斡邻勒汗心中的一根刺，他也想借这个机会向蔑儿乞人复仇。

但脱斡邻勒汗是个非常谨慎的人，蔑儿乞部落在草原上的势力不容小觑，他非常清楚，如果此次攻打蔑儿乞不能一绝后患，那么很可能会为克烈部带来无穷无尽的麻烦。对于草原的各个部落来说，复仇是一件神圣而庄严的事情，只要尚存一丝余力，草原上的人民就不会放弃复仇的希望。于是，他向铁木真提出了一个附加条件:“你将你的安答札木合叫来，咱们共同出兵攻打蔑儿乞，将他们彻底消灭，省得日后再生事端。”

札木合是蒙古札答阑部的首领，札答阑部是一个非常有名的大部落，与乞颜部算是同一宗族。铁木真的父亲也速该还在世的时候，札木合的家族曾带领部众归附乞颜部，札木合与铁木真很可能在那个时候就已经相识。也速该死后，曾归附于乞颜部的部众纷纷离散，转投其他较为强大的部落，札答阑部便是在那个时候逐渐强大起来的。

札木合与铁木真的年纪差不多大，两人义结金兰大约是在铁木真十一二岁的时候，那个时候孛儿只斤家族已经没落，铁木真一家在草原上过着流浪的生活，但这并没有影响到两个孩子之间的友谊。他们第一次结拜的时候互相赠送对方动物的后腿骨作为信物，互赠礼物是蒙古人结拜安答时候的传统。后来没过多久，两人又互相赠送给对方箭矢，进行了第二次的结拜，约定做一辈子的好安答。

虽然札木合与铁木真有两次结拜之情，但那个时候，两人不过都是黄口小儿，彼此之间的情谊究竟能够经历多少风雨，铁木真自己也不得而知。但是如今情况紧急，铁木真也只得硬着头皮去找他的安答，希望已经“飞黄腾达”的他还记得当初的兄弟情谊。

为了节省时间尽快整军，铁木真令合撒儿和别勒古台前往札答阑部向札木合求援，自己则返回大本营整顿兵马，准备攻打蔑儿乞。

别勒古台和合撒儿见到札木合之后，将事情的前因后果告知了他，并向他转达了铁木真的请求。札木合听完后，当即拍着胸脯说道：“请你们告诉铁木真安答，他的请求，作为安答我必定会答允。他的遭遇让我感到十分痛心，我们定要将蔑儿乞的男人全部杀光，抢夺他们的妻女，拿走他们的财物。我札答阑部将出兵两万人，与脱斡邻勒汗和铁木真安答共同攻伐蔑儿乞！”

在大草原上，由于物资缺乏，各个部落之间免不了冲突和争夺，因此每个部落之间基本上都少不了大大小小的矛盾，札木合与蔑儿乞人之间也是如此。据《史集》记载，札木合曾经遭到过蔑儿乞首领脱黑脱阿的袭击，几乎失去了所有的部众和财产，无奈之下他便主动投靠了脱黑脱阿。一天，天还没亮，札木合突然率领自己的一众亲兵冲入了脱黑脱阿的帐篷，威逼他将所有从自己手中夺走的财物和部众归还给他。后来札木合带着所有失而复得的东西回到了自己的营地。这个事件发生的时间虽然没有详细记载，但据推测，此事若属实，应当是发生在札木合早年，也就是铁木真前来求援之前。

到了会师的时间，札木合果然带领两万兵马准时抵达了约定地点，但却不见脱斡邻勒汗和铁木真的军队。札木合军足足等待了三天三夜，才终于等到脱斡邻勒汗和铁木真率师前来。札木合非常不高兴，刚一见面便板着脸对脱斡邻勒汗说道：“草原上的人从来不会失约，定下的约会，即便天下下刀子也决不会延误时期。你们如今却迟到了整整三天，也太不像话了！”

脱斡邻勒汗一听，赶紧陪着笑脸说道：“这事儿确实是我们不对。因为克烈部的众部落都比较分散，所以召集人马的时候稍微出了点问题，这才晚了。”

按照辈分来说，脱斡邻勒汗算得上是铁木真和札木合的长辈，被小辈当众数落，任谁脸上都挂不住，但脱斡邻勒汗非但没有当场翻脸，反而还放下身份向札木合解释，可见当时的札木合在草原上势力确实强大，在此次联军中甚至可以算得上是实际的指挥官。

蔑儿乞部落主要分为三部分势力，分别居住在三个不同的地方，脱黑脱阿是蔑儿乞部落的总首领，所领导的势力群体是蔑儿乞中最主要的，驻扎在不兀剌川。此次出兵的最主要目的是要抢回孛儿帖，因此札木合等人决定集中军力攻打脱黑脱阿。

制订战斗计划之后，札木合正式举起了指挥大旗，数万大军浩浩荡荡地向脱黑脱阿的营地进发，点燃了蒙古历史上著名的不兀剌川之战。

血洗蔑儿乞

孛儿帖被蔑儿乞人抢回来后，脱黑脱阿将她赏赐给了也客赤列都的亲弟弟赤勒格儿做老婆，以报当年也速该抢夺也客赤列都新娘之仇。但脱黑脱阿却没想到，此举为蔑儿乞一族带来了灭顶之灾。

札木合率领三军向着脱黑脱阿营地挺近的时候，被蔑儿乞部落正在捞鱼和放雕的牧民发现了，牧民赶紧向脱黑脱阿报告了情况。脱黑脱阿一听，不由得大惊失色，敌我力量如此悬殊，根本没有任何胜利的可能。于是，脱黑脱阿二话不说，立马带上几个亲信，连家眷都不顾了，翻身上马逃离了不兀刺川，并命人通知蔑儿乞另一别部的首领答亦儿兀孙，两人约定一同向贝加尔湖以东的巴儿忽真地区逃亡。

脱黑脱阿一走，蔑儿乞人群龙无首，无异于一盘散沙，面对骁勇善战的札木合等三部联军，几乎没有怎么抵抗便全线溃败。联军顺利打入了脱黑脱阿的营地，据《蒙古秘史》记载，当时蔑儿乞的营地被洗劫一空，但凡是加以抵抗的男子全部被杀死，妇女儿童尽数被掳掠为奴，士兵们四处逃散、劫掠，整个营地一片混乱。

铁木真在人群中寻找着孛儿帖，大声呼唤着她的名字。与此同时，别勒古台也在一个个帐篷中检视，寻找着他的母亲速赤格勒。

据说，当时速赤格勒原本在一个帐篷里坐着，听到儿子呼叫自己的声音后，便偷偷离开了，含泪说道："曾有贵人对我说过，我的儿子有帝王之相，如今我被蔑儿乞人劫掠，失身于他们，我再没脸见我的儿子，更不愿给他的脸上抹黑，倒不如让他认为我死了吧。"之后，速赤格勒逃入了密林之中，蒙古史书也再没有任何关于她的记载，而她的结局，人们也不得而知，但无论结局是什么，对于她和儿子别勒古台来说，这都是一个令人唏嘘的悲剧。

寻找不到自己母亲的别勒古台悲愤交加，拿起弓箭来射杀蔑儿乞人以发泄内心悲苦的情绪。他一边疯狂地射杀着蔑儿乞俘虏，一边撕心裂肺地大声喊着："还我母亲！还我母亲！"场面令人感到可悲而恐怖。或许正是这件事情后，别勒古台开始变得残忍起来，成为一名勇武过人，同时又凶狠果敢、杀人如麻的大将。

在混乱中，孛儿帖在老保姆豁阿黑臣的保护下钻入一辆车里，正打算随着百姓奔逃，却突然听到了铁木真呼唤自己的声音。孛儿帖从车里钻了出来，顺着声音的方向在人流之中寻找，终于看到了朝思暮想的丈夫。此时的铁木真正骑在马上，一边喊着孛儿帖的名字，一边四下张望，孛儿帖急忙奔跑过去，拉住了铁木真的缰绳。

“孛儿帖……”铁木真激动地喊着孛儿帖的名字，猛地翻身下马将她揽入怀中，紧紧地拥抱着失而复得的美丽妻子。

找到孛儿帖之后，铁木真赶紧派人告诉脱斡邻勒汗和札木合等人：“我所要寻找的，我失去的妻子，已经再次回到了我的怀抱。不需要再去追赶他们了，让士兵们停下来扎营休整吧！”

此次战役中，蔑儿乞当时参与抢掠孛儿帖的三百士兵以及他们的子孙全部被杀，他们的妻女被俘虏，分给了联军士兵。从此，蔑儿乞部落一蹶不振，惨淡地退出了草原争霸的“候选人”名单。

值得一提的是，在蔑儿乞人的营地里，铁木真等人还得到了一件特别的“战利品”，一个名叫曲出的小男孩。此时曲出年仅五岁，长相清秀漂亮，士兵们俘虏曲出之后，便将他送给了铁木真的母亲诃额伦。诃额伦非常喜欢曲出，将他收作了干儿子。后来，曲出成为铁木真手下的得力干将，为他的弯弓霸业立下汗马功劳。

在夺回孛儿帖后不久，铁木真发现了一件让他十分震惊的事情，孛儿帖竟然怀孕了！不久后，孛儿帖诞下了一名男婴，这是铁木真的第一个孩子。关于这个孩子的到来，铁木真心中非常纠结，这是他的长子，对于一个父亲而言意义是如此非凡，可他甚至不能确认这个孩子是不是自己的骨血。但无论如何，对于妻子孛儿帖被劫的事件，铁木真是应该负上全部责任的。或许正是出于这种愧疚，铁木真一生都对孛儿帖敬爱有加，从不曾计较她的不洁。至于这个“来历不明”的孩子，铁木真或许一生都存有疑惑，但始终视如己出，没有半点怠慢。铁木真为儿子取名为术赤，意思是“客人”，也可译为“来路不明的人”。很多人认为，铁木真取这个名字，说明他心中根本就认定儿子并非亲生；但也有人认为，铁木真之所以给儿子取这样的名字，只是为了纪念当时一家人的境遇。在当时，他们是脱斡邻勒汗帐下的客人，也是札木合旗下的客人。

攻灭蔑儿乞部落之后，在札木合的邀请下，铁木真带领家眷和自己的追随者加入到了札木合的群体中，两人度过了关系最为亲密的一个时期。在众人的见证下，铁木真与札木合再一次结为安答。据史料记载，他们站在忽勒达合儿山上一棵枝繁叶茂的大树下，互相交换从蔑儿乞人处夺得的金腰带和健壮的马匹为信物，且互称安答，并发誓永远相互爱护、共同生活、不抛弃彼此。这是铁木真与札木合第三次结为安答。

第四章　最强军事领袖的对决

你是牧马的还是放羊的

铁木真带领家眷和亲信随从加入了札木合的大群体之中，与他一同抵达了广阔而肥沃的合剌主鲁格山谷，并在此正式安顿下来。这是他们最为亲密的时期，白天他们并马齐驱、打猎放牧，夜晚他们同榻而眠、彻夜长谈。

这段亲密时期长达一年半之久，在这段时间里，铁木真在札木合大营中学到了许多新的放牧知识，例如用确定的习俗来进行日常生活的管理，以及正确饲养牲畜等等。在札木合的大营中，铁木真一家的生活质量有了显著提高，从前他们一家的生活几乎常年徘徊在饥饿边缘，只能勉强维持生计，而现在，他们拥有了可靠的肉类和奶制品供给。

虽然生活日渐安逸，但铁木真却从来没有忘记过振兴“黄金家族”的责任以及父亲的血海深仇，他愈发加紧一切时间来壮大自己的实力，操练自己的兵马。

铁木真在札木合帐下的地位是非常高的，与一般的追随者并不一样，这首先缘于他与札木合之间的“安答”关系。而在攻伐蔑儿乞，夺回妻子孛儿帖一战之后，铁木真更是名扬草原，加之他本身就是一个出类拔萃的勇士，凭借自己的实力便能得到众人的追捧与尊重。在札木合帐下的这一年半时间里，许许多多的人都主动前来归附铁木真，甚至连札木合的部众也有转投铁木真帐下的。这其实并不奇怪，当年也速该死后，孛儿只斤家族的部众纷纷离散，投靠了不同的部落，其中就有很大一部分转投了札答阑部，如今少主长成，勇武非常，曾经离散的部众自然纷纷有了归附之心。

铁木真的逐渐壮大却触犯了札木合的利益，眼见自己的部众纷纷“叛离”到铁木真帐下，札木合开始感到事态的严重性，有了想要“甩掉”铁木真的心思。

大约在 1181 年的一天，札木合突然对铁木真说道：“咱们在这里也待了一年多了，马群和牛羊都快把草皮啃光了，不如起营迁徙，往水草更加丰沃的地方去，怎么样?”

铁木真听安答这么一说，想也没想，爽快地应道：“这样挺好，总是待在一个地方，也确实挺没意思的!”

几天后，在札木合的带领下，众人拔营而起，赶着牲畜开始迁徙，铁木真与札木合并驾齐驱，走在了队伍的最前头。走了没多久，札木合突然对铁木真笑道：“铁木真安答啊，山脚下的青草是最多最嫩的，对于牧马的人来说是大有益处啊；而羊却特别爱喝水，水边才是放羊人的安乐居所。铁木真安答，你说对吗?”

札木合的话说得特别玄乎，似乎话中有话，铁木真一时之间却无法参透，只得干笑了几声，没有应答，却默默放慢了行进的步伐，让札木合带领队伍先行。等自家的车队追上之后，铁木真行到一架车旁，低声对车里的母亲诃额伦说了刚才札木合的一番话。诃额伦听完后叹了口气，没有应声，倒是一旁的孛儿帖说道：“铁木真啊，这你还不明白吗？你的安答札木合是在赶我们走啊。牧马人是高贵的，而放羊人则是低贱的，若继续跟随札木合，你认为你应该成为牧马人还是放羊人呢？铁木真，我们还是离开吧。等队伍停下之后，我们的人不要搭帐篷，只要马不停蹄，拂晓时分，我们的营地便能与札木合的营地彻底分开了，好聚好散，或许你们还能保有彼此间的安答之情！”

听完孛儿帖的话，铁木真这才恍然大悟，当天晚上便下达命令，带领着族人悄悄离开了札木合大营。当时一同离去的，除了铁木真原本的部众之外，还有许多原本投入札木合帐下的部众，其中最重要的是兀良哈部的速不台把阿秃儿。速不台以骁勇善战著称，后成为铁木真成就霸业的十大功臣之一。

有趣的是，此次事件一直被用来作为铁木真容易受到女人影响的佐证之一，而事实似乎也的确如此，在铁木真的人生之中，每当事处关键，他总是选择听从妻子孛儿帖的建议，幸运的是，孛儿帖几乎每一次都作出了正确决定。

在与札木合共同放牧的一年半时间里，铁木真的实力得到了惊人的壮大与发展，此次决裂过后，铁木真成为草原上一股强而有力的独立势力，开始走向崛起之路。铁木真的离去分裂了一部分札木合的力量，但或许是看在安答的情分上，也可能是根本就不将他们放在眼里，札木合始终没有去追击他们。

腾格里让你做大汗

离开札木合之后，铁木真的势力逐渐壮大，就在这个时候，一个叫豁尔赤的萨满找到了铁木真，并对他说道："我与札木合是一家，本不应该来找你，但腾格里却给了我一个指示，我不得不来将这一切告知给你。"

铁木真听后感到非常奇怪，询问豁尔赤道："那腾格里究竟给了什么样的指示呢?"

豁尔赤顿了顿，接着说道："你与札木合分离的那一天，我看到一头白色的乳牛撞坏了札木合的车子，并大声对札木合喊道，'还我角来，还我角来'。后来一头黄白色的无角犍牛拉着一辆车追随着你离开的方向而去，并吼叫着说，'腾格里已经决定了，让铁木真来当汗王，我现在把宝座都给他送来了'！这就是腾格里的指示啊，铁木真，腾格里要让你做蒙古的大汗！"

听到豁尔赤的话，铁木真顿时喜出望外。铁木真的"喜"与是否相信豁尔赤的话并无关系，重要的是豁尔赤的话将为他带来蒙古部族万众归心的有利局面。在当时，蒙古人信奉萨满教，豁尔赤是部落中有名的大萨满，他所说的话对草原民众具有不可忽视的影响力。

在向铁木真报告了这个"吉兆"之后，豁尔赤随即就展露出自己真正的目的，他笑着对铁木真说道："铁木真啊，我是第一个将腾格里指示告知你的人，日后你若真的成为草原上的汗王，又该怎么报答我呢?"

面对这赤裸裸的邀功和敲诈，铁木真丝毫没有愠怒之色，乐呵呵地随口说道："要是真能有这么一天，那就封你做个万户长吧！"

这可是个了不得的官职，是能够管辖一万户牧民的高官，实际上几乎相当于是一方诸侯了。

豁尔赤却并不满足，又对铁木真"敲诈"道："我可是将腾格里的指示直接告知你了，仅仅封我个万户长怎么能让我满足呢？这样吧，到时候你准许我在全国挑选三十名美貌的女子做老婆好了！"

铁木真听完，想也不想就点头答应了，在他看来，自己成为蒙古草原的大汗，那是猴年马月的事情了，如今开个空头支票让他乐呵乐呵，也没什么损失。那个时候，铁木真根本没有想过，这个承诺在后来将为他带来一场麻烦，甚至引起了一场战争。不过这都是后话了。

在得到铁木真的承诺之后，豁尔赤开始不遗余力地将"腾格里的指示"传达出去，将铁木真塑造成为草原民众心目中的"神"。自忽图剌汗之后，蒙古部落再没有正式的总首领，各个部落之间陷入了长期的分裂混战，人民需要统治者，需要一个如同合不勒汗那般伟大的领袖。而豁尔赤无疑正是顺应了蒙古人民心中的渴望，将铁木真包裹上神圣的外衣，将之推到了民众的视野中，为他赢得了信仰与推崇。

在当时，铁木真虽然势头正盛，但比起强大的札木合来说，根本难成气候，为什么豁尔赤却果断地背离札木合而选择了铁木真呢？难道他真的神通广大，预见到了未来的事情？实际上归根结底还是一个出身问题。

蒙古部族的先祖名叫孛端察儿，他是铁木真的十世祖。据记载，孛端察儿曾从外族札儿赤兀惕氏掳劫来一名孕妇，这个孕妇生下了一个儿子，取名札只剌歹，便是札答阑部的祖先，也就是札木合的祖先。因此，从出身上来说，札木合身上流着外族的血，根本没有资格跻身蒙古部落的贵族阶层，更别说与"黄金家族"出身的铁木真相提并论了。再者，铁木真作为也速该的长子，理所应当是其继承人的最佳人选，名正言顺的大汗候选人。

颇有政治眼光的豁尔赤正是看透了这一点，才果断地将身家性命压在了铁木真的身上，而事实也证明，他的选择并没有错。

当铁木真的声誉如日中天之际，他的叔父答里台，堂兄弟阿勒坛，撒察别乞、忽察儿等人达成一致，正式推举铁木真为汗王，并为他唱起了草原上的赞歌，歌曰:

我们商定要立你为罕，为你冲锋陷阵不惜生命！

掳来美女夺其宫帐，献给可汗铁木真你；

袭击征服外族百姓，献给可汗铁木真你。

在猎杀狡兽的时候，将其追来供你射杀；

在捕杀野熊的时候，将其赶来供你射杀。

沙场鏖战时如违号令，请你灭我的家门九族，使我的头颅滚落荒野；

安稳平和时如违你的派遣，请你掳我的属民与妻女，使我流亡他乡无家归！

最终，在蒙古贵族的一致支持下，铁木真成为蒙古部落名义上的首领，众人尊称他为“铁木真汗”。

称汗之后，铁木真随即大刀阔斧地对自己的“汗国”进行改革。首先，他一改过去由别部首领分别掌管本部事务的旧例，亲自委任“官员”对各部事务进行管理，进一步将权力掌握在了自己手中。

其次，他为自己设置了一群特殊的贴身卫士，这些卫士被称为怯薛，实际上就是铁木真汗的禁卫军。平日里，怯薛军主要负责宿卫工作，同时也负责可汗的日常事务安排等；而在战事爆发的时候，怯薛军将直接接受可汗的指令，并跟随可汗一同上战场，保护可汗的安危。

最后，也是最为重要的一点，铁木真对战利品的分配方式进行了重大改革。以往，草原各部落对战利品的分配一般有两种方式：一是各自争抢，谁抢到就算谁的，这种分配方式一般适用于比较小的部落；二是贵族首领占据大部分，极少部分分给平民，奴隶则一无所获，这种分配方式一般适用于较大的部落。铁木真则彻底改变了这种状况，他要求众部落必须将所得的战利品全部上交，由可汗统一分配给各部首领，之后再由首领分配给各自的部众。同时，铁木真还制订了一套非常严格的分配比例，确保了上至贵族，下至奴隶，每个人都能从战斗中获得利益，大大提高了民众的战斗积极性。铁木真的这一改革不仅大大笼络了人心，同时也进一步强化了自己作为可汗的地位和权力。

虽然在名义上，铁木真已经获得了蒙古部众的承认，但他非常清楚，自己距离真正的蒙古大汗还十分遥远，他的实力还不足以真正地统一蒙古，称霸草原。因此，为了确保自己的地位不受威胁，铁木真首先要做的事情，就是获得其义父、强大的脱斡邻勒汗的承认。几乎在称汗的同时，铁木真就已经派出了使者前往克烈部，向脱斡邻勒汗汇报了一切，并不断地送上礼物，表示自己对义父的忠诚。很快，铁木真就如愿收到了脱斡邻勒汗的祝福，脱斡邻勒汗甚至承诺会为铁木真提供一切他所需要的支援与帮助。

对脱斡邻勒汗而言，铁木真的崛起并非是件坏事，在当时的大草原上，札木合的势力已经威胁到了克烈部，而现在有了铁木真，两个首领之间必定呈现相互制衡的局面，这样一来，对克烈部的威胁将会大大降低。

在通知脱斡邻勒汗的同时，铁木真也派遣了使者前往札答阑部，向安答札木合通报了自己称汗的喜事。札木合得知此事后，心中悔恨交加：悔的是当初养虎为患，没有抓住机会消灭铁木真；恨的是铁木真不念自己对他的恩情，竟敢凌驾于自己之上！也许直到这一刻，札木合才终于意识到，在这广衮的草原之上，他与铁木真之间，只有一个人能够自由驰骋。但这个最终获胜的人，又会是谁呢？

十三翼之战

得知铁木真称汗的消息后，札木合清楚地意识到，蒙古部落的天平已经再次向孛儿只斤家族倾斜，总有一天，铁木真会成为草原真正的主人，到那个时候，自己就再没有立足之地了。于是，札木合决定发动一场战争，趁铁木真立足未稳之际便铲除这个后患。但发动战争必须有借口，不能出师无名，况且他与铁木真之间还是曾经结拜过三次的安答，更不能毫无缘由就贸然挑事。就在札木合苦苦寻找这个“借口”的时候，机会来了。

1190 年，一个深秋的早晨，铁木真手下一个叫术赤答儿的牧马人突然发现自己的马匹被人盗走了，他怒气冲冲地找到他的“邻居”——札木合的弟弟给察儿。术赤答儿与给察儿的牧场相邻，两人素来不和，常常在放牧时候因为一些鸡毛蒜皮的小事吵得不可开交，因此马匹被盗，术赤答儿首先怀疑的就是给察儿。

对于蒙古人来说，马就是他们的命根子，养马人若是把马匹丢了，必然会受到部落的严厉处罚。因此，术赤答儿十分气愤，认为给察儿是故意找自己麻烦，于是擅自闯入了给察儿的牧场，两人因此发生了冲突。术赤答儿是个爆脾气，见给察儿非但不认错，还一再与自己争吵，一怒之下便拿起弓箭一箭将他射死了。

札木合得知这个消息后非常震怒，对部众说道："铁木真是个忘恩负义的人啊！我曾为他夺回妻子，他却纵容部下杀死了我的弟弟，这个仇不能不报！"

随即，札木合立刻纠集了三万精兵，准备向铁木真的营地挺进，杀他个措手不及。

这件事情原本只是一个意外，如果札木合重视与铁木真之间的安答情谊，完全可以先令人将此事的来龙去脉调查清楚，或直接向铁木真求一个公道，但他却没有这样做，显然这个悲剧对于他而言只是一个最好的出兵借口，一个他一直在蛰伏等待的机会。

就在这个时候，出身亦乞列思部的木勒克脱塔黑和孛罗剌歹正打算前来投奔铁木真，行至途中，却发现了札木合的大军。二人觉得非常奇怪，乔装混入大军打听清楚情况后，急忙快马加鞭，奔向了铁木真的营地，向他报告消息。

铁木真惊出了一身冷汗，不住地对二人说道："我的朋友，真是太谢谢你们了，是你们拯救了我啊！"

三万兵马，这个数字对于铁木真而言是充满了毁灭性的，更何况领导这三万人的并非泛泛之辈，而是骁勇善战的札木合！但此时，札木合的军队已经如同离弦的箭一般向他们射来，铁木真已经失去了选择战与不战的机会，无论他多么不愿意与札木合为敌，也不得不准备迎接这致命的打击！

相比铁木真的沉默和犹豫，部属们却群情激奋，一个个跃跃欲试地叫嚣着："不就是三万兵马吗！我们也有！可汗，你就放心地打吧！"

"棕熊若是出现，便用弓箭去对付他，如今，那札木合不过也就是头棕熊而已！"

……

众人的激昂却始终未能让铁木真的眉头舒展开来，他所担忧和思索的并非是眼前的战争，而是更长远的未来。此时的铁木真已经不仅仅是一个草原上豪气冲天的把阿秃儿，而是一个部落的首领，是一个胸怀征服草原霸业的王者，他的眼界必须更加长远，他的思虑必须更加周全！

在众人议论纷纷之际，铁木真突然站了起来，神情庄重地说道："我们所面对的敌人非常强大，难以战胜，但这场战争，我们绝不能输！立即下令集结兵马，与我那安答札木合痛快一战吧！"

次日，铁木真也纠集了三万兵马，虽然数目上与札木合的军队相当，但实力却不可同日而语。札木合的三万精兵都是受过良好训练且经验丰富的士兵，而铁木真这三万兵马，实际上有一大部分都是未曾涉足过战争的普通牧民。此时的铁木真大营几乎可以说是全民皆兵了，甚至连诃额伦等家眷也不得不披甲上阵，对抗强大的敌人。

铁木真将集结起来的军队分成十三翼，前往迎战札木合，双方在答兰巴勒主惕的野外展开战斗。这是铁木真生平第一次独立指挥的战役，他所面对的却是身经百战的强大对手札木合，历史上将这场战役称为"十三翼之战"。

一边是兵强马壮、训练有素的士兵；一边却是手忙脚乱、夹杂着众多老弱妇孺的"军队"。战果实际上已经没有任何悬念，胜利的天平已经明显地偏向了札木合一方。

"是时候撤退了。"诃额伦一边杀敌，一边对铁木真叹道。

看着来势汹涌的敌军，铁木真心中也明白，这场战斗败局已定，没有必要再继续坚守。他重重地点了点头，抬起手向空中一挥，象征着铁木真部队的军旗开始缓缓后撤，低沉的号角声传遍战场的每一个角落。收到撤退号令的士兵们开始跟随铁木真且战且退，一直撤退到一个名叫哲列捏峡的山谷里。札木合的军队依然紧紧追击，铁木真令博尔术带领一队人埋伏在山谷口，给予了追兵狠狠一击，这才暂且抵挡住了札木合大军的攻势。

此刻，十三翼之战的胜利果实已经完全掌握在札木合的手中，他志得意满地向众人宣布："铁木真已经被我们赶到了阴暗的角落，从此以后，他将再也不会有什么大作为了！"

轻而易举的胜利冲昏了札木合的头脑，使他越发骄纵而残忍。或许是为了向躲进山谷中的铁木真示威，也可能是为了让那些叛离他的部众从心底感到恐惧和后悔，札木合令人在山谷口的营地架起了七十口大锅，将在这场战役之中抓到的战俘投入锅中烹煮，甚至要求他属下的将领们一同分食人肉！

志得意满的札木合完全没有注意到，他残暴的行径已经引起了众人的不满，甚至他属下的将领们，脸上也或多或少露出了厌恶的表情。

在山谷口驻守几天之后，札木合带领军队扬长而去，铁木真的大营被劫掠一空，十三翼之战就此落下帷幕。

在此次战役中，札木合原本完全有机会乘胜追击，将铁木真赶尽杀绝，但获得最终胜利的他却在关键时候撤离了，这或许可以看作是他念及旧日情谊，对昔日的安答手下留情；当然也可能是胜利蒙住了他的眼睛，让他错失了这个剿灭日后最强劲敌的大好机会。

这是一场毁灭性的战争，但铁木真却得以保存住了大部分实力，依然拥有东山再起的本钱。而作为战争胜利者的札木合，其残忍暴戾的行径却引起了他的同盟者极为强烈的反感，他们纷纷叛离，投靠了战败的铁木真。胜者不胜，败者不败，这便是这场战役的有趣之处。

草原上没有永远的敌人

十三翼之战后不久，札木合帐下几个部落的首领因不满札木合的冷酷无情而相继转投铁木真，其中包括兀鲁兀惕部首领主儿扯歹、忙忽惕氏首领忽亦勒答儿，以及蒙力克和他的七个儿子。

我们知道，蒙力克家族与铁木真家族的交情是非常深的，当年也速该临终托孤，托付的对象正是深得他信任的蒙力克。而在铁木真一家被部众离弃的时候，敢于出来主持公道，并因此而不幸丧命的，则是蒙力克的父亲察剌合老人。但最终，作为保护人的蒙力克却在最艰难的时刻一度抛弃了铁木真一家，甚至在铁木真与札木合决裂的时候，也毫不犹豫地选择了札木合阵营。

对于这样一个一再背弃自己的人，铁木真却敞开心扉欢迎他的到来，并尊称他为“蒙力克父亲”，对他只有往日恩情的感激，丝毫不曾怪罪他当日的离开。

所谓“得人心者得天下”，铁木真正是这样一个懂得征服人心的人。他善待每一个前来投奔他的人，为他们举行盛大的宴会，将他们视为自己的忠实拥护者，热情相待。甚至对那些与自己并无交情的人，他也抱以令人感动的善意。

当时，泰赤乌部的照烈人驻地与铁木真的驻地相近，我们知道，泰赤乌部与铁木真之间是有矛盾的，铁木真在年轻的时候，曾被泰赤乌人抓去做了一段时间的奴隶。一次，铁木真带领众人前去打猎，正好遇到了在同一座山打猎的照烈人。铁木真一早就有想要结交照烈人的心思，于是有意向他们靠近，并邀请他们共同围猎。到了夜晚，由于没有带粮食和锅，差不多有一半的照烈人返回了营地，而剩下的另一半约二百人，则受铁木真的邀请，留下和他们一起过夜。

第二天，双方继续打猎，铁木真知道他们身上没有带粮食，特意叮嘱部众将猎物赶到照烈人的围猎场，以增加他们所获得的猎物，甚至还主动遣人给他们送来了粮食和锅。铁木真的慷慨让照烈人深受感动，在返回营地的途中，照烈人一路将这一事件告知了其他部落的人，极力称赞铁木真的慷慨宽容。

铁木真的这一举动很可能是出于一种政治上的考量，但不得不说，这一举动确实为他带来了极大的声望，让他向政治的最高点又迈进了一大步。

之后不久，照烈部的首领玉律把阿秃儿带领一部分照烈人主动归附了铁木真。虽然玉律把阿秃儿在后来并没有成为铁木真的忠实追随者，但此时他的举动却极具号召力，使得更多其他部落的人都纷纷投向了铁木真。

不久，铁木真的贤德名声就传遍了泰赤乌部，当时帮助铁木真出逃的锁尔罕失剌之子赤老温也带着随从前来投奔了铁木真，铁木真感念当年的救命之恩，热情地接待了赤老温，像信任博尔术一般信任他。

虽然铁木真对待归附者们表现出了极大的宽容与尊重，但作为汗王，他们却不容许任何人冒犯他的威严。

一次，为了欢迎各个部落前来归附的人，铁木真在斡难河岸边举行了盛大的宴会。根据蒙古人宴会的习俗，但凡是在尊贵的客人面前，主人方一定会摆上几坛子马奶酒，并安排人专门为他们斟酒。

在宴会进行到一半的时候，宴席上突然传出了不愉快的吵闹声，原来是主儿乞部前首领的两位遗孀豁里真和忽兀儿臣因负责斟酒的人没有率先给她们斟酒而觉得自己受到了怠慢，故而责骂斟酒的人，到后来甚至动手把斟酒的人给打了。这个负责斟酒的人名叫失乞兀儿，早在也速该还在世的时候就在孛儿只斤家服侍过。失乞兀儿被打之后心中非常郁闷，跑到铁木真跟前向他哭诉："当年你的父亲也速该在世的时候，哪有人敢这样对待我啊！"

失乞兀儿显然是在抱怨铁木真软弱，铁木真听后心中也感到非常难受。就在这个时候，宴会之外也发生了一件让铁木真大为愤慨的事情。

宴会期间，为了避免有其他部落的人趁乱偷窃自家马匹，铁木真便让弟弟别勒古台负责马匹的看守工作。当时，主儿乞部的首领也担心自家马匹被偷，便派了一个名叫不里勃阔的小头目去看守马匹。别勒古台正在四处巡视的时候，突然发现一个小偷在偷马，他当场将小偷抓获，却发现这个小偷正是主儿乞部的人。不里勃阔见状，急忙冲上去，帮助小偷和别勒古台扭打到了一起。在争斗中，不里勃阔用刀砍伤了别勒古台的左肩。别勒古台心中非常愤怒，但考虑到主儿乞部才刚刚归附铁木真，不愿因此而伤害彼此的感情，于是压下了这口气，低声对主儿乞部的人说道："不要把事情闹大了。"

铁木真看到了这一事件的整个过程，气愤地走向别勒古台，严厉地对他说道："面对这样的欺辱，你怎么还能够容忍呢！"

见铁木真如此激动，别勒古台急忙相劝道："主儿乞部才刚刚归附，哥哥你绝不能因为我的事情与他们生出嫌隙啊！"

但此时，铁木真却不以为然，对于铁木真而言，他的尊严比生命更加高贵，没有任何人能够触犯。于是，铁木真随手捡起一根木棒，走上前将这两个主儿乞人一顿狠揍，并立即下令将方才在宴会上闹事的豁里真和忽兀儿臣给抓了起来，给了主儿乞部一个"下马威"。

事后，主儿乞部派人前来向铁木真赔罪，已经消气的铁木真也就顺势而下，释放了主儿乞部前首领的两位遗孀。这件事虽然已经解决，但不可避免地在主儿乞人与铁木真之间埋下了仇恨的种子。同时，这件事也让铁木真深刻地认识到，自己虽然在各部落之间已经获得了极大的名声，但想要真正成为草原的统治者，成为让万人敬仰的大汗，仅仅拥有崇高的声名是不够的，在这弱肉强食的世界，唯有实力真正强大的人，才有资格成为实至名归的霸主。

就在这个时候，一个机会摆在了铁木真的面前。

此前说过，为了抑制蒙古的发展壮大，金国与塔塔儿部结成了同盟。对铁木真来说，塔塔儿人是孛儿只斤家族最大的仇人，他曾在父亲灵前立下誓言，终有一日要报这血海深仇。而金国则是蒙古的第二大仇敌，当年俺巴孩汗以及合不勒汗的长子斡勒巴儿合黑均是死在金国人的绞刑架上。但面对强大的金国和塔塔儿，一直处于分裂中的蒙古部落却始终没有能力进行神圣的复仇。

如今，塔塔儿部在金国的支持下日益强大起来，他们已经不满足继续处于金国的控制之下，做金国人的“附属品”。

在 1195 年前后，金国丞相完颜襄领兵征讨蒙古北部的一些小部落，在获胜返回金国的途中，突然遭到塔塔儿军队的抢劫，塔塔儿人将金军抢夺到的牛羊牲畜等战利品全部夺走。金国皇帝大怒，决定与塔塔儿人决裂，并下令让完颜襄领兵讨伐塔塔儿。

完颜襄是个非常狡猾的人，在得到讨伐塔塔儿的命令之后，便决定利用蒙古部落与塔塔儿之间的世仇，转而拉拢蒙古部落为己所用。很快，完颜襄便向铁木真发出了结盟邀请，希望铁木真能与金国结盟，共同对付塔塔儿。

虽然两边都是仇人，但铁木真认为，他只有一个拳头，不可能同时打倒两个敌人。再者，这个世界上根本不存在永远的盟友，也不会有永远的敌人，只有永远的利益。因此，为顾全大局，铁木真作出了一个忍辱负重的决定，同时也是一个能为自己部族带来利益最大化的决定——与金国结盟。

在作出这一决定之后，铁木真随即派人前往克烈部，向脱斡邻勒汗禀明一切，并邀请脱斡邻勒汗与自己一同出兵攻伐塔塔儿。之前说过，草原上的各个部落之间或多或少都有些仇恨和摩擦，克烈部与塔塔儿之间也不例外，脱斡邻勒汗的祖父就是死在塔塔儿人手中的。于是，脱斡邻勒汗欣然答允，与铁木真约定共同出兵。

如今的塔塔儿人已是今时不同往日，其势力的强大实在不容小觑，未免有失，铁木真向归附自己的各个部落都传达了口信，希望各部落都能够出兵，与自己一同向塔塔儿人复仇，这其中就包括了之前不久与铁木真发生矛盾的主儿乞部。

铁木真此次向主儿乞部发出邀请，原本是想借机解除“斡难河畔宴会事件”的尴尬，这实际上也是给主儿乞人一个机会，只要他们愿意出兵，那么前事便可一笔勾销。但最终，铁木真得到的只有失望，主儿乞人始终没有出现，铁木真知道，这意味着主儿乞部已经不可能再与他和好如初了。

最终，铁木真与脱斡邻勒汗按照与金国约定的时间果断出兵塔塔儿。当时，塔塔儿人主要驻扎在乌勒札河一带，金国的部队担任先锋，从南方出击塔塔儿人，将其追击至铁木真与脱斡邻勒汗严阵以待的大军跟前。眼见中了埋伏，塔塔儿人大惊失色，慌乱四散，在激战中铁木真斩杀了塔塔儿的首领蔑古真薛古勒图，并俘虏了大量塔塔儿的人马。

此次袭击大大削弱了塔塔儿人的力量，尽管当时许多塔塔儿人得以逃走，部落中其他的一些宗族也因驻扎在其他地方而逃过一劫，但总体来说，失去金国支持的塔塔儿残余力量已经不足为患，几乎失去了东山再起的可能。

对于这场胜利，金国人非常满意，完颜襄表奏金国皇帝，当即下诏封铁木真汗为札兀惕忽里，封脱斡邻勒汗为王。

对于“札兀惕忽里”究竟是一个怎么样的官职，后世学者一直都没有准确定论，这个词大概指的就是“有能力、有实力”之类的意思，很可能只相当于一个荣誉称号。至于脱斡邻勒汗，他原本就是克烈部的可汗，在被金国册封为王之后，大家便开始称呼他为“王汗”。

报答王汗

对战塔塔儿的胜利让铁木真和王汗都获得了丰厚的战利品，但在此期间，双方的大本营却都发生了后院起火的事情。

在铁木真征讨塔塔儿人的时候，主儿乞部的军队不仅没有出现助其一臂之力，反而趁其后方空虚之际袭击了他的大本营。他们杀死了留守大营的十余人，并将营中五十多人的衣服剥光抢走。

胜利归来的铁木真得知此事后非常生气，立马将手下众将士召集起来，开了一个紧急会议。铁木真愤怒地对部众们说道:“主儿乞人如此对待我们，实在令人寒心！当初在斡难河畔的宴会上，他们已经欺人太甚，如今我愿与他们和好，邀他们共同为我们蒙古人的先祖复仇，可他们非但没有出现，竟还躲在背后作出这样卑劣的事情！这口气，难道我们还能咽得下去吗?!”

随即，铁木真一声令下，大军即刻掉转马头，向着主儿乞部逼近。看到铁木真的大军如同潮水般汹涌而来，主儿乞人这才意识到，自己惹怒了不该惹的人！带领主儿乞人袭击铁木真大本营的主儿乞部首领撒察别乞和泰出两兄弟赶紧带着亲信随从，二话不说就扔下族人逃命去了。铁木真却不肯放过他们，带领一队精兵穷追不舍，最后终于将此二人生擒，处死后弃尸荒原。失去首领的主儿乞部随即归入铁木真帐下，成为铁木真的部众，自此主儿乞部正式被铁木真所兼并。此次归附铁木真的主儿乞人中，有两个人非常重要，一个叫木华黎，另一个叫博尔忽，他们在日后都成为铁木真不可缺少的得力助手。

铁木真攻灭主儿乞部的做法让其余各部的人认识到，他们所推举的大汗并非如他们所预期的那般，只是名义上的领袖，而是一个真正顽强不屈、野心勃勃，且要求所有部众绝对服从的真正主人！

王汗却没有铁木真这么幸运了，当他率领军队回到克烈部的时候，却发现他的弟弟额儿客合剌早在乃蛮部的帮助下抢占了克烈部，夺取了他的可汗之位。王汗大怒，带领士兵与额儿客合剌大战一场，不想却一败涂地，狼狈逃离。无奈之下，王汗只得远走西辽，试图投奔当初被自己赶走的叔叔古儿汗。结果没待上几天，王汗就和古儿汗发生了争吵，离开古儿汗之后，王汗在戈壁滩上过起了落魄的流浪生活。或许是出于面子的考量，也或许是因为不信任铁木真，王汗在落难之后一直没有想过向铁木真这个义子求援，直到最终实在走投无路，才咬咬牙，向铁木真的营地走去。

铁木真得知王汗的遭遇之后，立即亲自带人前去迎接他，并将他安置在自己的营地之中，给予其最优厚的条件。随后，铁木真和父亲也速该一样，慷慨地出兵帮助王汗再次夺回了克烈部的可汗之位。作为报答，王汗向铁木真许诺，将会让他成为克烈部的继承人。这个诺言究竟是王汗主动许下的，还是在铁木真明示或暗示的压力下许下的，我们已经不得而知，但王汗在恢复权力之后，却开始对这个承诺显示出了悔意。

王汗重掌克烈部后不久，便向蔑儿乞部落的一个主要营地发动了袭击，此次袭击大获成功，王汗从蔑儿乞部落虏获了大量的战利品。在这次袭击中，王汗并没有邀请他的“继承人”铁木真参加，至于战利品，自然也没有铁木真的份儿。此外，王汗还对自己的儿子桑昆表现出了无比的重视和宠爱，似乎在向铁木真以及克烈部众人昭示：他心中真正中意的继承人并非铁木真，而是他的儿子桑昆。

1198年，王汗决定向支持弟弟夺取自己汗位的乃蛮部复仇，这一次他向铁木真发出了邀请。就在这个时候，乃蛮王突然病死了，他的两个儿子台不花和不亦鲁为争抢乃蛮王的一个宠妃而大打出手，并将乃蛮部分裂成两个阵营，一个阵营在草原上驻扎，另一个阵营则在阿尔泰山地区驻扎。根据乃蛮人的习俗，父亲死后，儿子继承他的妻妾是非常正常的行为，因此乃蛮王的两个儿子争抢他的宠妃并不有悖伦理。

铁木真和王汗大军首先向驻扎在阿尔泰山地区的不亦鲁发动进攻，在几次颇为顺利的进攻后，不亦鲁兵败身亡。就在铁木真与王汗以为胜利将至的时候，他们却突然遭遇到乃蛮部主力军的坚决反击，战况异常激烈。就在这个时候，王汗生出了个坏主意：借乃蛮人之手重创，甚至除去铁木真！

当天夜里，王汗悄悄率领大部队撤离了阿尔泰山地区，留下铁木真大军孤军奋战。在王汗看来，乃蛮部与铁木真，无论谁输谁赢，双方的势力必然都会遭受重创。如此一来，他便能成为最大的赢家，一次剪除两个巨大的威胁。但世事难料，王汗“天衣无缝”的计划却险些将自己送入坟墓。

铁木真发现义父不仗义地落跑之后，心中非常气恼，只得立刻下达撤军命令。就在此时，乃蛮人发现了铁木真与王汗大军的分裂，决定趁势追击，将敌人一举击溃。但铁木真所带领的队伍实在是太小了，为了获得更大的胜利，乃蛮人决定追击他们认为更加强大的一方——王汗所带领的军队。

此时，王汗还在撤军途中兴致勃勃地等待坐收渔人之利，却怎么也没想到，乃蛮人会丢下铁木真赶来追击自己。毫无警惕性的克烈部军队顿时陷入乃蛮人的包围圈中，少了铁木真军队的支持与配合，王汗大军孤掌难鸣，克烈部上下陷入了绝境之中。王汗赶紧派人突围而出，十万火急地找铁木真求援。

铁木真虽然气恼王汗的背叛，但在关键时刻还是带兵及时赶到了。在铁木真的得力干将博尔术、木华黎、博尔忽以及赤老温等人的带领下，蒙古士兵奋勇厮杀，与克烈部里应外合，终于解除了这场灾难性的围困，将乃蛮人顺利击退。

此次战役后，或许是出于羞愧，王汗当即公开宣布铁木真为克烈部正式的继承人。这一荣誉让铁木真向着草原霸主的地位又迈进了重要的一步，但此时，危机四伏的大草原上，还有许多的部落和氏族对铁木真虎视眈眈，这其中就包括了他昔日的安答，在十三翼之战中打败他的札答阑部首领札木合。

争霸之战

1201 年，为对付铁木真，札木合在草原上召开了一次“军政大会”，参加此次会议的都是没有和铁木真结盟的部落或氏族，其中包括蔑儿乞部、塔塔儿部以及蒙古泰赤乌部。在这次“军政大会”上，这些铁木真的共同敌人结成联盟，推举札木合为“古儿汗”（与王汗的叔叔同一个称号），意为世界的皇帝，以此与铁木真进行公然对抗。

同年深秋，“古儿汗”集团正式出兵，与铁木真决战于海拉尔河一带。此时，蒙古各个部落正趋向于统一的局势发展，这一战成为铁木真汗与古儿汗札木合之间关键性的一战，胜利者很可能就是未来蒙古的真正主人、草原上的最终霸主。

单就联盟实力来说，札木合显然更胜于铁木真，但同时，札木合的联盟却是一个由利益构成的松散部落联盟，它既难以控制，也不牢靠，充斥着各种不稳定的因素。因此，这场战争的胜负还很难说。

对于这场战役的情况，《蒙古史》的记载非常玄乎，充满了各种神乎其神的传说。据《蒙古史》描述，当时在蒙古的大草原上，遍布着许多能够通神的萨满，他们通过施法术就能呼风唤雨、降下冰雪，而札木合委派作为先锋的不亦鲁黑罕和忽都合别乞就是两个懂得法术的萨满。札木合与铁木真交战的时候，不亦鲁黑罕和忽都合别乞便在一旁开始施展法术，顷刻之间，天昏地暗，狂风肆虐，暴雨倾盆。但奇怪的是，这些暴风雨却没有伤害到铁木真的军队，反而横扫了札木合自己的阵营，使得札木合的军队乱作一团，在暴风雨的袭击下阵脚大乱。随后，暴风雨逐渐演变成暴风雪，札木合的士兵被寒冷的风雪冻得全身僵硬，动弹不得。铁木真大军趁势进攻，札木合慌乱不已，仰天长叹道:“难道这是腾格里的选择吗?”顿时间，军心涣散，士兵无意恋战，尽数奔逃，札木合惨败于铁木真手下。

《蒙古史》的这一记载显然增添了神化的色彩以及写史人自己的想象。据推测，当札木合带领大军准备与铁木真大战一场的时候，很可能不幸地遭遇了一场大风雪，这场大风雪对札木合的军队造成了致命的阻碍，迫使他们不得不放弃战斗，全线撤离。

在札木合撤离的过程中，铁木真带领着一队人马对一伙泰赤乌部军队穷追不舍。此刻，铁木真或许又想起了泰赤乌部无情抛弃他们一家人时的情形，也可能想起了曾经在泰赤乌部作为奴隶和囚犯的耻辱岁月。总之，对泰赤乌部的仇恨在铁木真胸口熊熊燃烧起来，他急迫地想要对这个背叛孛儿只斤家族的氏族发起报复。

怒火让铁木真失去了理智的判断，求胜心切的他一个不留神，颈部中了泰赤乌人的箭矢，流血不止，人也陷入了昏迷之中。此时正是战斗的关键时刻，若是让札木合大军得知这一消息，他们很可能会发起全面进攻，而失去领袖的蒙古人也势必军心大乱。

考虑到这一切，铁木真忠诚的护卫者勒篾决定隐瞒这一消息，亲自照料受伤的铁木真。他为铁木真的伤口吮去瘀血，并将衣物尽数除去，冒险潜入敌军阵营，偷盗炼乳等营养充足的流质来喂食昏迷中的铁木真。

第二天，从昏迷中醒来的铁木真得知这一切之后深受感动，询问者勒篾道："你若是在潜入敌军阵营的时候被俘虏了，你该怎么办啊？"

者勒篾答道："我之所以光着身子，就是考虑到如果被他们抓获，我便假称可汗您想杀我，还脱光了我的衣服，因此我偷跑出去向他们投降。这样一来，他们必然会信以为真，我就能够趁机逃跑，为您带回食物充饥解渴了。"

铁木真大为感动，抓住者勒篾的手说道："你对我的救命之恩，将永远存在我的心中！"

随后，铁木真亲自带领将士，一鼓作气击溃了泰赤乌人，并下令将泰赤乌部的男人杀死，女人和小孩则都分给了追随他的士兵。至此，铁木真终于大仇得报。

在与泰赤乌人作战的过程中，铁木真的战马被一个士兵射死了，在战胜泰赤乌部后，他将所有俘虏集合起来，询问他们："你们之中，究竟是谁将我的战马射死了？"

战俘们深感不安，不知道铁木真将会用怎样严酷的手法来为自己的战马报仇。这时，一个年轻人站了出来，毫不畏惧地朗声应道："是我！就是我射杀了你的战马。"

铁木真走到年轻人面前，上下打量着他，又问了一遍："果真是你射的?"

年轻人大声答道："是我。你若是想杀死我，那就动手吧，我决不畏惧。但如果你放了我，我必定为你效命，为你披甲上阵，冲锋在前！"

铁木真大笑道："很好！你是个敢作敢当的汉子，你叫什么名字?"

年轻人答道："我叫只儿豁阿歹。"

铁木真点点头，真诚地对只儿豁阿歹说道："为了纪念我们的相识，以后你就叫哲别吧，从今以后，哲别，你就跟随我一同征讨天下吧！"哲别在蒙古语中有"箭"的意思，铁木真赐予只儿豁阿歹这个名字，肯定了他神箭手的地位与能力。

与哲别一起归顺铁木真的，还有他的叔叔纳牙阿，纳牙阿是个极其有谋略的人，在铁木真的王霸之路上，他占据着非常重要的地位。

出师不利的札木合大军本就士气低落，如今泰赤乌人的全线溃败，更是从心理上给予他们致命打击。铁木真抓住这一机会，乘势追击，札木合大军全线溃败，而札木合也成为铁木真的俘虏。面对昔日的安答，铁木真始终没有痛下杀手，他令人将札木合送到了克烈部，交给了王汗，给了他一条生路。

此次战争胜利后，铁木真给义父王汗写了一封信，在信中说道："我如猎鹰般飞越山间，逾过捕鱼儿湖；为您捕捉青足灰羽之鹤。质言之，朵儿边、塔塔儿两部，接着又越曲烈湖，我再次为您捕捉青足鹤：哈答斤、散只兀惕和弘吉剌惕。"这封信看似是在向王汗表达自己的忠诚，但明显处处透露出对自己能力的骄傲与自豪。

在这场战争中，铁木真还得到一个非常特别的女人，她便是当年照顾藏在羊毛车里的铁木真的那个小妹妹、锁尔罕失剌的小女儿、赤老温的妹妹合答安。铁木真自逃离泰赤乌部之后，已经二十余年不曾与合答安相见了。但没想到，久别重逢，铁木真的手下就杀死了合答安的丈夫，让合答安成了孤苦无依的寡妇。铁木真愧对合答安，在求得她的原谅之后，将她收留营中，让她得以与父兄重逢。后来，合答安成为铁木真的后妃之一。

第五章　以腾格里的名义

畅快的复仇

打败札木合后，铁木真的势力愈发强盛，经过数月的休整，他再次想起了世仇塔塔儿人。尽管在之前，铁木真与王汗联军在金国支持下给予了塔塔儿部毁灭性的打击，但塔塔儿部至今依旧遗留着不容小觑的武装力量。随着势力的发展壮大，铁木真认为，兑现父亲灵前立下誓言的时机已经到了，他将会带领着骁勇善战的蒙古军队，给予塔塔儿人致命的一击，完成这场酣畅淋漓的复仇。

1202 年，铁木真带领着一支无论是在数量还是实力上都占据绝对优势的队伍挺进塔塔儿，塔塔儿人奋勇抵抗，但实力的悬殊已经注定了最终的战果。铁木真与塔塔儿人接连大战数次，塔塔儿人节节败退，其首领也仓皇逃走，铁木真大军获得了决定性的胜利，眼看败局已定，塔塔儿人相继投降。

此前，铁木真在称汗之后曾颁布过一道命令：但凡是战争中所获得的战利品，任何人不准私自侵吞，必须全部上交之后由可汗进行分配。但在劫掠塔塔儿人营地的时候，铁木真手下有三个人却触犯了这一禁令，私自劫掠战利品。这三人分别是忽图刺汗之子，铁木真的叔叔阿勒坛；也速该的亲侄子，铁木真的兄弟火察儿；以及也速该的胞弟，铁木真的叔父答力台。这三个人都是铁木真的亲戚甚至长辈，他们敢公然违反禁令，挑战铁木真汗的权威，显然正是倚仗这层关系。

铁木真得知此事后非常生气，当即下令让手下两个亲信哲别和忽必来将此三人劫掠的财物全部没收。念及彼此间的亲缘关系，铁木真并未对此三人作出严厉惩罚，只是给予了他们一个慎重的警告。

处理完三个亲戚的事情之后，铁木真召集手下众人在大帐中开了一个特别会议，商量如何处置俘虏的塔塔儿人。回忆起父亲的惨死，铁木真愤慨地对众人说道："塔塔儿人曾残忍地杀害了我们的祖先和父辈，与蒙古有着不共戴天之仇！我曾在父亲灵前发过誓，有朝一日必定要让他们血债血偿！如今，腾格里庇佑，塔塔儿人终于落到了我们手里，我认为，我们应当继承先烈遗志，将塔塔儿部中但凡是高过车轮的男人全部杀死，将他们的妻子儿女掳为奴隶！"

铁木真的一番话得到众人的一致同意，每个人都在盼望着这场畅快的复仇行动。会议结束后，别勒古台刚出大帐就遇到了一个投降的塔塔儿首领也客扯连。也客扯连和别勒古台有些交情，在投降铁木真之后得到善待。

见到别勒古台从大帐中出来，也客扯连便迎上去问道："今天是在商议什么大事情啊？"

别勒古台是个直性子，听也客扯连这么问，想也没想就说道："塔塔儿人与我们蒙古人是世仇，现在栽到了我们手里，当然要商量怎么报仇了！但凡是高过车轮的男人，将全部被杀死，没一个能活！"

听到别勒古台这么一说，也客扯连大为惊惧，随即便将此事告知了被俘以及投降的众塔塔儿人。塔塔儿人在得知此事后决定背水一战，反正横竖都是死，倒不如拿出性命与蒙古人一拼！打定主意之后，众塔塔儿人在也客扯连的领导下发生了叛乱，拿起武器向铁木真的大营攻去。好在铁木真军队防守严密，机动性强，对叛乱迅速作出了反应，经过一番激战，终于镇压了反叛的塔塔儿人。

得知事情的来龙去脉之后，铁木真非常生气，当即便痛斥了别勒古台一通，将他踢出了参加军事大会的“名单”，并令他带人前往捉拿也客扯连。几番搜寻之后，别勒古台却没有找到也客扯连的踪影，想来或许已经死在了乱军之中。最后，别勒古台抓到了也客扯连的小女儿也速干，并将她献给了铁木真。

也速干是塔塔儿有名的美人，铁木真见到也速干之后，当即就被她的美丽迷住了，封她做了夫人。一天，也速干在侍奉铁木真的时候，突然想到自己流落在外、生死未卜的姐姐，心中非常担忧，于是对铁木真说道:“大汗对我的恩宠实在令我愧不敢当，我有一个刚出嫁不久的姐姐名叫也遂，比我不知美上多少倍，她才真正有资格获得大汗您的恩宠呀！可惜现在她流落在外，生死未卜，不能与大汗您相见。”

铁木真一听当即来了兴趣，笑着问道:“你已经是花容月貌了，你的姐姐却还能比你更美吗？若真是如此，我现在就令人去找她。不过，若是她来了，你又愿不愿意让出你的地位给她呢？”

听到铁木真这么说，也速干当即许诺道:“若是大汗你真能将也遂姐姐找来，也速干自然愿意让位。”

铁木真果然派人四处寻找，不到半日，便有人带了一名绝色美人前来觐见铁木真，铁木真一看这名女子，果真是美若天仙，相貌与也速干也有几分相像，便问她:“你是也遂吗？”

女子点点头，铁木真大喜过望，将她也收入了帐下，而也速干也果然实践了自己的诺言，让出自己夫人的地位，甘愿退居也遂之下。

得到这对姐妹花后，铁木真非常高兴，当即下令大摆酒宴，庆贺对战塔塔儿的胜利。宴席上，铁木真正与也遂和也速干姐妹饮酒时，突然注意到也遂的目光在人群中停留了一下，随即长叹一口气。铁木真顿生疑虑，当即下令让众人停止饮宴，按照各自的部族排队站好。最后，只剩下一个面目清秀的年轻人孤身站立，不属于铁木真帐下的任何一个部族。

铁木真问年轻人道："你是什么人？为什么来这里?"

那年轻人战战兢兢地看着铁木真，回答说："我是也遂的丈夫。"

铁木真当即板下脸来，大怒道："你是塔塔儿人？哼，我不去捉拿你，你却自己送上门来，面对仇人的子孙，我从来不会手下留情！将他拉下去杀了！"

眼看着丈夫被杀害，也遂心中悲痛万分，但事已至此，她已经没有选择的余地了。在妹妹也速干的劝说下，也遂收拾起心情，全心全意侍奉自己新的丈夫铁木真。在日后的岁月里，也遂成为铁木真最为宠爱的后妃之一，并成为蒙古历史上最具影响力的皇后之一。

塔塔儿与蒙古的世代仇怨终于在铁木真手中了结，彻底落下了帷幕，其最终将俺巴孩汗复仇的遗愿变为现实，并下令诛杀了塔塔儿部所有高于车轮的男子，而那些少数得以存活的男子也都被分编入不同的蒙古军队之中，草原上的塔塔儿部从此不复存在。

就在铁木真一步步迈向权力巅峰的时候，老克烈部首领王汗正在儿子桑昆和野心勃勃的札木合的怂恿下，酝酿着一场背叛的阴谋。

安答与义父的背叛

就在铁木真向着权力巅峰迈进的时候，他与义父王汗之间的关系也日渐微妙起来。尽管铁木真一直不遗余力地向王汗表示他的忠诚，但随着其势力的壮大，王汗依旧清晰地感受到了铁木真所带来的威胁。

王汗的儿子桑昆一直与铁木真不和，作为王汗的儿子，他本该是克烈部名正言顺的继承人，然而铁木真却一再威胁他的地位。为了阻碍铁木真的发展壮大，桑昆一直不余遗力地劝说父亲王汗与之决裂。

桑昆对铁木真的抵制一方面是出于自己的私心，而另一方面则证明了他拥有优秀的政治眼光。他显然早已经意识到，铁木真的发展壮大将会使得蒙古部落超越克烈部，成为草原上的新霸主。如果任由铁木真驰骋草原，那么在若干年后，克烈部很可能就会失去现在的地位，甚至成为蒙古部落的附属品。这是桑昆所不愿意看到的，因此他一再怂恿王汗与铁木真为敌，试图在其独霸一方之前就解决这个心腹大患。

铁木真敏锐地察觉到了桑昆对自己的敌意，为了缓和彼此的关系，同时也为了进一步巩固与王汗的联盟，铁木真主动向桑昆提出了联姻的请求，希望桑昆能够将女儿察兀儿别乞嫁给其长子术赤。同时，铁木真还表示，愿意将女儿豁真别乞嫁给桑昆的儿子图撒合。

豁真别乞是铁木真与孛儿帖的第一个女儿，在术赤之后，孛儿帖又相继为铁木真生下察合台、窝阔台和拖雷三个儿子，以及豁真别乞、扯扯亦坚、阿剌合别乞、秃满伦、阿儿答鲁黑五个女儿。

但没想到的是，桑昆竟傲慢地拒绝了铁木真联姻的请求，并回应说："我们家的女儿嫁入铁木真家，那不是成仆从了。而铁木真的女儿若是嫁到我们家，却能摇身一变成贵妇。如此不公平的事情，我怎么可能答应呢?"

桑昆傲慢的拒绝刺伤了铁木真的自尊心，也让铁木真认识到，无论他付出怎样的真心，也难以得到桑昆的信任，而这也进一步表明，他与王汗之间的结盟并不牢固，随时都有可能土崩瓦解。

与桑昆一样，一直希望铁木真与王汗决裂的还有归附到王汗帐下的札木合。当初札木合败于铁木真之手后，铁木真一念之仁，饶过了札木合，将他送入王汗帐下。对此，札木合非但没有感恩戴德，反而利用跟随王汗的机会，极尽所能地挑拨王汗与铁木真之间的关系，试图借王汗之手来打击昔日的安答铁木真。与此同时，蒙古部族的贵族阿勒坛等人也因不满铁木真独掌大权，相继向王汗靠拢，并一再诋毁铁木真，怂恿王汗发动战争。

1203 年，在众人的游说和怂恿之下，王汗终于决定与铁木真决裂，铲除这个将对自己，甚至整个克烈部造成严重威胁的义子。

一天，王汗令人给铁木真送去了一个消息：愿意让桑昆的儿子图撒合娶铁木真的女儿豁真别乞，两家结成秦晋之好。同时，王汗还邀请铁木真到克烈部一起吃顿饭，好商量孩子们的结婚事宜。

此前桑昆死活不同意联姻，而王汗也持默许态度，如今却突然态度大变，实在是令人生疑。蒙力克也极力劝阻铁木真，认为这顿饭必定蕴藏着巨大的阴谋。或许是想到了父亲也速该曾经的遭遇，铁木真随便找了个理由，回绝了王汗为他设下的这场"鸿门宴"。

见诡计不成，桑昆大为恼怒，决定直接用武力解决问题。随即，桑昆怂恿父亲王汗，纠集札木合、阿勒坛等部众在桑昆的大帐里召开了一个秘密的军事会议，准备秘密攻击铁木真。不巧的是，就在他们商议的时候，一个名叫巴歹的放马奴隶正好送马奶过来，在大帐外把这一切听得清清楚楚。

这可是件天大的事情啊！巴歹心中大为吃惊，赶紧跑了回去，将此事告知了和他非常要好的另一个奴隶乞失里黑，两人一合计，当即决定带着这个重大消息前往投靠铁木真汗。我们知道，铁木真在称汗之后对自己的统治进行过一番改革，着重保障了平民与奴隶的权利，这是其他部落所不具备的。在其他部落，平民很难分到战利品，而奴隶更是没有任何资格分享战利品，更别提拥有自己的财产了。但铁木真的部落却完全不一样，每个人包括奴隶在内，都能因部落战争的胜利而受惠，甚至奴隶也被允许有自己的财产，奴隶的子女甚至有财产继承权。因此，越是底层的人，实际上就越发愿意投奔铁木真，巴歹和乞失里黑也不例外，只是苦于没有机会。但如今，一个如此重大的消息就握在他们手中，他们只要带着这个消息去投奔铁木真，必定得到厚待，改变自己的一生，这一好处足以值得他们冒险一试。

打定主意后，两个奴隶便趁着夜深人静，偷偷宰杀了一只羔羊作为干粮，骑上两匹马逃离了克烈部，向着铁木真的大营飞驰而去。

巴歹和乞失里黑将此消息告知铁木真后，铁木真其实并不意外，自上一次的“鸿门宴”之后他便料到，王汗和桑昆必然不会善罢甘休，奸计不成一定会主动发起进攻，只是这一切比他预想的还要快。这一刻，铁木真心中应该是非常痛苦且失望的，他曾一次次给予王汗最大的尊重和报答，也曾一次次善待他的安答札木合。更为重要的是，为了与克烈部之间保持友好关系，他一次次在桑昆面前低头，但最终，他的义父和安答依然毫不犹豫地背叛了他。

铁木真一声叹息，随即下令部署军队，随时准备迎击敌人。

铁木真此时虽然非常强大，但是比起草原上赫赫有名的克烈部来，实力上始终存在一定差距。为了占据地利，铁木真带领军队后撤到了卯温都儿附近，这里是一片高地，易守难攻，非常适合用作防御敌人的关卡。留下一队士兵驻守此处之后，铁木真带领主力军队前往附近的合兰真沙陀驻扎，准备将此地作为与克烈部交战的主战场。

很快，王汗的大军就抵达了，战事一触即发。虽然铁木真的士兵个个骁勇，严阵以待，但双方人数差距实在太大，经过惨烈的激战后，为保存自身实力，铁木真只得下令继续撤退。就在这个时候，铁木真却突然发现，第三子窝阔台以及他最为信任的两个手下博尔术以及博尔忽不见了。铁木真心中大为惊骇，他们究竟是战死沙场，还是如同义父和安答一样背弃自己了呢？无论答案是哪一个，这对于铁木真而言，都是令人心碎的打击。

失去了爱子与爱将的铁木真陷入了痛苦之中，加之战事的不利，他更是焦急万分。

几天后，就在铁木真茫然失措地望着远方时，一个熟悉的人影突然映入他的眼帘，他大为惊诧，随即喜出望外，原来是博尔术回来了！博尔术一身疲惫，几乎是半躺在战马之上回来的。原来在作战的时候，博尔术的战马被敌人射杀了，失去战马的他只得步行与敌军作战，因此才与大部队走散了。随后，幸好桑昆在作战中受伤，博尔术才趁着克烈部人手忙脚乱地照顾桑昆之际，偷了一匹战马，随即追上了后撤的大部队。

没过多久，博尔忽和窝阔台也回来了，博尔忽拉着马，马上驮着奄奄一息的窝阔台，举步维艰地追上了大部队。原来在混战中，窝阔台中了一箭，掉下马来，博尔忽为保护窝阔台，只得将他带离了战场，照顾了整整一夜之后才出发追赶大部队。

铁木真看着这三个疲惫不堪，却一直对自己忠心耿耿的人，激动地流下了眼泪。这一刻，失去的信心再次重燃，铁木真知道，只要有他们的陪伴，无论什么样的困境，他也能够如同雄鹰一般飞跃过去。

战况越发不乐观，铁木真试图以和平的方式结束这场战争，于是他写了一封信给王汗，再次向他的义父示好。在信中，铁木真回顾了与王汗一同打拼的点点滴滴，希望借此来让王汗念及旧日情谊，早日结束这场争端。

王汗收到这封信之后，心中究竟作何感想我们不得而知，但是很显然，当初王汗下定决心与铁木真为敌，有很大一部分原因是桑昆以及札木合等人的怂恿和挑拨，而这些人只要还环绕在王汗的身旁，就必然不会让王汗因为任何事放弃对铁木真的攻伐。因此，最终的结果显而易见，一封信的威力又怎么比得上环绕在耳旁的谗口嗷嗷。

王汗再次对铁木真发动了全面进攻，他的步步紧逼让铁木真一度陷入了困境之中，眼见情势不容乐观，许多追随者相继离开了铁木真，而最让铁木真感到痛心的是，他手下的勇将忽必来在这场战争中因箭疮发作死去了。

当铁木真带领大军撤退到满洲里的时候，追随在他身边的人只剩下二千余，这些人成为铁木真今后最为忠诚的追随者，以及最为强大的中坚力量。

征服克烈部

眼见跟随自己的人越来越少，铁木真意识到，若想反败为胜，此时他必须寻找到强大的外援，并得到更多的追随者。这个时候，铁木真发挥了他高超的外交手段，开始游说那些游牧于此地的部落，让他们加入自己的阵营。

很快，一些新的部落纷纷与铁木真结成了联盟，这其中包括畏兀儿人、契丹人以及唐兀惕人等，甚至有几位非常富有的穆斯林商人也主动找上门来，为铁木真提供了丰沃的经济支援。眼见铁木真大有起死回生之势头，当时离他而去的许多部族又纷纷回归，再次成为他的追随者。仅仅用了不到三个月的时间，溃败得一塌糊涂的铁木真就再次将他的大部分部众重新聚集起来，并获得了更多新的支持。

铁木真究竟使用怎样的策略才做到这一切，我们不得而知，史料上也没有详尽的记载，但在当时，那些愿意加入铁木真阵营的追随者们坚定不移地认为，未来统治草原的人必定不会是札木合，也不可能是年迈的王汗，只可能是眼前这个让人敬畏的把阿秃儿铁木真，只有他，才可能成为未来草原的新主人！

此时的铁木真在经历忠诚与背叛之后，已经越来越清晰地看透人与人之间、部落与部落之间永恒的利益关系，他巧妙地利用克烈部统治下部落之间的不合与猜忌，成功地将原本追随王汗的一些小部落拉拢到了自己身边。他正在重新积蓄力量，随时准备卷土重来。而这个时候，王汗等人却还浑然不知，沉浸于自以为是的胜利中。

不久之后，王汗部落联盟给铁木真送上了一份“大礼”。

我们知道，野心勃勃的札木合之所以投入王汗帐下，完全不是自愿所为，因此他永远不可能对王汗忠诚。而阿勒坛、火察儿和答力台三人本就是蒙古的贵族，之所以投靠王汗，不过是想借由他的手来除去铁木真，好夺回原本属于自己的权利，因此他们与王汗之间的结盟更不存在忠诚之说。这样脆弱而利益化的联盟注定不可能长久。

当铁木真节节败退，眼看就要一蹶不振的时候，王汗与这些人的联盟陷入了一个非常微妙的境地。当他们坚信铁木真已经注定失败，胜利已经掌握在他们手中的时候，王汗与克烈部就再没有利用价值了。因此，在庆祝胜利的同时，札木合、阿勒坛、火察儿以及答力台等人便起了异心，策划了一场针对王汗的谋杀行动，试图除去王汗之后篡夺克烈部首领之位。但这一阴谋不知为何却泄露了出去，在这些谋逆者还未展开行动之前，王汗就先发制人，袭击了他们的军队。战败的谋逆者们逃离了克烈部，札木合、阿勒坛和火察儿等人投靠了乃蛮部，而答力台则又再次回到了铁木真的阵营。

这件事发生之后，王汗的部落联盟受到了严重的损害，而这次分裂却为铁木真提供了绝佳的反击机会。

1203 年秋，铁木真抓住王汗部落联盟发生分裂的机会，令弟弟合撒儿向王汗诈降，并传递自己已经全线溃败不知所踪的假消息，以麻痹王汗。与此同时，铁木真则带领大军秘密逼近克烈部，准备向王汗军发起猛烈进攻。

铁木真令木华黎带领一支千余人的突击队趁深夜急速行军，抵达王汗大军营地附近，天还没亮便猛然发动突袭。虽然木华黎所带领的军队人数远远不及克烈部，但克烈部毫无准备，蒙古士兵却秩序井然，不多久便占了上风。与此同时，铁木真所率领的主力部队也在向王汗大营步步逼近。

在这场战斗中，铁木真采取了优待战俘的策略，这些战俘不仅没有沦为奴隶，更没有遭到屠杀，而是被他编入了蒙古军队之中，并与蒙古士兵享受着同样的待遇。这一消息传入了克烈部，众多士兵主动投降，大大削弱了克烈部的战斗力。

激战三天三夜之后，克烈部军队呈现全线溃败的趋势，王汗和桑昆带领几个亲信随从连夜逃亡。失去首领后，克烈部众人也不再抵抗，在各个小头目的率领下相继投降了铁木真。铁木真将这些投降的克烈部人重新编入了蒙古各个氏族中，以防止他们再生异心。从此，曾在草原上威名赫赫的克烈部彻底消失了。

王汗的弟弟札阿绀孛没有和王汗一同逃走，也随部众一同投降了铁木真，铁木真一直厚待他，并娶了他的女儿亦必合别吉为妃。后来铁木真的儿子拖雷又娶了札阿绀孛的另一个女儿唆鲁禾帖尼为正妻，唆鲁禾帖尼后来成为孛儿只斤家族，乃至整个蒙古历史上最为重要的人物之一。

再说王汗父子，他们从克烈部逃脱之后，便往西逃窜。在途中，桑昆抛弃了王汗独自逃亡。势单力薄的王汗走投无路，竟决定投靠乃蛮人，结果行至乃蛮边境，却被一名乃蛮哨兵所杀。

关于王汗的死，有人认为是一个意外，乃蛮哨兵不相信王汗是克烈部首领脱斡邻勒，故而将其杀死。但也有人认为，这本身就是乃蛮统治者的意思，克烈部与乃蛮部之间颇有仇怨，王汗活着对乃蛮人来说没有什么好处，因此哨兵杀死王汗完全是出于首领的授意。

当时乃蛮部的首领是太阳汗，这个太阳汗就是当年与铁木真及王汗大军打过仗的乃蛮王子之一——台不花。在他的兄弟不亦鲁被铁木真及王汗大军杀死后，他再次将乃蛮部合二为一，成为乃蛮的首领，称“太阳汗”。

据说，在王汗被杀之后，太阳汗将他的头颅装到一个盒子里，恭恭敬敬地进行了祭祀。祭祀的过程中，太阳汗却发现王汗的头颅对着自己冷笑，一副讥讽的样子，太阳汗大怒，一脚踏碎了王汗的头颅。当时，太阳汗手下的一个人大为惊骇，并预言说：“您踏碎了死者的头颅，这是将灾难带来乃蛮啊！大祸即将降临，毁灭就要开始！”

此事的真实性已经难以考证，但此人所说的话却成为一个预言。

至于桑昆，他在抛下父亲王汗之后，便往东南方向逃窜而去了。他先后流浪到西夏、西藏等地区，依靠抢劫度日，最后在曲先一带打劫畏兀儿人时被杀。

桑昆逃亡的时候，身边带了一个名叫阔可出的马夫，阔可出见桑昆已成不了气候，便在中途盗走桑昆的马匹，将他丢在了荒原之上，前往铁木真大营邀功。铁木真在得知阔可出不忠不义的行为之后，勃然大怒，令人斩杀了他。

在征服克烈部之后，广袤的草原之上，除蒙古部以外，唯一幸存的独立政权便是乃蛮部。此时，整个东蒙古草原都已经在铁木真汗的统治之下，而乃蛮人所占据的西蒙古草原自然而然成为铁木真汗下一个目标——大草原的新主人将跨越最后一步，登上霸主之位！

决战乃蛮

征服克烈部之后，乃蛮成为铁木真雄霸草原的最终障碍，而那些曾经败于铁木真手下的部落首领，如札答阑部首领札木合、蔑儿乞部首领脱黑脱阿以及一些塔塔儿和克烈部等部族的残余势力，也都相继投靠了乃蛮部。在这样的情况下，乃蛮部与蒙古部之间注定免不了一场大战。但令人意外的是，最先试图挑起战火的却不是铁木真，而是乃蛮部的太阳汗。

乃蛮部的上一任乃蛮王非常有威望，但他的两个儿子却表现得非常没有出息。在父亲死后，兄弟俩因为争抢一个女人而使得乃蛮部陷入了分裂，虽然最后太阳汗在兄弟死后再次统一了分裂的乃蛮部，但显然，他在乃蛮的威望是十分有限的，根本不能与他的父亲相比。或许是想急于证明自己的能力，在克烈部覆灭之后，太阳汗迫不及待地决定向铁木真汗发出挑战，他雄心勃勃地对部下说道："天上可有日月，然地上则只可有一汗也！"言下之意显然是，他自己才是草原上唯一的大汗。

得知太阳汗的意图后，其宠妃古儿别速极力劝阻，她对太阳汗说道："那些蒙古人都是野蛮人，满身臭味，就让他们在遥远的地方自生自灭算了，我们何苦去招惹他们呢？就算让他们那里长得好看的女子来给我们挤牛奶，恐怕也要先教会她们如何洗手才行！"

古儿别速就是当年招致太阳汗与其兄弟不亦鲁反目的美女，她曾是太阳汗的后母，如今则成为太阳汗的妻子。古儿别速对蒙古人充满蔑视，但同时，她也清楚，蒙古人能够攻灭克烈部，显然并非泛泛之辈，她劝阻太阳汗挑衅蒙古人，其中一个原因也是担心太阳汗会将这些野蛮人引致她的国家，为乃蛮部带来灭顶之灾。

但可惜，骄傲自大的太阳汗没有听从古儿别速的劝阻，执意要征讨铁木真，为了确保万无一失，他决定寻求汪古惕部人作为自己的盟友。从种族上来说，乃蛮人与汪古惕人是属于同一种族的，他们都是突厥人种，这或许正是太阳汗决定联合他们的缘由。但汪古惕人却认为，太阳汗懦弱无能，绝对难以对抗英勇善战的铁木真。随后，汪古惕人不仅拒绝了太阳汗，并派人将此事告知给了铁木真。

铁木真汗得知这一消息之后，大为吃惊，他还没有向乃蛮部发难，不想乃蛮部却想率先挑起战火。于是，铁木真下令停止了一切活动，召集手下各部众进行商讨，并最终决定先发制人，攻打乃蛮部。

1204 年春，铁木真汗召开了一次重要的军事会议，正式与部众商讨攻打乃蛮部的具体安排。春季正是战马瘦削的时候，并不利于行军打仗，因此许多将领都反对此时发动进攻，提议等到秋天战马肥硕的时候再攻打乃蛮。但铁木真汗最小的弟弟帖木格和其叔叔答力台却持反对意见，他们认为此时正是攻其不备、出奇制胜的最好时机。

帖木格等人的意见与铁木真心中所想不谋而合，铁木真汗当即下令整军，准备一切战斗事宜，随时向乃蛮进发。

夏天，铁木真正式发兵攻打乃蛮。出发之前，他进行了庄重的祭旗仪式，象征着孛儿只斤家族的“九斿白纛”大旗迎风烈烈。此后，这面战旗成为黄金家族的标志，象征着所向披靡的铁木真汗大军。

蒙古发兵的同时，太阳汗也与投靠他的部落盟友们带领军队准备出兵，后两军在杭爱山一带交战。

杭爱山靠近乃蛮部，在此交战，实际上更有利于乃蛮人。蒙古军队长途跋涉，抵达此地之后人困马乏，而乃蛮人却以逸待劳，在体力方面就占据了绝对优势。而在军队数量的对比上，蒙古军也逊色于乃蛮军。因此，战斗之初，太阳汗充满了必胜的信心。

面对这一劣势，铁木真汗手下一名叫朵歹的将领进言道："我军无论在数量还是体力上都不占据优势，此刻开战，局势不利于我军。不如我们先在此地驻扎，等士兵和马匹恢复体力之后再与他们决战。在此期间，为免敌军攻击，我们可以在白天时将假人放入营地，夜晚则多点几处篝火，让敌军以为我们人数众多，以此来恫吓他们。乃蛮部的首领太阳汗为人懦弱，如此一来，他必然不敢轻举妄动。等到我们休憩够了，他们必然无法阻挡我蒙古大军铁骑！"

铁木真汗当即接受了这条计策，并对朵歹大为赞赏。

乃蛮军果然因忌惮铁木真汗的军力而迟迟没有动作，就在这个时候，太阳汗提出了一个计谋："撤退。"

太阳汗认为，蒙古军长途跋涉抵达此地，必定已经人困马乏，但如今，因不确定他们的军力，乃蛮军不敢贸然进攻。既然如此，倒不如以撤退来引蒙古人追击，让他们继续奔波劳碌，不得休憩，等探查清楚之后，乃蛮部再以逸待劳，进行攻打，必定大有胜算。

实际上这条计策是具备可行性的，但当时太阳汗的部众们却不干了，甚至有将领跳出来公然指责太阳汗："当年你父亲打仗的时候，可是从来不会退缩的，敌人永远不会看到他的后背！"此话显然是在讥讽太阳汗胆小懦弱、不成大器。

太阳汗发动战争，原本就是想要证明自己的能力，如今又被下属轻视，心中更为激愤，当即就下令要在此地与铁木真汗一决死战。

乃蛮人的犹豫不决使其错过了战争最为重要的决胜时机，给了蒙古人足够的休憩时间。当太阳汗下令乃蛮军向铁木真汗发起进攻的时候，蒙古大军已经严阵以待，准备迎接一场畅快的厮杀。

面对排山倒海而来的乃蛮军，铁木真汗下达了自己的作战原则："进如山桃皮丛，摆如海子样阵，攻如穿凿而战。"这三条原则浓缩了铁木真汗用兵的精华，也是他一生纵横沙场、战无不胜的精髓所在。

进如山桃皮丛，意思是说在前进的时候，要像山桃皮灌木丛那样，以小分队的形式前行。《黑鞑事略》（南宋彭大雅撰写并由同代人徐霆作疏的一部关于蒙古的见闻录）中就曾记载说：蒙古人在行军的时候，为避免互相冲撞，往往先派出精锐骑兵，让他们四散而出，登高远眺，如同星星一般，散落在战场的各个角落。

摆如海子样阵，意思就是说摆出阵势时，要像大海一般气势磅礴。

攻如穿凿而战，意思就是在进攻的时候，要如同尖利的锥子一般，向着敌人的中军猛攻过去。

战争持续了一天，蒙古军队逐渐占据了上风。第二天，双方再次开战，其中一队乃蛮军在将领示意下突然败走，铁木真汗派出一支人马前往追击。在追击的过程中，行至一片空地，蒙古士兵突然发现在草地上散落着许多闪闪发光的碎银子，顿时起了私心，纷纷放弃追击，弯腰在草地上捡银子。一些将领也经不住诱惑，纷纷下马，将这些碎银揣入了口袋。就在这个时候，乃蛮军突然去而复返，对蒙古人发动了进攻。

铁木真汗收到消息后，急忙派出了一队禁卫军，这才赶跑了大肆冲杀的乃蛮人，救出这支陷入困局的蒙古军队。得知事情始末后，铁木真汗大为震怒，当即叫来木华黎，将率先丢弃兵器捡碎银子的两个将领带了过来，结果这两人竟都是铁木真汗的亲戚、孛儿只斤家族的人。铁木真汗更加愤怒，当即下令要将此二人斩杀，以正军纪，后在木华黎求情之下才饶过他们的性命，将他们贬为奴隶，并宣布终身不得加封。

铁木真汗对待亲属所表现出的铁面无私更加令部众信服，此后，蒙古军中上下再无人敢漠视军纪、罔顾军令。

在随后的战斗中，蒙古大军越战越勇，势不可挡，乃蛮人被逼入了绝境之中。在混战中，太阳汗身受重伤，陷入了昏迷。乃蛮大军等待着首领作出最后的决定，但却一直无法唤醒昏迷中的太阳汗。眼看败局已定，乃蛮大将火力速八赤对部众说道:“大汗如今已无力再战，在大汗临死之前，希望你们能够跟随我舍弃性命做最后一搏，让大汗看到，我们都是为了大汗而英勇战死的勇士！”

语毕，火力速八赤带领一队乃蛮人冲下了山，与铁木真汗大军做最后的拼杀。对于火力速八赤的忠诚和勇气，铁木真汗非常佩服，他一心想要招降他为己所用，但可惜火力速八赤始终不愿投降，最终在沙场之上力战而亡。

不久后，太阳汗伤重不治身亡，乃蛮部大势已去，大部分乃蛮人都投降了铁木真汗，太阳汗的儿子屈出律趁乱逃跑。

此后，蒙古大军一直打到了阿尔泰山地区，将整个乃蛮部落并入旗下。而太阳汗的宠妃，美丽的古儿别速也落入了铁木真汗手中，被铁木真汗纳为后妃。此外，铁木真汗还俘虏了一个非常博学的畏兀儿人，名叫塔塔统阿。塔塔统阿见识广博，会说汉语、金语以及蒙古语，铁木真汗十分敬重他。在归顺铁木真汗之后，塔塔统阿教会了铁木真汗使用印章，并为蒙古创造了属于他们自己的文字，塔塔统阿所创造的蒙古文字，直至今天还一直被蒙古人所使用。

在捣毁乃蛮大本营之后，出逃的屈出律、脱黑脱阿和札木合等人还曾纠集过一批人继续与铁木真汗对抗，但此时，他们的小部队对于铁木真汗而言，不过是草原上的小石子罢了，很快便被击溃。后脱黑脱阿战死，屈出律逃亡，札木合则在流亡后不久，被追随自己的五个部众背叛，擒送到了铁木真汗的营地。

如今，广袤的草原已经无人能够与铁木真汗抗衡了，众游牧部落已经准备好迎接他们的新主人。

大草原上的成吉思汗

在征服乃蛮部，杀死蔑儿乞首领脱黑脱阿之后，铁木真汗随即下令让速不台带领一队人马前往扫荡蔑儿乞人的残余势力。这时，蔑儿乞部落中的一个小首领答亦儿兀孙派人向铁木真汗求和，表示愿意归降，并愿意将自己的女儿献给铁木真汗。这个答亦儿兀孙就是当年铁木真与札木合以及王汗三部联军攻打蔑儿乞部落时与脱黑脱阿一同逃跑的蔑儿乞别部首领。

在获得铁木真汗首肯后，答亦儿兀孙便带着女儿忽兰上路了，向着铁木真汗的大营赶来。途中，答亦儿兀孙父女遇到了铁木真汗手下的大将纳牙阿，纳牙阿得知事情缘之后，决定亲自护送答亦儿兀孙父女去面见铁木真汗。但在路上，不知是因何缘由，三人耽搁了行程，比预定抵达大营的时间晚了几天。

见到纳牙阿护送答亦儿兀孙父女前来，铁木真汗心中非常惊讶，加之他们比预定的时间又晚到了几天，他心中顿生疑虑，怀疑纳牙阿和忽兰背着他有了奸情。纳牙阿本就是个不善言辞的人，在遭到铁木真汗的误会之后一直没有辩解，好在忽兰挺身而出，证明了纳牙阿的清白，并对铁木真汗说道："大汗若对此有疑虑，大可检视我的童贞。"

铁木真汗这才重拾了对纳牙阿的信任，在与忽兰成婚之后，铁木真发现忽兰果真是完璧之身，对其宠爱有加，并公开对众人表彰道："纳牙阿果真是一个值得委以重任的可信之人！"

在彻底扫清蔑儿乞势力之后，铁木真汗终于站到了与他有三次结拜之情的安答札木合面前。此时，作为败军之将的札木合却依然不肯低头，他对铁木真汗说道："卑微的乌鸦竟敢去捕捉高大的野鸭，下贱的奴隶竟然擒拿高贵的主人，铁木真安答啊，你怎么还能容忍这样卑劣的人为你效命呢？"

铁木真明白，札木合的言下之意是希望他能够帮他处决那五个背叛了他的随从。铁木真答应了札木合的要求，在他面前将这几个叛徒处死了。

虽然札木合一次次背弃铁木真，但直到此时，铁木真依然不想杀死札木合，他对札木合说道："我的安答，你还记得我们曾经亲密无间的时光吗？可后来，你却弃我而去了。今天，我们又重聚，我真心希望我们还能像从前那般，重归于好。无论如何，我始终都当你是我的好安答，你曾经对我的恩情，我此生都不会忘记。"

札木合心中甚为感动，但他的尊严不允许他向任何人低头，哪怕这个人曾是他亲密无间的安答。因此，札木合拒绝了铁木真的示好，他说："我们年幼之际曾结为兄弟，发誓永不为敌。可后来，我们还是在沙场之上兵戎相见了。回忆起当初的誓言，我的内心非常羞愧。安答，你现在已经是了不起的霸主了，而我却再也无法帮到你什么了。你我二人永远不可能再回到过去。腾格里垂青于你，选择了你，将这草原上的一切都给了你，我无话可说。若你还念昔日的安答情分，就赐我不流血而死吧，再将我埋葬在高处，我会世世代代保佑你的子孙。"

见札木合死意已决，铁木真也不再说什么，只得下令以不流血的方式赐死札木合。蒙古人认为，人的灵魂存在于血液之中，一个人若是不流血而死，那么他的灵魂就能完整地存活着。因此，当宗室贵族犯下死罪之时，蒙古人往往会念及其高贵的身份，以不出血的方式赐予死罪。

1206年，铁木真汗扫清了所有蒙古大草原上的部落势力，成为蒙古草原真正的统治者。这一年，在忽里勒台大会（蒙古的诸王大朝会）上，铁木真汗接受了统一的蒙古部落授予给他的尊号“成吉思汗”，意为“拥有海洋四方”，并确立国号为“大蒙古国”。他不仅仅是蒙古人的领袖，同样也是蒙古大草原上所有游牧民族的领袖。从此，成吉思汗宣布，蒙古草原上所有的游牧民族都将以“蒙古人”为名。

建立大蒙古国之后，成吉思汗进一步对其汗国的统治进行了改革。在统一之前，为了便于军队管理，成吉思汗已经将蒙古武士组织成为一个军团，以千人为单位进行统治，当时大部分的统领都以各部落的首领来担任。而现在，成吉思汗进一步完善了这种管理机制，将整个军队按照十进制的方式进行划分管理，例如十户一组、百户、千户等等，并相应地设置了十户长、百户长、千户长等官职，完全颠覆了曾经的部落组织形式。而在官员任命方面，成吉思汗也将此权力收归到自己手中，亲自完成了所有高官乃至大部分下级军官的任免，这在以部落统治为主的大草原上是史无前例的创举。

与此同时，成吉思汗还进一步完善了“怯薛制”。起初在设置怯薛的时候，成吉思汗只将他们当作自己的私人护卫，但发展到1206年之时，怯薛军的数量已经达到一千人之多。这些怯薛都是成吉思汗从各个军队中挑选出来的骁勇战士，其中大部分都来自蒙古的显要家族，因此怯薛军除了担任成吉思汗的私人护卫之外，实际上也相当于一群来自高官贵胄家庭的“人质”。

成吉思汗非常重视怯薛军，进一步扩大了它的规模，并任命纳牙阿为总统领。成吉思汗将怯薛军打造成为一支由他直接控制的精锐军队，并同时担负着战事参谋的职责。成吉思汗将这些怯薛军视为各个重要职位的候选人，以及各军将统领的接班人。这一组织的形式和特性在以往的蒙古部落中是非常罕见的。但这一创举显然让成吉思汗和他的继承人们都受益良多。甚至可以说，怯薛军是成吉思汗统治国家的军事基础，同时也是他在战场上所向披靡的重要筹码。

在成吉思汗之前，蒙古国只是一个奴隶制的部落联盟，各部落之间相互独立，所谓大汉实际上对整个部落的掌控力也十分有限。但现在，成吉思汗建立了一套从中央到地方的完整政权机构，将原本松散的联盟变成一个严密的组织，从此蒙古人第一次实现了集权统治，并建立起一个名副其实的国家。

为了扩大新帝国的政治影响力，成吉思汗在大草原上举行了隆重的公开典礼，作为自己登上王座的正式仪式，这一典礼给许多人都留下了深刻印象，当时的情况在史书上被记载了下来，至今保存最完整的记录来自于17世纪的法国传记作家克鲁瓦，他如此描述道：

成吉思汗的部下“把他放置于一块铺在地上的黑毡毯上；一个人站在他的面前，宣布所谓‘人民的心声’，以及‘人民的意志’。”此人是这么训诫成吉思汗的：“你的权威都由腾格里所授予，若你能公正地管理臣民，腾格里将保佑你的蓝图得以成功；若你无法做到，滥用权力，那么必定会一败涂地！”随后，他们高举毡毯，将他送上了王位宝座，并“在新皇帝面前九次下跪扣头，以表示对新皇帝的服从和承诺”。而正如每个民族出席该典礼便意味着他们支持成吉思汗一样，每个萨满巫师也都到场，表明腾格里指示他必须支持成吉思汗。萨满巫师们敲着鼓，并将马奶酒洒向天空和地面，以颂扬腾格里的伟大。民众排成队列，手心向上，纷纷对腾格里祈祷。他们用古老的蒙古语言呼喊着“呼累、呼累、呼累”，用以作为祈祷的结束，并将这些祈祷送入蓝天……

第二篇

中原，我来了

第一章　出征西夏

大封功臣

建立大蒙古国之后，成吉思汗做的第一件大事就是封赏功臣。成吉思汗非常大方，一次便封赏了 95 个千户和 4 个万户。4 个万户分别为博尔术、木华黎、纳牙阿以及豁尔赤。博尔术、木华黎和纳牙阿都是一路跟随成吉思汗南征北战的大将，获得如此高的封赏也是情理之中的事情。而这个豁尔赤为何也能封万户呢？不知道大家是否还记得，当年成吉思汗初次在蒙古部落中称汗的时候，正是这个萨满豁尔赤为他带来了“神授君权”的预示，当时成吉思汗便许诺，大事既成，就封他万户，让他自由挑选 30 个美女。成大事的时候，成吉思汗如约兑现了自己的承诺。

在论功行赏的时候，成吉思汗每封赏一个人，都会在众人面前用褒扬的语气来诉说此人的功绩，以显示他对每个功臣的重视与感激。例如在封赏博尔术的时候，成吉思汗便是这么说的：“伙伴若是有求于你，你必定不假思索地答应……记得当年我与你还素不相识的时候，你听说我遇到了麻烦，随即就丢开一切，陪伴我一起去解决麻烦（说的是当年铁木真与博尔术初次相遇，博尔术与他一同找马的事情）……后来，我和塔塔儿人打仗，夜宿于答阑捏木儿格思的时候，遇到了大暴雨，你为了让我晚上睡好觉，举着毡衫给我遮雨，一夜都没有挪动过半步。今天我能够登上这个位置，都是有赖于你和木华黎的帮助，有赖于你们奉劝我的良言。我做的对时，你们共同尽力辅助我；我做的不对时，你们则直言劝谏，帮我改正错误。”

成吉思汗一番话说得诚恳真挚，历数君臣相伴种种，手下众将无一不感慨万千，对成吉思汗更是感恩戴德。

中途时，由于成吉思汗对木华黎及博尔术大加赞赏，成吉思汗的六弟失吉忽秃忽不干了，站出来对成吉思汗说道：“难道我的功劳不如他们的多吗？我从蹒跚学步的时候就跟随哥哥你，从未有过异心，哥哥你如今打算给我怎样的荣耀呢？”

失吉忽秃忽是成吉思汗当年攻打塔塔儿部时在战场上捡到的孩子，成吉思汗看他聪明可爱，就交给了母亲诃额伦抚养，诃额伦收他做了干儿子，在家中排行老六。

成吉思汗笑道：“你是我的六弟，如同我的眼睛和耳朵，我将派遣你去清点户籍，分遣众人。各处的安置工作都由你来负责，你有权力处罚那些犯罪者，杀死那些十恶不赦的人，惩罚那些尚能改过的人。你所做的一切都将记载到青册里，传至子子孙孙，任何人都不得更改！”

青册相当于就是蒙古的史书。成吉思汗让失吉忽秃忽所担任的正是“大断事官”的职务，相当于丞相。

此次成吉思汗封赏功臣的情况在历史上留下了很多的故事，其中一种说法非常有意思。据说，在最初举行封赏大典的时候，成吉思汗对所有有功之臣都进行了封赏，但唯独落下了博尔术。封赏大典结束之后，成吉思汗一回到大帐里便遭到了妻子孛儿帖王后的责备，孛儿帖对成吉思汗说：“难道博尔术不是一直追随着你的忠臣吗？难道博尔术算不上你生死相交的朋友吗？

难道博尔术不是你在困苦时候最为信任的伙伴吗？今天你怎么可以唯独将他忘记了！”

听到孛儿帖的话，成吉思汗笑道：“我这是故意的！我怎么可能真的把博尔术忘记啊！我之所以这么做，是打算故意演出戏，好让那些嫉妒博尔术的人都心服口服。我非常了解博尔术，即便他真的以为我忘记了他的功劳，他也绝不会因此就怨恨我的！”

说完，为了向孛儿帖王后证明自己的观点，成吉思汗还特意派了一个手下去博尔术的大帐旁偷听他会说些什么。

当时，博尔术刚参加完大典回到帐篷里，一进门，他的妻子就埋怨道：“大汗实在太忘恩负义了，你对他忠心耿耿，他却完全将你抛诸脑后！”

博尔术却说道：“我追随大汗，并非是为了封赏。即便大汗让我贫穷饥饿而死，我也必定会尽我平生之力为他效劳。我此生最大的愿望，就是希望大汗金帐永固，大蒙古国千秋万世，这样也就足够了！”

第二天，成吉思汗便在众人面前讲述了这件事情，并说道：“博尔术是草原上英勇顽强的把阿秃儿，从来不知道什么叫畏惧。……今天在场的所有人，没有一个能够和他争功劳，也没有一个敢于和他论高低。你们都记住我所说的：博尔术理所应当居于众人之上！”

这个小故事在历史上是否真实发生过已经很难证实，但很显然，对于蒙古人民而言，博尔术的忠诚形象已经深入人心，即使历尽千年岁月的洗礼，他依然如此可敬可佩。

成吉思汗对自己臣子的封赏是非常慷慨的，但是对于自己的亲属却似乎显得有些“吝啬”。成吉思汗的家眷中没有一人的封赏达到万户，即便是一直跟随他立下赫赫战功的两个儿子术赤和察合台也只获得了九千户及八千户的封赏。成吉思汗甚至委派自己所信任的伙伴和部下监管其家族成员在涉及政治方面的行为，尤其是他的母亲诃额伦、他最小的弟弟帖木格以及他的次子察合台，成吉思汗不止一次地对他的伙伴和部众说道，必须要“从早到晚地待在他的身旁向他提出忠告”，这个“他”所指的就是他的次子察合台。虽然对此事成吉思汗的解释是，察合台是一个“顽固而心胸狭窄的人”，为了提防他犯错，这样的监管行为是必须的，但显然早年族人的抛弃以及日后亲眷的背叛已经让成吉思汗对“家人”产生了严重的防备之心。

在成吉思汗封赏功臣的过程中还发生了一个小插曲，为他带来了一些麻烦。

大蒙古国初建成时，蒙古草原的周边尚存在一些非常小且分散的部落和氏族政权还没有向成吉思汗表示臣服，他们由于能力有限，对成吉思汗并不能构成什么威胁，因此成吉思汗在忙于创建大蒙古国的时候，并未将他们放在眼里。但现在，国家既成，成吉思汗也就有时间来处理这些周边小部落了。

1207 年，成吉思汗派遣长子术赤领兵前往呼伦贝尔草原一带征服林木中的百姓。当时，在呼伦贝尔草原上，包括布里亚特蒙古人、卡尔梅克蒙古人以及巴尔虎蒙古人祖先在内的诸个小部落都被统称为林木中的百姓。

这些小部落力量非常弱小，几乎没有抵抗便相继归降了蒙古大军。成吉思汗非常高兴，收服林木中的百姓后，便将这些地方的管理权都交给了术赤。但不久之后，这里就发生了一场小动乱。

事情还要从成吉思汗的封赏大会说起。在封赏功臣的时候，成吉思汗兑现了当初的承诺，封了萨满豁尔赤为万户。与此同时，成吉思汗还兑现了对豁尔赤的另一个承诺：让他在大蒙古国任意挑选 30 个美女做老婆。

封赏结束之后，豁尔赤就开始乐呵呵地挑选美女的行动了。在林木中的百姓归附之后，豁尔赤挑选美女的步子也随之踏向了这些小部落。秃马惕部是这些小部落的中一个，据说盛产美女，豁尔赤得知后便立即带人去了秃马惕部，或许是因为他在挑选美女的过程中做了什么过分的事，总之豁尔赤的无礼行为激起了秃马惕部首领塔儿浑夫人的怒火。塔儿浑夫人是有名的爆脾气，直接命令手下把豁尔赤一捆，扣留了下来。

成吉思汗得知事情的始末之后，想以和平的手段解决，于是就派遣手下忽都合别乞前去做和事佬。结果，塔儿浑夫人根本不买账，当即就把忽都合别乞也给扣押了起来。这回成吉思汗生气了，立即下令让博尔忽带兵前去征讨秃马惕部。

秃马惕部生活在西伯利亚泰加森林最为稠密的林区，此地树木繁茂且难以穿行，据说有很多不熟悉该地的猎人踏入林中之后便与同伴失去了联系，从此不知所踪。但身经百战的博尔忽根本不把这个小小的部落放在眼里，抵达泰加森林之后，他竟带领三名随从脱离队伍进入了密林之中，打算侦查敌情。结果没想到，博尔忽等人很快就被秃马惕的哨兵发现了，这些哨兵前后包抄，围困了博尔忽等人，一拥而上，举着利刃夺去了他们的性命。

博尔忽的死让成吉思汗痛苦万分，他当即决定御驾亲征，后在博尔术和木华黎等人的劝阻下才未能成行。最后，成吉思汗派遣朵儿边族的朵儿伯多黑申带兵前往征讨秃马惕部，这才平定了这场叛乱。事后，成吉思汗将塔儿浑夫人赐给无辜被关押的和事佬忽都合别乞，并将一百户秃马惕百姓赐给博尔忽的家人以作安抚。此事才终于落下帷幕，而挑起事端的豁尔赤也得到了梦想中的 30 名美女，心满意足地回家去了。

阔阔出的阴谋

在成吉思汗漫长的王霸之路上，萨满教的支持发挥着不容小觑的作用。除了那个为他带来吉兆的豁尔赤以外，对其影响最大的当属通天巫阔阔出。

阔阔出是蒙力克的第四个儿子，也是当时非常有名的萨满，他的名字前常常被冠以“帖卜腾格里”一词，意思就是“天神的使者”或“通天”，可见当时他在蒙古人心中的地位确实非同凡响。

阔阔出是萨满的头，实际上堪称萨满教教主，他特别擅长“吹牛”，常常对别人说些玄乎的话，装神弄鬼来让众人相信他的与众不同。据说在当时，民众们几乎都相信，他常常骑着一匹有灰白色斑点的神马飞到天上，与天神聊天喝酒，可见阔阔出这人口才一定非常好，且有一套蒙骗人的本事。

对于这位腾格里的代言人，成吉思汗是非常尊重的，据波斯历史学家记载，在成吉思汗建立大蒙古国的登基典礼上，正是这位通天巫阔阔出为他主持加冕仪式的，并以腾格里的名义赐予他“成吉思汗”这一帝号，可见当时阔阔出的地位有多么特殊和崇高。

大蒙古国建立之后，成吉思汗对阔阔出的尊敬与日俱增，而阔阔出在蒙古的地位也更加牢固和尊崇，上至王公贵胄，下至平民奴隶，无一不对他尊奉有加。而正是在这样一种局面下，阔阔出日渐膨胀起来，甚至坚定地认为，成吉思汗之所以能够有今日的地位，全是自己的功劳，是自己这位腾格里的代言人将权力赋予了他，才让他成为大蒙古的皇帝。更可怕的是，阔阔出甚至认为，自己应该和成吉思汗平起平坐，因而行为越发肆无忌惮起来。

一天，阔阔出伙同他的六个兄弟故意找茬，把成吉思汗的弟弟合撒儿给打了一顿。合撒儿是蒙古草原有名的把阿秃儿、令人尊敬的神箭手，同时又是尊贵的皇室成员，但阔阔出却完全不将他放在眼里，可见在当时，通天巫的神权已经力压皇权，发展到登峰造极的地步了。

阔阔出为什么要找合撒儿的麻烦呢？很有可能是为了宣示自己的权势。合撒儿是成吉思汗的弟弟，同时也是为他立下汗马功劳的大将，在大蒙古国，合撒儿的地位可以说仅次于成吉思汗，阔阔出却敢于公然找合撒儿麻烦，这显然是在向天下百姓昭示，他阔阔出集团的人才是全蒙古地位最高、权势最盛的人。

合撒儿是骁勇善战的把阿秃儿，若想对付阔阔出也就是动动手指的事情，但当时他却不敢还手，一来是因为惧怕阔阔出的“神力”，二来则是因为成吉思汗对阔阔出的尊崇。但平白无故被人打了一顿，合撒儿心中怎么也咽不下这口气，思来想去之后便跑到成吉思汗面前告状去了。

这件事中合撒儿显然是受害者，但令人意外的是，成吉思汗在听完合撒儿的申诉后，竟对他大发雷霆，斥责他说：“你不是天生神力吗？连他们都打不过还好意思到我面前告状？”

合撒儿心中非常委屈，一连几天都没有再和成吉思汗说话。

阔阔出知道这件事后非常高兴，趁机跑到成吉思汗面前，装模作样地对他说道：“前几天我感召到了腾格里的指示，但这一指示有些混乱，我一直没弄清楚。腾格里一会儿告诉我说，这天下应该是由铁木真来掌管的；但一会儿又改口说，这天下应该是合撒儿的。这样下去，实在是不知道会发生什么事情啊！”

成吉思汗一听，不由大惊失色，心中对合撒儿顿生疑虑，更可怕的是，在思索片刻后，成吉思汗竟决定除掉自己的亲弟弟合撒儿，并连夜派人将他给绑了起来。合撒儿的两个亲信连夜逃走，赶紧向诃额伦报告了这件事情。

第二天一大早，成吉思汗正在大帐中审问合撒儿，诃额伦怒气冲冲地赶到了。看到母亲突然出现，成吉思汗不由得一阵慌乱，赶紧跑到诃额伦面前，恭恭敬敬地向她请安。

诃额伦一语不发，满脸怒容地解开捆绑合撒儿的绳索，随即盘腿坐在地上，解开了自己的衣襟，对成吉思汗说道："铁木真，你看到了吗？你和合撒儿都是吃这个奶长大的！你有智慧谋略，而合撒儿神力善射，多年以来，他为你射杀过多少敌人，让多少对手胆寒心颤。如今，飞鸟已尽，你却想要毁灭良弓；敌人已灭，你却再容不得合撒儿了吗？"

诃额伦的一席话让成吉思汗非常惭愧，同时又惶惶不安，只得讪讪地说道："母亲你骂得我既羞愧又惶恐，我还是先退下吧。"

虽然在诃额伦的干涉下，合撒儿保住了性命，但成吉思汗始终对他不放心，在诃额伦离开之后，就悄悄地撤销了他大部分的封地和特权，只给他留下一千四百户百姓。诃额伦知道这件事后非常痛心，没有多久就病逝了。

合撒儿事件之后，阔阔出的威望更加鼎盛，许多的蒙古百姓开始纷纷投入到他的部落中，成吉思汗最小的弟弟帖木格手下也有众多百姓前往投靠了阔阔出。帖木格得知此事后非常不高兴，赶紧派了一个手下去找阔阔出，想要把自己的百姓要回来。但没想到的是，阔阔出丝毫不给面子，不仅不放人，还把帖木格的手下给打了一顿，随即在他身上绑了一副马鞍，借以羞辱帖木格。

帖木格怎么能咽得下这口气呢，第二天就亲自去找阔阔出要人了。帖木格本以为阔阔出好歹会给自己几分面子，却没想到，阔阔出根本不把他放在眼里，竟伙同其他几个兄弟围殴了他自己一顿，还逼迫他跪在自己面前赔礼道歉。

受了屈辱的帖木格悲愤交加，第二天天还没亮就冲进成吉思汗的大帐，跪在他面前哭诉此事。成吉思汗听完之后面色凝重，一时之间似乎不知该怎么处理。就在这个时候，一旁的孛儿帖王后开口了，大声对成吉思汗说道："阔阔出这帮人竟敢如此放肆！之前他们殴打合撒儿，现在竟又强迫帖木格给他们下跪，这成何体统？大汗，您现在尚且健在，他们就敢如此欺辱您的兄弟，那在大汗百年之后，这些人又会怎样对待您的族人呢？大汗您如此漠视他们残害您的兄弟，这样下去，恐怕日后我们的子孙也难以继续执掌大蒙古国的政权了吧！"

孛儿帖王后的一番话顿时点醒了成吉思汗，成吉思汗猛然意识到，他的纵容已经让通天巫的神权日渐凌驾于君权之上了！阔阔出的所作所为已经逐渐触及到了自己的皇权统治，已经不能再继续放任他了！于是，成吉思汗沉下脸来，对帖木格说道："阔阔出的事情，就任你处置吧。"

得到成吉思汗这句话，帖木格顿时了然于心，满意地离开了。

大约中午的时候，蒙力克带着 7 个儿子前来拜见成吉思汗，阔阔出刚一落座，帖木格就冲了出来，一把揪住了他的衣领，怒气冲冲地说道："昨天你让我向你下跪，我不服，今天就让我们来较量较量吧！"随即，帖木格生拉硬拽地把阔阔出给拉出了大帐。

此前说过，蒙古是一个崇尚武力的民族，彼此间有了矛盾，通过武力进行较量是常有的事情，因此，众人并未制止帖木格的这一行为。

帖木格一将阔阔出拉出帐外，事先安排好的三个大汉就冲了出来，把阔阔出拖到远处，折断了他的腰，随后将他丢在了正在放牧的羊群旁。

做完这一切后，帖木格回到了成吉思汗的大帐，装模作样地说道："这个阔阔出真是太狡猾了，我才打了他几拳，他就倒在羊群边上耍赖不起来，真没意思啊！"

此时，蒙力克心中已经明了了几分，颤颤巍巍地站起来，流着泪对成吉思汗说道："大汗，当大地仅有土块大小，当海洋仅有溪流宽阔的时候，我就已经来到了你的身边，你怎么能如此对待我的儿子呢?”

听到蒙力克这么说，阔阔出的六个兄弟站了起来，虎视眈眈地围住了成吉思汗，成吉思汗勃然大怒，大喝一声，帐外的侍卫纷纷冲入，手执武器包围了蒙力克一家，成吉思汗这才解了围。

随后，成吉思汗令人将阔阔出的尸体放到一间毡房里，把门窗都封闭得严严实实，并派了侍卫进行看守。几天后，蒙古百姓们开始流传，说阔阔出的尸体突然神秘消失了，当时毡房的天窗大开着，必定是腾格里恼怒阔阔出在人间兴风作浪，这才将他的性命和尸体都召回了天上……

这一舆论很有可能是成吉思汗自己制造的，他非常清楚，阔阔出在蒙古人心中的地位非常特殊，只有用另一个神话才能掩盖发生在皇室中不可告人的秘密。事实证明成吉思汗的策略再一次取得了成功，在通天巫阔阔出死后，百姓对成吉思汗更加忠诚，并且笃定地认为，送走了通天巫阔阔出的他，已经成为腾格里新的代言人。

对于蒙力克一家，成吉思汗最终赦免了他们，但同时也剥夺了蒙力克家族的权势。

按照蒙古国的传统，必须要有一名萨满担任主教之职，这一次成吉思汗非常谨慎，千挑万选之后，任命了老实本分的兀孙老人担任这一职务。至此，成吉思汗彻底铲除了试图挑战他权威的通天巫势力。

第一次征讨西夏

从草原争霸到建立帝国再到铲除通天巫势力，大量的事实让成吉思汗认识到，人民的忠诚是需要持续不断地进行培养的，一旦松懈，随时可能会失去它。因此，为了保证臣民紧密地团结在他的周围，服从他的统治，他需要持续不断的新胜利，以及这些胜利所带来的丰厚的战利品！

自匈奴人开始，对于草原的游牧民族来说，他们的军饷和战利品最主要的捕获地就是富庶的中原地区，那里有各种丝绸、珠宝、粮食以及大量的贵重金属，这些都是游牧民族极其缺少的东西。因此，当大蒙古国实现统一之后，为捕获更多的军饷与战利品，成吉思汗将目光转向了中原。

当时控制中原地区的有两大政权，一个是金国，一个是宋王朝。但此时，面对这两大政权，成吉思汗都没有必胜的把握。宋王朝占据坚固的城池，且在人口数量上占据绝对的优势，因此并不是大蒙古国首先攻伐的合适对象。金国长久以来一直与宋王朝相对峙，争夺中原地区的统治权，实力不容小觑，因此也不能贸然发起进攻。

在进一步权衡之下，成吉思汗把目光转向了蒙古草原西面，那里有与宋王朝接壤的西夏国。

西夏国是党项族人建立的政权，其历史根源可以一直追溯到唐朝。当时，唐朝军队中有一个名叫拓跋思恭的党项将领，他奉天子之命镇守唐朝的西北边界。后拓跋思恭因镇压黄巢起义而立下功勋，被任命为夏州节度使。

唐朝时期的节度使权力非常大，几乎堪比一方诸侯。唐朝灭亡之后，拓跋思恭便以夏州为根据地自立门户，虽一直未称帝，但实际上也形成了一个独立政权，这就是西夏国的起源。

西夏是个非常小的国家，为了在夹缝中生存，一直需要依附强大的政权。因此，一直以来中原地区无论谁称王称帝，西夏国都以臣服的姿态进行侍奉。

在 1000 年前后，西夏国出了一名非常杰出的统治者，名叫李元昊。在李元昊的带领下，西夏国无论是经济还是军事方面都呈现出欣欣向荣的派头，甚至一度打败宋朝军队，并于 1032 年正式建立了统一政权，李元昊也正式称帝。虽然这个皇帝的头衔没有能够保存多久，但在李元昊的励精图治下，宋王朝和金国都相继承认了西夏的割据地位。

自李元昊之后，西夏国再次没落，但凭借着“谁强依附谁”的生存策略，这个小国家竟在群狼环视的恶劣环境下幸运地存活了下来。

攻打西夏国对于成吉思汗而言是势在必行的。

从物质条件方面来说，西夏国地处富饶的平夏地区，拥有大片肥沃的牧场，在与宋王朝交界的地区，农业非常发达，能够为军队提供充沛的军饷。更重要的是，西夏国还产盐。在古代，盐是非常贵重的东西，其价值几乎等同于黄金。游牧民族的生活都是比较贫穷的，因此西夏国这个富户无疑是他们劫掠的最佳目标。

从地理条件方面来说，西夏国分别与大宋和吐蕃接壤，无论是打算攻打大宋还是征讨吐蕃，西夏都是极为有利的跳板。

从战略方面来说，西夏如今与强大的金国交好，而金国又与蒙古有仇。此前为对付塔塔儿人，成吉思汗与金国结成了同盟，但这并不代表双方的仇怨能一笔勾销，对于成吉思汗来说，只要条件成熟，他必然会毫不犹豫地带领蒙古铁骑踏向金国。因此，若能够在与金国开战之前先消除西夏的威胁，必然对日后的战争大有裨益。

虽然征讨西夏对于成吉思汗来说具有重大意义，但第一次出兵攻打西夏，成吉思汗最主要的目的依然是劫掠物资，因为在建立汗国之初他急需大笔的物资来为他的蒙古大军提供军饷。因此，成吉思汗派出他的突袭队进入西夏，企图以极快的速度在西夏人的国土上进行一番劫掠后便离去。

从蒙古的心脏地区到西夏国有一条由北向南的天然通道，这条通道贯穿戈壁，几乎没有任何可以作为关卡的要塞，这为蒙古大军的突袭部队提供了便捷的条件，使得蒙古人能够以极其飞快的速度由蒙古抵达西夏。

西夏人也考虑到了这条天然通道，他们摆开阵势，随时准备迎战这支骁勇的蒙古军队。但令人意外的是，蒙古军队通过这条天然通道抵达西夏后，根本没有准备发起进攻，而是径直往东去了。西夏人大为惊骇，完全摸不透蒙古人葫芦里卖什么药。蒙古军往东一直沿着西夏国的国界行军，却没有任何动作，最后抵达了西夏国东北边界处的力吉里寨。在这里，蒙古大军突然发动袭击，力吉里寨守军猝不及防，虽然这里有坚固的城池，但由于守军准备不足，蒙古大军很快就突破了城池，纵兵进行了一番抢掠。

扫荡完力吉里寨后，蒙古大军随即开往西夏又一军事重地落思城。城中守将见蒙古军来势汹汹，便拒城不出，打算等蒙古军自动撤离。在对峙期间，成吉思汗令大军在落思城附近的村落进行劫掠，许多无辜百姓死于屠刀之下。随后，蒙古军再次对落思城发起强攻，一举攻下了落思城。

随后的几个月里，蒙古大军在西夏国境内四处侵扰，劫掠了大量的牲畜和百姓返回漠北。此次攻打西夏，成吉思汗成功实现了自己的目标，为大蒙古国劫掠到了丰厚的战利品，同时他也从中获得了极有价值的情报，为此后的征伐战争奠定了基础。

兀刺海城之战

大约在 1207 至 1209 年之间，成吉思汗再一次领兵征讨西夏。

第一次攻打西夏回归后，成吉思汗回顾了整个战争过程，他敏锐地发现，蒙古军队虽然骁勇善战，但在攻打城池方面却非常薄弱。这其实也是情有可原的，在此前的草原争霸之路上，蒙古大军所面对的敌人都是和自己一样的游牧民族，他们没有固定的落脚处，自然也不会修筑坚固的城池。因此，蒙古军队根本没有攻打城池的经验。

但如今，在统一草原之后，成吉思汗所面对的敌人是金国与大宋这样文明发展到一定程度的国家，这意味着在往后的战斗中，对城池的攻伐将会成为蒙古军的主要作战方式。于是，从西夏回归之后，成吉思汗开始有意识地训练军队的攻城战术，可见此时他的雄心早已超越了草原，向着中原繁华的城邦而去了。

经过周密的计划之后，成吉思汗再一次向西夏挥兵。此次征伐，成吉思汗的目标不再仅仅是战利品了，他的雄心已经覆盖了整个西夏国。

在最初的袭击中，成吉思汗并未倾尽全力，而采用“游击战”的方式发动了几次试探性进攻，试图将西夏兵引出城池，与其在利于蒙古军作战的平原上展开决战。数次袭击之后，蒙古大军成功突破西夏的边境防线，穿过戈壁沙漠后进入了西夏国统治的中心地带。

见蒙古大军汹涌而来，守城的西夏军采取了防御姿势，坚守不出，无论成吉思汗怎样挑衅，对方就是不上当。无奈之下，战事只得再次转入攻城战。在成吉思汗的指挥下，蒙古大军团团围住了兀剌海城，准备将此前所实验的攻城战术投入到实践之中。

兀剌海城大约在今天的包头一带，有说法认为它应该就是近代所发现的新忽热古城，但这个结论实际上并不是一个得到公认的确切答案。由于地理以及语言翻译等种种问题的限制，在蒙古史籍中所提到的很多地名，我们都难以指出确切的位置，这一度给蒙古历史的研究者们造成了巨大困难。

总之，兀剌海城大约是一个中小型的城寨，或许由于其具有战略意义，驻扎了西夏重兵，因此想要突破也并非易事。

包围兀剌海城之后，成吉思汗在马背上向守城军官喊话："你们要是再不出来，等大军攻破城池之后，我必定会将城中所有的人尽数屠杀！"

这种喊话实际上是一种心理战术，几乎成为古代军队展开进攻之前的必备程序，为的就是威慑对方，给敌人造成一种心理上的压力。但正是由于这种战术具有普遍性，在大多数时候，它都难以取得什么实质性的效果。这一次自然也不例外，西夏兵完全不买账，继续据守坚固城池，不肯投降也不肯出战。蒙古大军随即陷入一场持久的攻城战争中。

在持续了 40 余天的攻城后，蒙古军队进入疲乏状态，但城池却依然坚固。而此时，西夏兵虽然没有损伤，但在长久的围困之下，也陷入一种惶惶不安的情绪之中，毕竟城中存粮有限，若是一直如此对峙下去，所比拼的就是双方的粮草和耐力了，而西夏军实际上并不清楚蒙古军的各项实力。

就在这个时候，成吉思汗灵机一动有了主意。他派遣一名使臣进入兀剌海城，对镇守城池的将领说道："我们这样一直对峙下去，对双方都没什么好处，不如这样吧，你们只要给我们一万只鸟和一千只猫，蒙古大军就立即撤军。"（另一种说法是当时成吉思汗派出使臣，索要的是兀剌海城中所有的燕子。)

守城将领对蒙古人的要求完全摸不着头脑，但一听对方有撤军的念头，马上就答应了这一奇怪的要求，并派出城中士兵和百姓们一起捉猫抓鸟。不几天，西夏军就将成吉思汗所要求的一万只鸟和一千只猫送到了蒙古军营之中，满心欢喜地等待着大军撤退。

一得到这些动物，成吉思汗立即下令，将浸过火油棉絮和布条等等东西拴在鸟和猫的尾巴上，并点着了火，然后再将这些动物释放。带着燃烧的尾巴，鸟和猫拼了命地逃窜回城，向着自己的巢穴奔去，不多久整座兀剌海城就陷入熊熊大火之中。

城内的西夏军大惊失色，手忙脚乱地四处灭火，并抓捕那些带着火焰四处奔逃的动物。就在这个时候，趁着城中一片混乱，成吉思汗下令攻城，蒙古大军势如破竹，长驱直入地攻入了兀剌海城。将城池洗劫一空之后，成吉思汗非常“守信用”地退兵了。

但不久之后，大约是在 1209 年，成吉思汗又再次引兵回攻兀剌海城，这一次进攻的规模非常庞大，远胜过前几次的突袭和侵扰。据记载，当时进攻兀剌海城的蒙古士兵多达十余万，而守城的西夏军却只有五万。虽然西夏军再次进行了顽强的抵抗，但最终寡不敌众，兀剌海城再次被蒙古军攻破，而西夏的守城副将也被蒙古人俘虏。

攻入城中后，蒙古军与西夏军又展开了一番激烈的巷战，最终才彻底征服了兀剌海城。随后，蒙古大军又劫掠了兀剌海城周围的乡村，并与残余的西夏军队进行了几次小规模的斗争。

攻下兀剌海城之后，由于粮草不足，成吉思汗暂时停止了前进的步伐，决定以兀剌海城为据点，等待运送的粮草，以及几个万户长所带领的大部队前来支援。

此次攻克兀剌海城的胜利标志着蒙古大军首次赢得坚固城池的掌控权，

在此次战争中，蒙古大军将以往训练的模拟知识首次投入到实战之中，并从中吸取到宝贵的攻城经验。而成吉思汗突破传统作战模式、出其不意的制胜策略也让他在蒙古人心中的形象更加伟大，同时也极大地增强了他在政治以及军事方面的掌控力。

和平协议

在兀剌海城休憩数月之后，蒙古大军再次备足粮草，而前来支援的万户长也率军抵达，一切准备就绪后，成吉思汗再次率领蒙古大军踏上征程，继续向南推进，目标直指西夏都城中兴府（今宁夏银川）。

要攻打中兴府，蒙古军队就必须通过克夷门（今内蒙古乌海西南一带）。克夷门地势非常险峻，两旁是难以攀登的悬崖峭壁，只有中间一条狭窄的小路能通行，是西夏易守难攻的天险之地。在此驻守的西夏军原本大约两万人，但在蒙古大军攻克兀剌海城之后，为了阻止成吉思汗继续南下，危及中兴府，西夏又派遣了五万精兵至克夷门进行防守。如此一来，易守难攻的地势加上七万兵马的镇守，使得蒙古大军一时难以前进，双方相持了两月有余。

看到克夷门久攻不下，蒙古大军士气日渐低落，成吉思汗决定改变战法，既然不能力克，那唯有智取。

为了将敌军诱出城池，成吉思汗假装士兵疲惫、粮草不足，随即下令全线撤退。西夏军一看，大喜过望，以为蒙古人果真是因为不能取胜而退兵了，便想趁机追打一番，以报兀剌海城之仇，顺便捞点油水犒劳军士。

结果，当西夏军倾巢而出，前往追击蒙古军之际，早已埋伏好的蒙古主力部队突然从密林中杀出，将西夏大军团团围住。西夏军几乎全军覆灭，克夷门得以攻破。

值得注意的是，此次佯败诱敌的方式在后来形成了蒙古大军作战的一个主要战术。先假装失败撤退，引诱敌人上当追击之后再利用蒙古军队的机动性，趁势杀个回马枪，把敌人打得落花流水。这一战术在蒙古大军征战四方的历次战役中都屡试不爽，取得了极其良好的效果。

攻破克夷门之后，蒙古大军继续南进，终于包围了西夏都城中兴府。

西夏当时的皇帝叫李安全，称夏襄宗。眼见情势危急，夏襄宗亲自登上城楼督促大军作战，西夏军凭借坚固的城墙，据守抵抗，整整一个月的时间里蒙古大军毫无作为。

此时已经接近九月，暴雨连连，致使黄河水位暴涨。见此情形，成吉思汗心生一计，决定引黄河水攻城，逼降中兴府。成吉思汗下令修筑堤坝，将滚滚黄河水引入中兴府，城池中顿时汪洋一片，眼看就要支撑不住了，夏襄宗只得赶紧派人向他的保护者金国求援。

西夏在归附金国的时候，双方曾订下过盟约，不管哪一方遭到敌人的攻击，另一方都要出兵救援。但这一次，或许是忙于与大宋对峙，或许是不想惹上蒙古这个对手，金国皇帝断然拒绝了西夏的求援，并将西夏使者拒之门外。摇摇欲坠的中兴府由此陷入绝境之中。

就在蒙古人即将攻破中兴府的时候，意外却发生了。作为一个游牧民族，在水利工程方面，蒙古人是非常不在行的，因此当中兴府被滚滚奔腾的黄河水袭击的时候，蒙古人修筑的堤坝也开始摇摇欲坠，在水流的压力之下，黄河堤坝终于坍塌了，蔓延的大水直扑蒙古军营。大多数蒙古士兵都不会游泳，在黄河水席卷之际死伤无数。

结果，中兴府是守不住了，蒙古军也同样损失惨重，双方都无心再战。夏襄宗抓住时机，向成吉思汗派出了使者，表示愿意臣服于他，并将大量的丝绸、骆驼以及羊毛等作为贡品，送给成吉思汗。此外，夏襄宗还将自己的一名女儿嫁给了成吉思汗，承诺做大蒙古国的“右手”，为其守境戍边。

第二章　金国人，你们并非不可战胜

金国新皇帝

征服西夏之后，成吉思汗终于解除了与金国开战的后顾之忧，报“木驴之仇”的计划被提上了大蒙古国的征伐日程。

当年，为向塔塔儿人复仇，成吉思汗主动臣服于金国，并接受了金国皇帝的册封，金国对于蒙古人来说，相当于是他们的宗主国。因此，这场即将爆发的战争对于蒙古人来说，是一场意义非凡且艰苦卓绝的战争。

金国所统治的地域是非常广阔的，囊括了除甘肃省以及河套平原外的整个黄河流域，以及现在的华北和东北大部分地区，是当时大陆上最强大的王国之一。金国人既保存着游牧民族祖先骁勇彪悍的特点，同时又极大程度地吸取了中原土地的文明，他们坐拥坚固的城池，以及边境由西向东蜿蜒而去的万里长城，攻打金国的困难将远远超过对西夏的征伐，这注定将会是一场艰难而长远的苦战。

1209 年，成吉思汗正出兵攻打西夏的时候，金国当时的皇帝金章宗完颜璟去世了。金章宗是金国历史上最强大的统治者之一，据金史记载，在他统治时期，金国人口达到45，816，079之多，其国力也达到顶峰。

金章宗死后，因其子嗣尚未出生，亲王完颜永济便被拥立为金国的新皇帝，即卫绍王。卫绍王即位之后，便派遣使者前往其属国蒙古去下发文件，告知蒙古人这件事情，让他们认识认识自己的新主子。

使者带着卫绍王的圣旨抵达蒙古之后告诉成吉思汗："皇帝死了，新的皇帝已经即位了，你们都跪下听新皇帝下达的圣旨。"

成吉思汗听罢便问道："那这新皇帝是谁啊?"

使者回答他说："就是卫王完颜永济。"

听到这个名字，成吉思汗一脸的鄙夷，不仅拒绝跪拜接旨，还向着南边吐了一口口水，说道："你们金国真是太无能了，这样昏聩懦弱的家伙竟也能做皇帝!"说完之后还令人将使者赶了出去。

成吉思汗为何如此看不起卫绍王完颜永济呢?他们之间莫非有什么过节?这还要从大蒙古国成立的那一年说起。大蒙古国成立的时候，实际上相当于是金国的附属国，因此依然要向金国朝贡。这一年朝贡的时候，金章宗没有让成吉思汗进金国都城，而是让他前往净州，并派遣一名金国人前往净州接受成吉思汗的朝贡，当时被派去的就是亲王完颜永济。成吉思汗见到完颜永济之后，不知道是因为什么原因，特别看不起他，对他态度非常傲慢，也不按照礼节行君臣之礼。

成吉思汗第一次见到完颜永济就十分鄙视他，这其中的缘由历史上并没有记载，估计很可能是因为完颜永济这人长得不太好看。那一次的会面，完颜永济应该也是一直怀恨在心的，因此才会在成为金国的新皇帝之后，特意派遣使臣到蒙古传达什么圣旨，还特别要求成吉思汗要跪下接旨，却没想到再一次遭到了羞辱。

金国使臣回国之后将事情原原本本报告了卫绍王完颜永济，卫绍王大怒，立即派人要成吉思汗到都城来觐见，实际上是打算借机将他杀死。成吉思汗听到风声之后，当即决定与金国正式决裂，并开始操练兵马，随时准备与金国开战。

这件事乍一看，成吉思汗与金国决裂似乎是出于无奈，但事实上，纵观成吉思汗与金国开战之前所做的一切，我们会发现，他从一早就已经开始“预谋”攻打金国，他所做的一切都是围绕着金国而展开的，他一步步剪除着金国的羽翼，等待着进攻的契机。

那么，除了攻伐西夏，将其收归己用之外，成吉思汗在与金国正式开战之前还做了哪些周密的部署呢?

周密的战前部署

在与金国正式决裂之前，成吉思汗就一直在研究金国的情况。他发现，金国的政权实际上非常不稳定，且对北方的控制也存在许多问题。

金国的军队中除了本国的女真人以外，还包含了大量的汪古惕人、契丹人以及汉人，这些人都不可能心甘情愿地为金国卖命，保卫女真主子不受蒙古袭击。金国内部叛乱频发，加之南宋王朝一直试图从金国手中夺回被占领的土地，金国士兵实际上早已疲于应付。因此，如果能让这些已经暴露或依然潜藏的矛盾更加激化，必然会大大损耗金国实力，如此一来，蒙古大军的胜算也就大大提高了。

成吉思汗首先派人联系了汪古惕人，汪古惕部居住在长城北侧一带，负责为金国人驻守长城，如果能够争取到他们的支持，这就意味着成吉思汗掌控了金国边境北部的防线。汪古惕人与成吉思汗之间的关系非同一般，当年乃蛮部的太阳汗打算联合同一种族的汪古惕人对付成吉思汗的时候，汪古惕人不仅拒绝了这一要求，甚至将此事主动告知了成吉思汗。为此，成吉思汗一直对他们充满感激，大蒙古国成立之后，在封赏开国功臣的时候，成吉思汗没有忘记将汪古惕部的首领册封为大蒙古国的达官贵胄之一，同时还将自己的一名女儿嫁给了汪古惕部首领的儿子，与之结成了儿女亲家。

凭借着这一亲密关系，成吉思汗非常容易就获得了汪古惕部的支持，至此蒙古大军在与金国正式开战之前，不费一兵一卒就突破了金国人的第一道防线，将势力扩张到了北边长城脚下。

与此同时，成吉思汗也在不断激化西夏对金国的怨愤。此前，当成吉思汗大军兵临中兴府城下的时候，西夏国王曾派人向盟友金国求援，结果却遭到了金国人的漠然视之，西夏一直颇为记恨此事。在与大蒙古国缔结和平协议之后，西夏国一直在找机会对金国进行报复，在成吉思汗的怂恿和支持下，自 1210 年开始，西夏军持续不断地侵扰金国国境，多次劫掠金国的城镇，虽然破坏力不大，但也让金国人头疼不已。

此外，成吉思汗还积极拉拢一直被女真人奴役的契丹人，在开战之初，他通过积极活动，和几位契丹首领建立了联系，并安排了一场秘密会谈，他们中的大部分人都表示愿意与金国人决裂，转而支持蒙古人。

一切准备就绪后，成吉思汗终于向金国人扬起了战刀。

1211 年 2 月，成吉思汗在克鲁伦河召开了誓师大会，那些居住在遥远的地方、臣服于大蒙古国的部落首领纷纷赶来向他表示支持，这些部落首领包括统治吐鲁番和库车等绿洲的畏兀儿部的首领巴尔术，以及统治巴尔喀什湖以南谢米列奇耶地区的哈剌鲁部的首领阿儿思阑。有了他们的支持，在进攻金国的同时，蒙古的西方以及北方侧翼就有了安全保障。

在誓师大会上，依照蒙古人的习俗，成吉思汗将腰带解下挂在脖子上，庄严地对着天空呼唤道:“伟大的腾格里啊！金人曾残忍地杀害了我族的俺巴孩汗和斡勒巴儿合黑亲王，若腾格里你容许我为此而向卑鄙的金人复仇，还请助我一臂之力啊!”

此外，成吉思汗除了宣称要为其先祖报仇之外，同时还声称要为契丹人报仇。当年，正是金国摧毁了契丹人所建立的国家辽国。成吉思汗之所以在如此庄严的场合特别强调这一点，实际上是为了巩固与契丹人的联盟，他一次次强调着金国与契丹之间的仇恨，希望他的同盟者能够坚定不移地与他站在同一阵线。

此后，出征前向腾格里祈祷成为成吉思汗的惯例，奇妙的是，每一次祈祷过后，成吉思汗的出征似乎总能获得胜利，或许他果真是腾格里所选中的天之骄子，且这一习俗一直延续了下来。若干年后，成吉思汗的孙子拔都在决战匈牙利人之前，也学着祖父的样子登上山顶，向腾格里请求庇佑，最终打败了匈牙利人。

誓师大会后，成吉思汗正式起兵攻向金国，一场旷日持久的苦战缓缓拉开了帷幕。

决战野狐岭

在成吉思汗率领蒙古大军步步挺进金国国境之初，金国的统治者并未给予此事足够的重视，或许是因为新皇帝并未将成吉思汗放在眼里，也可能是因为金国的统治者已经习惯了在其管辖地区发生的小规模农民起义。总之，在此期间，除了常规的加固边境要塞之外，金国没有采取任何进一步的军事行动来抵御蒙古大军。

3 月，成吉思汗率领约十万大军抵达金国北面长城脚下的汪古惕部，直到这个时候，金国的新皇帝卫绍王才终于意识到，小规模的农民起义同此次蒙古人的进攻根本不可相提并论。懦弱的卫绍王急忙派遣使者前往蒙古大营，企图与成吉思汗进行和谈，却被成吉思汗果断地拒绝了。卫绍王只得立即部署防御，令平章政事独吉思忠率兵前往北部长城抵御蒙古大军；参知政事完颜承裕率兵前往宣德（今河北宣化），屯驻抚州；西京留守胡沙虎负责加固西京大同城防御。

独吉思忠抵达北部之后，立即检视当地的防御工事，他发现，北部长达 300 公里的长城因为年久失修，虽然有墙隍，但却没有女墙副堤。独吉思忠一想，要抵御敌军进攻，最有效的方式自然是建筑起坚固的防御，虽然如今敌人已经近在眼前，但磨刀不误砍柴工，与其和他们直接硬碰硬，不如先集中力量将长城修复好，以占据有利的地理条件。于是，独吉思忠干的第一件事就是调集军队和民众大修土木工程，据记载当时他所调集修筑长城的人达到 75 万之多。

重新修筑 300 公里的长城，这无疑是件费时费力又费钱的事情，更为重要的是，成吉思汗的大军已经到达长城脚跟，再做这种分散兵力、消耗军队战斗力的事情，无异于自取灭亡。

独吉思忠已经自寻死路，主动分散了自己的军力，为了避免大同城的胡沙虎前来救援，成吉思汗决定兵分两路攻打金国。成吉思汗将 3 万蒙古大军分兵给他的三儿子窝阔台以及他最得力的助手木华黎、速不台以及哲别等人，让他们向大同城方向进攻，以牵制胡沙虎。自己则率领 7 万主力大军，集中兵力突破长城防御中的一个点——乌沙堡。

独吉思忠修筑长城分兵据险，表面上兼顾了全局，实际上却减弱了每一个据点的防守力。因此，当成吉思汗集中大军突破某一个点的时候，他苦心构筑的 300 里防线也就全线溃败了。

乌沙堡陷落后，卫绍王非常生气，随即收回了独吉思忠的指挥权，改派完颜承裕接替独吉思忠的所有职务。

完颜承裕是个非常懦弱无能的人，在他率军前往张北地区一带，准备与蒙古人展开决战的过程中，曾有人向他献计说:“蒙古大军刚刚攻破乌沙堡，现在一定忙着分配战利品，这个时候是他们警惕性最低的时候，如果我们派骑兵进行突袭，必定能够大破敌军！”

完颜承裕听完之后却不以为然，断然拒绝了这一提议，并说道:“这种做法实在是太冒险了，还是让大军一起行动，这样才可保‘万全’啊。”

所谓兵贵神速，完颜承裕却为了所谓的“万全”放弃了最佳的出击机会，但战场上又怎么可能有万全之计呢？当完颜承裕率领大军抵达张北地区一带的时候，蒙古大军已经再次整军，一路推进了。眼见蒙古大军的攻击速度实在是迅猛无比，完颜承裕不由得心生畏惧，担忧成吉思汗带领大军神不知鬼不觉地绕过自己的军队，直逼金中都。

于是，又一次为保“万全”，完颜承裕主动放弃了桓、昌、抚三州，率领军队退守到野狐岭，想借助山势将蒙古大军阻绝于此。

桓、昌、抚三州富裕殷实，且具有坚固的城池，完颜承裕主动放弃此三州，无异于将大量的粮食和人口白白送到了蒙古人的嘴边。更为重要的是，当时桓州乃是金国的牧监之地，拥有数百万的战马，成吉思汗不费一兵一卒就获得了如此庞大的战马群，大大增强了蒙古大军的作战力量，而金国的骑兵军团则因这一损失而大受打击，从此一蹶不振。

完颜承裕的做法令人费解，弃城退守尚且能够理解，但他居然没有坚壁清野，这与主动给敌军送上粮仓和士兵又有什么差别？只能说金国的新皇帝确实是昏聩，居然让这样的人担任将帅之职。

野狐岭与乌沙堡距离并不远，但两地的地势却全然不同。乌沙堡地势平缓，主要是平原与丘陵；而野狐岭则处于蒙古高原与华北平原的交界处，高山环绕、山势险峻。完颜承裕退守野狐岭，正是希望凭借山地地势来阻挡蒙古骑兵的挺进，同时借助地利增强金军防御力。蒙古人擅长马上作战，而在山地，骑兵军团显然难以发挥。

但就在布防的时候，完颜承裕再次犯下了一个致命的错误，他将自己所率领的大军，据说大概有 45 万，分散成了小部队，据守各个险要。显然，完颜承裕此举又是为了确保“万全”，毕竟他不知道蒙古人会从何处进攻。但这一行为和此前独吉思忠分散军力修长城的行为同样愚蠢，在山地分散军力，不仅降低了将领对全军的掌控力，同时也减缓了信息的传递速度，使得小部队之间难以及时相互救援。况且，无论蒙古大军选择哪一个据点进行攻击，其他据点的士兵将会全部闲置，完全发挥不了任何作用，这无异于大大削弱了军队战斗力。

成吉思汗敏锐地发现了完颜承裕布防的致命缺陷，立即集结大军，以野狐岭北的貛儿嘴为突破口，长驱直入，往来冲杀，以猛烈的攻势逐个击破分散据守的金国士兵。见蒙古人来势汹汹、难以阻挡，擅长逃跑的完颜承裕再次跑路了，率领近旁能够调动的部队向宣德方向逃亡。

眼见主将下落不明，金兵顿时军心涣散，纷纷四散逃离，蒙古军趁势追击，一举大破野狐岭。

完颜承裕逃跑时带领的部队大约有几千人，在逃跑的过程中，许多溃散的金国士兵相继与他会和，逃到张家口一带的时候，完颜承裕又重新集结了数万兵马。当时，该地的一些乡绅豪强纷纷向完颜承裕表示，愿意出钱出力，支持他继续抵御蒙古大军。但完颜承裕却拒绝了这一提议，反而一副吓破了胆的样子，向当地人打听何处有小路可以让他逃往宣德。完颜承裕此举令金国百姓感到非常失望，人们纷纷讥讽他说：“溪涧中有曲折的小路，这是大家都知道的。但你胆小懦弱，不懂据地利而战，即便逃走了，失败也是不可避免的！”

完颜承裕带领残部逃到浍河堡的时候被蒙古大军追上了，成吉思汗亲自率领三千精骑发起突袭，随后数万蒙古大军展开全面进攻，激战三天之后，金兵全军覆没，只有练得一身“逃亡本领”的完颜承裕只身逃脱。

这是一场惨绝人寰的战争，无数士兵的鲜血染红了浍河川，累累白骨堆积如山，多年之后，全真教的长春真人从此走过时，还能看到当时厮杀时所留下的众多尸骸。

智取居庸关

在成吉思汗取得野狐岭大胜后，金国发生了一件对蒙古大军非常有利的政治事件。

金中都在大约两个世纪以前的主人是另一个少数民族契丹，当时契丹人正处于全盛时期，建立了属于自己的政权大辽。但后来，金国人崛起之后便从契丹人手中夺取了金中都，并攻灭了契丹政权辽国。此后的3个多世纪，契丹人依然生活在中原的土地上，等待着机会向金国人复仇。

当蒙古铁骑踏上金国土地上的时候，契丹人的机会来了。1212年初，一个名叫耶律留哥的契丹亲王发动了暴乱，带领一队契丹士兵叛逃金国，投靠了成吉思汗。此时，正是成吉思汗大军攻克野狐岭之际，成吉思汗大喜，全力支持耶律留哥自立为契丹王，此后耶律留哥成为大蒙古国忠实的追随者。

有了耶律留哥之后，蒙古大军在东北方的安全得到了保障，随即，成吉思汗将注意力再次集中在攻向金中都的主战场，率领大军直逼宣德城。宣德城是金国一个重要的军事要塞，控制着金国长城侧翼的防御工事，自宣德东南方向不远处，还有另一个要塞城市保安。

成吉思汗在率兵攻下宣德之后，随即派遣幼子拖雷率兵千万攻取保安，当时拖雷身先士卒，带领蒙古士兵爬上云梯，勇猛非常，成功征服保安城。在顺利取得两个要塞之后，成吉思汗的下一个目标便是怀来。

怀来的西南部是长城的重要关隘居庸关，居庸关是一处大约长 22 公里的峡谷，两旁是陡峭的悬崖绝壁，控制着长城到金中都的坡道。居庸关地势险要，自古就是兵家必争之地，金国同样在此地设有重兵。

居庸关距离金中都，也就是北京非常近，按照今天的地理位置来说，距离北京市区大约只有 50 公里。居庸关相当于通往金中都的大门，攻克居庸关就意味着蒙古大军掌握了通向金国最中心的钥匙。但想要攻破这一关卡并非易事，成吉思汗将这个重任交给了他的爱将哲别。

哲别率领先锋部队率先抵达居庸关下，随即发起几次猛攻，但并未取得什么成效。随后，哲别决定故技重施，使用蒙古大军作战的经典战术“佯败诱敌”来对付驻守居庸关的金国大军。为了避免金国人产生怀疑，哲别授令众多士兵在发动攻击之时假意“受伤”，制造兵败假象，并在下令撤退之际将许多“受伤”的士兵丢在了战场上。

金国军队果然再次上当，全线出动追击哲别大军，离开了对他们极为有利的城池。就在这个时候，哲别突然一声令下，逃跑溃散的蒙古士兵以极其迅捷的速度重新列阵，对追击的金军发起猛攻，战场上的“伤兵”也纷纷一跃而起，堵截金军退路。此时，等待许久的成吉思汗也率领主力军队赶到战场，将倾巢而出的金军团团围住，金军全军覆灭，蒙古人顺利控制了居庸关。

居庸关的失陷引起金国上下，尤其是居住在金中都的统治阶级和平民百姓的震动。为了保存金中都的战斗实力，卫绍王不得不颁布禁令，不准任何成年男子出城，致使全城进入戒严状态。当时，金国朝堂分为两派意见，以谏议俞世昌为主的大臣主张弃城逃跑，放弃与蒙古大军抗衡；而以高耆年等为首的大臣却主张死守金中都。高耆年说："如今事情已经到了这个地步，我们只有死守一条出路了。蒙古大军已经攻破居庸关，随时可能抵达中都，我们若是在这个时候逃跑，不等找到落脚的地方敌人就来了，到时候我们又该怎么办呢？"

高耆年的见解是非常正确的，当时金中都拥有差不多 28.9 公里长的城墙，以及 15.24 米宽的城基，城墙外围绕着深深的护城河，900 多个塔楼林立城中。此外，还有四座外城连接到城墙上，每座外城大约长 1.6 公里，且各个外城都有与内城相同的通道，是绝佳的防御工事。同时，中都城中有重兵驻守，加之坚固的城垒，蒙古大军未必能够攻克。因此，金中都绝对具备死守的条件。最后，卫绍王采纳了高耆年等人的意见，决定死守中都，抵御敌军。

在成吉思汗还未到达金中都之前，他的先锋部队就急不可待地对中都发起了第一次攻击。当时据守中都的是金国名将完颜天骥，他见蒙古人骄傲自满、过分轻敌，故意派小部队出城迎战，诈败后将蒙古先锋部队引入中都外城。此时，中都城中早已设下伏兵，蒙古军队一进城就被逼入小巷之中，随即金军由四面八方蜂拥而来，致使蒙古军遭受重创，被迫撤离。

在混战之中，眼见胜利就要降临，完颜天骥却不幸战死，金军一时群龙无首，纷纷退守内城，蒙古军队这才逃过一劫。随后，大将完颜律明接替完颜天骥之职，成为金军总指挥。蒙古军队本想趁机攻打中都内城，不料金军拒城不出，从城楼上借由地势射箭抵御，蒙古军难以前进，只得退守中都城外驻扎。

当天夜里，完颜律明又率领精锐部队偷袭蒙古大营，毫无防备的蒙古军队险遭全军覆没。经此大败之后，这支原本盛气凌人的蒙古先锋部队只好灰溜溜地撤回宣德。成吉思汗得知此事后非常愤怒，随即率领大部队向中都挺进。

抵达中都城外，成吉思汗发现，这是一座比他想象中更加巨大且坚固的城池，他意识到，虽然蒙古大军在与金军的作战中取得了一些胜利，但金国却并没有因此而崩溃，他们或许正在组建更多的军队，以此来迎接蒙古人的挑战。最终，成吉思汗放弃了对中都的进攻。

横扫华北大平原

在成吉思汗大破居庸关，抵达中都城的同时，还有另外两支蒙古军队向金国不同的要塞发起了攻势，这两支军队分别是术赤、察合台以及窝阔台所率领的右路军，以及合撒儿、帖木格等人所率领的左路军。右路军主要进攻路线在山西一带，而左路军则沿海岸线向东进发，直逼蓟州、辽西等地。这两支军队相继攻克了云内、东胜、武、朔等州，从西面和西南面对大同城呈夹攻之势。

1212 年，在放弃中都之后，成吉思汗大军转而向大同城进军。大同城位于长城两线之间，俯瞰和保卫着山西一带，是当时重要的军事要塞之一。在攻打大同城的过程中，成吉思汗遇到了几位因帮助他而受难的老朋友——

汪古惕部的几位亲王。

当初，乃蛮人与汪古惕人相约共同进攻蒙古，汪古惕部首领阿剌兀思剔吉忽里拒绝乃蛮人之后将这一阴谋告知了成吉思汗，而成吉思汗建立大蒙古国之后，册封阿剌兀思剔吉忽里为大蒙古国的达官贵胄之一。不久之后，汪古惕部反对与蒙古交好的势力集团秘密策划杀死了阿剌兀思剔吉忽里，他的遗孀只得带着几个儿子逃离汪古惕部，到了大同城一带避难。在蒙古人进攻大同城的过程中，有士兵发现了他们母子，立即报告了成吉思汗，成吉思汗盛情地接待了他们，并决定把自己的女儿以及亲孙女（即幼子拖雷的一名女儿）分别嫁给汪古惕部两位王子，以报答阿剌兀思剔吉忽里对自己的恩情。

在攻打大同城的战役中，蒙古军却遭遇了顽强的抵抗，发动数次猛攻，却未能取得任何成效。成吉思汗开始陷入焦躁之中，在这样的情况下，他首次使用了残暴的“人盾战术”。在强硬攻打无法取得成效的时候，成吉思汗决定给予大同城的金兵残酷的心理打击，他将居住在大同城附近的大量老弱妇孺抓捕起来，逼迫他们走在蒙古军队的前方，形成一道“人盾”。见蒙古大军步步逼近，大同城的守军只得在痛苦和煎熬中将箭射向他们当地的同胞甚至是家庭成员，这些无辜的金国百姓成为大同城下的牺牲品。

这场惨烈的战事持续了一段时间，就在双方都陷入难以忍受的痛苦和疲惫中时，成吉思汗不幸在战斗中身中流矢，蒙古大军被迫撤退到阴山一带。而此时，镇守大同城的金军也损失惨重，根本不敢贸然出城追击。

1213 年，在经过一段时间的休整之后，伤愈的成吉思汗带领蒙古军队卷土重来。

在此前的数场战役之中，有许多契丹士兵和汉人军队相继投降了蒙古军，成吉思汗将他们全部收编，试图利用他们在攻打城池方面的经验来弥补蒙古军队的不足。在之前征伐西夏的过程中，成吉思汗就清楚地意识到，仅仅依靠自己的蒙古骑兵，几乎不可能攻破大的城池。在成吉思汗的蒙古大军中，几乎每支军队里都有几支精于展开攻城战的汉人小分队。

利用汉人的知识以及第一次进攻金国的数次战役中得到的经验，蒙古大军从阴山向南进行侵掠，围绕中都攻城掠地。蒙古军一直打到怀来，此后又相继攻下河北、河东等广大地区，逐步对中都形成包围之势。

在这一次的战争中，成吉思汗再一次打破了草原游牧民族的传统惯例。以往在攻打城池的时候，游牧民族往往会选择向草原边界的地区发起进攻，并将从城中所掳掠到的战利品运回草原的大本营。但现在，成吉思汗意识到，想要更加深入地侵入中原地区，他所需要的不仅仅是丰厚的战利品，而是作为强大后盾的根据地，因此他改变了以往的惯例，占据了那些曾被他的军队劫掠过的城池与疆土，并将这些土地连同人口牲畜等一并分封给立下战功的将士。

在攻打金国的过程中，成吉思汗和他所率领的游牧军队见识到了另一种不同于他们的文明——农耕文明。在这里，农民们几千年来都在自己的土地上耕作，充分利用脚下每一寸土地，他们几乎固定生活在一片土地上，依靠自己的双手和脚下的土地来“创造”粮食。在农耕社会的人们不管是生活方式还是世界观都与游牧民族有着极大的不同。

成吉思汗率领蒙古大军席卷而来，不可避免地给农耕社会造成了难以弥补的损失，他们维持着以往驰骋草原的习惯，在田地间依然纵马奔腾，完全不顾农民们辛苦耕耘的成果。但凡是所到之处，他们必定进行毁灭式的劫掠，致使丰沃的农田变为干涸的荒野，富庶的村庄沦为荒凉的废墟。

事实上，纵观人类历史，农耕文明与游牧文明之间的冲突从未停止过，从新石器时代末期开始，这两种文明就一直并存且对立着。

在游牧文明影响下生活的游牧民族骁勇强悍，马背上的生活让他们拥有强大的身体素质和惊人的战斗力，但不识农耕的他们却不懂得利用土地，只能在一个个地方进行迁徙式的生活，导致物质条件十分匮乏。

而在农耕文明影响下的民族则要富庶得多，他们更为安定而有规律性，长期维持着一种自给自足的生活方式，随着生产力的发展，他们中的一部分将从基本的劳作之中解脱出来，从事一些更高端的活动，比如冶炼、水利、建筑、商贸、宗教等等，创造出各具特色的文化。

两种文明的不同造就了历史的必然，武力强悍的游牧民族为了满足物质生活，必定会向柔弱且富庶的农耕社会发起侵略。在人类历史上，游牧民族对农耕世界发起的大规模冲击主要有三次。第一次大约发生于公元前 2000 年，雅利安语系的游牧民族向欧亚大陆南部的农耕社会发起侵略战争，在此次战争中，古巴比伦王国以及古印度等文明古国相继覆灭。

第二次向农耕社会发起攻击的主要是游牧于中国西北边境的匈奴民族，大约自商周开始，这些匈奴人就与中国的农耕社会有了联系，不断对中国社会进行侵扰。到汉武帝时期，由于武帝大举讨伐匈奴，并获得了前所未有的胜利，致使匈奴人的矛头转而指向中亚以及欧洲地区。在此次冲击中，“黄金时代”的印度文明遭到毁灭，其影响甚至波及到了西罗马帝国，间接导致了古典文明的终结。而在武帝后，汉帝国也逐渐走向衰微，游牧民族得以再次崛起，到公元 316 年，以匈奴为首的各游牧民族纷纷入主中原，形成了“五胡乱华”的混乱局面。

而第三次游牧民族对农耕社会的大规模入侵，其主角正是在成吉思汗带领下迅速崛起的大蒙古帝国，他们将掀起一场席卷整个世界的大规模浪潮。

不诚恳的投降

蒙古大军在横扫华北大平原之后，转而向东发起攻击，并成功侵占了山东最重要的城市济南。济南是当时中原地区最为繁华的城市之一，楼阁林立，雕龙画栋，并拥有大量技艺精湛的建筑与雕像等等，城中还存有大批精美的丝绸和贵重的金属制品。

在成吉思汗忙于劫掠山东地区的时候，蒙古右路大军在太行山一带活动，并相继攻克了平阳、汾州和忻州等地，此后不久又顺利攻克城墙坚固的太原城。而蒙古左路大军则一路沿海岸线向东北方向挺进，相继拿下逐鹿和山海关，并一直侵入到松花江和黑龙江一带。

1214 年，三路蒙古大军从各自的战场相继回撤，顺利会师于中都城下。

就在蒙古军队围绕中都展开侵略战争的同时，金国内部发生了一场宫廷政变。那个曾经负责守卫大同城，后又在中都遭遇蒙古人袭击时被调回升任右副元帅的将领胡沙虎竟然毒杀了卫绍王，并迎立卫绍王的侄子完颜珣做了新皇帝，即金宣宗。胡沙虎意图通过控制金宣宗来把持金国朝政，但不久后，他却又死在另一名将领术虎高琪的手中。

术虎高琪是金国的元帅右监军，在出兵抵御蒙古人进攻之前，胡沙虎曾警告他说："如果你此次出兵不能获得胜利，那么就要接受军法处置！"胡沙虎对术虎高琪的警告不知是出于双方的私怨，还是仅仅作为一种变相的激励手段，但最后，术虎高琪大军却在蒙古铁骑之下全面覆败。术虎高琪非常害怕胡沙虎治他的罪，于是在领兵回到中都之后，径直冲向胡沙虎的府邸将他杀死，并带着他的首级向金宣宗请罪。金宣宗在胡沙虎的威慑下早起杀心，于是顺水推舟赦免了术虎高琪，并封他为左副元帅，术虎高琪由此成为金宣宗执政的新“顾问”。

对于金国内部的政变细节，成吉思汗并不完全清楚，但他强大的情报网络还是为他提供了这一事件的粗略过程。当各路将领纷纷提议挥军攻伐中都城的时候，成吉思汗再次表现出惊人的洞察力，拒绝了攻占中都的提议，并在令大军围困中都城的同时，派遣一名使臣前去觐见金国的又一位新皇帝金宣宗。使臣向金宣宗传达了成吉思汗的口信，他说:“如今黄河以北的所有地方都置于我之下，唯有中都还是你的地盘。天神既然都让你们如此软弱无能了，我如果再咄咄相逼，进一步攻打你们，恐怕也会引起天神的不满。现在我有了想要撤军的想法，但你又是否能够表现出诚意，平息我手下诸位将士的怒火呢?”

成吉思汗的言下之意显然是向金宣宗索要战利品来“犒劳”三军。

初即位的金宣宗早已对蒙古人的行径胆战心惊，如今听说成吉思汗愿意退兵，自然愿意纳贡求和，臣服于蒙古的统治，并奉上贡品来换取金国的安宁。最终，金宣宗将北方的大部分地区彻底让出给蒙古人，并奉献出 3000 匹马、500 名男童和 500 名女童，以及大量的黄金丝绸给蒙古人作为贡品。此外，金宣宗还将卫绍王的女儿、美丽的岐国公主献给了成吉思汗为妃。

这位岐国公主在蒙古历史上也是一位非常具有影响力的人物，她聪慧贤德，深受草原人民的爱戴，由于金国本是蒙古的宗主国，而她又是金国公主，身份十分尊贵，因此蒙古人都非常尊敬地称呼她为“公主皇后”。她一直跟随成吉思汗南征北战，最远打到了印度的恒河流域。在当时，她几乎与成吉思汗一样享有盛名，因为按照中亚以及西亚等地的习俗，这些部落在上表朝贺成吉思汗的同时，都不会忘记这位跟随在成吉思汗身边的“公主皇后”，甚至在各地派人觐见成吉思汗的时候，这位“公主皇后”会与成吉思汗并坐，一同接受拜见。

关于岐国公主，还有这样一个传说。据说岐国公主面有异相，长得和大部分金国人都不一样。她出生的时候，有一位和尚来到金国，并将一个小小的银锁送给了她，让她挂在胸前。离开的时候，和尚留下话说，岐国公主面有异相，将来必定会远嫁给一个非同一般的人，而这枚银锁只有将来娶公主的人才能打开。

岐国公主嫁给成吉思汗之后，便将这件事情告诉了他，成吉思汗感到非常奇怪，接过银锁之后果真将它打开了，却发现银锁内壁上刻了两行很小的汉字。成吉思汗当时应该是不认识汉字的，于是他把银锁给了岐国公主，让她给他翻译。那两行字刻的是：“以德服人者，得天下；以力服人者，失天下。”

这个传说是真是假我们不得而知，当然也不排除这或许是聪明贤德的岐国公主故意为之，为的就是劝谏成吉思汗做一个以德服人的明君，而不是一个依靠武力来掠夺天下的暴君。

在获得金国所承诺的贡品之后，成吉思汗如约撤兵，但这并不意味着他放弃了入主中原的野心。金国人对此必然也有所意识，他们知道，总有一天这支彪悍的军队必将挥师重来。为了逃离蒙古人的控制，在蒙古大军撤离的时候，金国统治者迅速收拾包袱，于同年 6 月举国离开中都，迁往金国南方的都城南京（河南开封）。

金国统治者这一懦弱的举动引起了全国上下的不满，在迁都过程中，一部分军队叛变投靠了蒙古人。此外，在河北、山东一带，还有许多对金国统治者不满的民众组成了名为“红袄军”的起义部队，反抗金国的统治，这支队伍后来受到南宋政府的大力支持，成为南宋政府用来对付金国的一支庞大力量。

对于金宣宗的“出逃”，成吉思汗非常愤怒，他认为金国人此举是为了脱离蒙古的控制，伺机解除与蒙古之间的合约，并重新整军夺回失去的疆土。此时，成吉思汗刚带领大军撤退到长城地区以外，他立即派出一支蒙古军队前往南京，试图捉拿金宣宗，或在中途阻截金国的大部队。但最终，成吉思汗此举并未取得成功，眼见金宣宗已经顺利抵达南京，成吉思汗当即决定挥师攻向中都城。

屠戮金中都

金宣宗“出逃”以后，留太子完颜守忠留守中都，平章政事、都元帅完颜承晖以及尚书右丞抹然尽忠率军辅佐。后在收到蒙古大军即将攻打中都的消息后，金宣宗又将太子完颜守忠召到南京，只留下完颜承晖和抹然尽忠共同守城。

在阻截金宣宗的计划失败后，1214 年 7 月，成吉思汗正式挥兵攻打中都。此前，成吉思汗放弃攻打中都，是因为其城池坚固、防守严密，采取硬攻只会损兵折将、得不偿失；而现在，金宣宗一撤离，中都城中兵力必然空虚，加之迁都之事使得金国上下民心不安、军心不稳，战斗力必然大幅度降低，正是攻取中都的最佳时机。

成吉思汗令大将撒木台率领蒙古军，金国降将契丹人石抹明安率领契丹军，与另一名金国降将契丹人斫答会和，共同向中都进攻。此外，为了切断中都与辽东地区的联系，成吉思汗同时派遣木华黎率军进攻辽东。

10 月，成吉思汗大军连克古北口（今北京密云东北）以及景、蓟、檀等各州，中都陷入蒙古大军围困之中。次年正月间，金国右副元帅蒲察七斤率部投降，并帮助蒙古大军进驻中都南面的建春宫。

此时，中都已经粮草告急，眼看就要支撑不下去了，完颜承晖急忙派人向新都南京请求支援。接到中都告急之后，金宣宗立即令御史中丞李英在河间一带征兵数万，率部前往进行救援；与此同时，金宣宗还令元帅右监军永锡和元帅左监军乌古论庆寿分兵押运粮草随后跟上，以支援中都困局。

结果，李英大军才刚进入霸州就遭到蒙古大军的截击，全军覆没。而押运粮草的元帅右监军永锡才抵达涿州就遭到蒙古军的劫掠，粮草全部被抢。听到这个消息后，才走到半道上的乌古论庆寿吓得屁滚尿流，当即率军折返，逃回了南京。

虽然后来金宣宗又曾数次派遣金军救援中都，但基本上都半路夭折，连中都城墙都没能见到。5 月间，眼见中都已经弹尽粮绝，走投无路，绝望中的完颜承晖服毒自杀。辅佐太子的另一大臣抹然尽忠见势头不妙，随即丢弃城池，向南方逃窜而去。

守城大将一死一逃，在这样的情况下，蒙古大军很快就攻破了中都城。蒙古士兵长驱直入，对中都进行了惨无人道的洗劫，数日之内，这座原本繁华富庶的城市在蒙古铁骑的蹂躏下遭到彻底的毁灭。据说当时，中都城中有成千上万的百姓遭到屠杀或强奸，将近 6 万女人为免遭蒙古士兵的强暴而选择自杀。中都城里到处火光冲天，满城的死尸散发着令人作呕的恶臭。蒙古军队连续不断地从城中运载出掠夺到的战利品，车队数周之内没有间断，中都城内的大火足足燃烧了一个月之久……中都的惨况实在令人不忍目睹，甚至在数年之后，许多路过此地的行人都在流传，依然能在荒芜的旷野之中看到被害者的尸骨。

攻陷中都之后，成吉思汗委派六弟失吉忽秃忽和将官汪古儿、阿儿孩合撒儿负责清点并接收中都城中的战利品，当时负责协助他们三人点收战利品的是金国一个名叫合答的将领。合答原本是留守中都的其中一名将领，在完颜承晖自杀、抹然尽忠跑路之后便主动率部投降了成吉思汗。

在点收战利品的过程中，合答从中挑选了几件绣金丝织品和一些珍宝作为礼物送给这三人，汪古儿和阿儿孩合撒儿满心欢喜地收下了，唯独失吉忽秃忽严词拒绝了合答的送礼，并质问他道:“在之前，中都城里头所有的东西都是金朝皇帝的，而现在，这里头所有的东西都是属于成吉思汗的。你有什么资格私自分配成吉思汗的东西?”

完成工作后，三人向成吉思汗复命，深谙人性的成吉思汗问三人:“说说吧，这合答都给你们送什么礼物了?”

三人一怔，随即将此事一五一十地告知了成吉思汗。听罢，成吉思汗非常高兴，拍着失吉忽秃忽的肩膀大声夸赞道:“六弟你最识大体，也最尽忠职守，不愧是我最忠实的臣子啊!”随后，成吉思汗又私下对汪古儿和阿儿孩合撒儿进行了严厉的责备。

在攻取中都之后，成吉思汗决定乘胜追击，突袭金国的新都城南京。

南京位于黄河以南，在汹涌的黄河水阻隔下，蒙古骑兵无法通过，只得由陕西一侧绕道行军。大约在 1216 年到 1217 年之间，在大将三木合拔都的率领下，蒙古大军攻破了西安，并从西安南下，向潼关进军。蒙古军在潼关遭到了顽强抵抗，久攻不下后，三木合拔都放弃潼关，直接绕道进击南京。金国倾尽一切力量抵御蒙古大军，在相持一段时间后，三木合拔都引军撤退。

蒙古人的入侵几乎摧毁了金国整个北方地区，难以计数的农田被战火焚毁，成千上万的村庄与城镇被夷为平地，伴随着战争而来的致命疾病，致使许多地区荒无人烟。为了远离可怕的蒙古人，成千上万的百姓向南方涌去，堵塞了通向南方的水路和陆路。随着经济的摧毁，盗匪成为活跃于社会的主要行当……

此后，蒙古人开始陆续撤离中原地区，许多被他们劫掠后又放弃的城市再次回到金国人的统治之下。这个时候的蒙古人还没有彻底明白城市的意义以及运作规律，对于他们来说，这一座座繁荣而坚固的城池不过如同一个个巨大的“宝箱”，当他们需要的时候，便强行开启，进行一番洗劫，这样的状况一直持续了很多年。

耶律楚材带来的新思路

成吉思汗在攻陷中都之后，得到了一名非常重要的俘虏，这名俘虏对日后大蒙古国的发展有着非常重要的影响，他就是耶律楚材。

耶律楚材是契丹皇族后裔，辽太祖耶律阿保机的九世孙。但他出生的时候，辽国已经被金国覆灭了，因此他从小就是生活在金国统治之下的。耶律楚材的父亲耶律履在金国为官，担任尚书右丞之职，算是个不大不小的官。

由于父亲在朝为官，耶律楚材一家便长居金中都。当时，金中都是金国的政治经济文化中心，有非常深厚的汉文化基础。而耶律家世代都深受汉文化熏陶，早已形成和宋朝士族家庭一样知书达理的家风，因此耶律楚材从小就精通汉文，习读汉籍，深受儒家文化的熏陶和影响。据记载，耶律楚材在年轻的时候就已经“博及群书，旁通天文、地理、律历、术数及释老医卜之说，下笔为文，若宿构著”了。

耶律楚材也曾在金国担任过一些官职，比如开州同知、左右司员外郎等，官位不及其父，算是个中层公务员。

关于成吉思汗与耶律楚材第一次见面的情形，格鲁赛的《草原帝国》里是这样记载的：“（成吉思汗）占领北京后，在愿意支持蒙古统治的俘虏中，成吉思汗选中一位契丹族王子耶律楚材，他以‘身长八尺，美髯宏声’博得成吉思汗的喜爱，被任命为辅臣。这是幸运的选择，因为耶律楚材融中国高度文化和政治家气质于一身，像回鹘大臣塔塔统阿一样，他是辅佐亚洲新君主的最合适的人。”

在追随成吉思汗期间，耶律楚材一直苦心奉劝他减少杀戮。在当时，蒙古军队在战争中所表现出的残暴是尽人皆知的，劫掠和屠杀是他们对待敌人的惯用手段。耶律楚材常常对成吉思汗说：“我们与其将农民杀死，不如去保护他们，向他们收取税款，如此一来，我们将会得到比摧毁农田和屠杀农民更多的利益。而对于城市，与其摧毁它，不如让它成为为我们创造财富的工具！”

耶律楚材的思想常常令成吉思汗感到惊奇，他总能带给他新的思路和对这个世界新的认知。精通汉文化的耶律楚材对于成吉思汗而言，就如同一个向导，带领着他和整个蒙古帝国进入一个新的文明世界，让他认知到一种更为先进的文化。

在此后，耶律楚材将汉文明进一步带入蒙古帝国，他设立了以汉文化为基础的君臣礼节，强化了以君主为权力中心的统治，并大刀阔斧地推行“儒学治国”的政治理念。正是在耶律楚材的维护下，中原地区的文明才得以保存和发展，他使新兴的蒙古贵族逐渐舍弃了传统落后的游牧生活方式，并以汉族文化的思想和制度来实现对中原地区的统治。

耶律楚材不仅仅是一位杰出的政治家，同时在文化艺术方面也有极高的造诣。他是中国历史上第一个提出经度概念的人，并编撰了著名的《西征庚午元历》，同时还主持修订了《大明历》。在诗歌创作方面，耶律楚材也有着卓越的才能，他的作品现如今流传于世的有《湛然居士文集》。

耶律楚材辅佐成吉思汗以及他的继任者近 30 年，为大蒙古国的发展作出了重要贡献。据说他死的时候，蒙古上下举国哀恸，无论是蒙古人还是汉族士大夫，全都痛哭流涕，如丧考妣。这当然都是后话了。

第三章 木华黎的功绩

巧取东京府

1214年，当成吉思汗决定攻打金中都的时候，他依然对金国的剩余力量有所忌惮，为了进一步削弱金国，保证金中都主战场的胜利，成吉思汗派遣手下最得力的将领之一木华黎率领蒙古铁骑踏向了东北地区，继续牵制并削弱金国的剩余力量。

10月，木华黎大军抵达高州（今赤峰）地区，金国守将卢综和金扑二人见蒙古大军来势汹涌，不敢与之抗衡，便立即主动献出城池，向木华黎投降。取得高州之后，木华黎将大军兵分两路，一路由成吉思汗的妹夫孛秃率领，一路由契丹将领石抹也先率领，分别向辽西以及辽东方向进攻。

孛秃是蒙古一个小部落亦乞列思部的人，精通骑马射箭。当年成吉思汗刚在蒙古草原上崛起，非常爱惜人才，当他听说了孛秃这个年轻人后便派遣一名叫术儿彻丹的手下前去考察他。

术儿彻丹到达亦乞列思部后已经天黑了，孛秃非常热情地留他住宿，当得知他是成吉思汗派来的人后，对他更加礼待，杀了一只羊来招待他。第二天，在送术儿彻丹离开的时候，孛秃见术儿彻丹的马匹非常疲乏，难以赶路，于是主动从自己的马圈里牵出一匹好马送给术儿彻丹。

术儿彻丹回去后将情况报告给了成吉思汗，成吉思汗听后对孛秃更加欣赏，当即决定要将妹妹帖木仑嫁给他为妻。

亦乞列思部非常弱小，一直对成吉思汗所领导的乞颜部有所忌惮，当听闻成吉思汗竟愿意与其部族联姻的时候，全族都喜出望外，当即派出孛秃宗族的一名长者前往去见成吉思汗。在商议婚事的过程中，成吉思汗询问长者:“孛秃的家中一共喂养了多少马匹和多少羊群啊?”

长者一听，赶紧恭恭敬敬地回答道:“孛秃家只养了 30 匹马，我们愿意拿出 15 匹来作为聘礼，还希望大汗你不要嫌弃。”

结果成吉思汗一听，不高兴地说道:“难道你们以为我是贪图孛秃家的马匹吗? 我看重他，是因为他是个人才，并不是贪图他的家产! 婚姻若是要讲求钱财，那不成一场买卖了吗? 如今，我想要攻取天下，发展大业，比起什么聘礼，我更想要的，是你们亦乞列思部的友谊和忠诚啊!”

随后，成吉思汗将妹妹帖木仑嫁给了孛秃，并赠给了他们许多钱财，而亦乞列思部也顺利归入成吉思汗帐下。孛秃对成吉思汗的看重感念在心，一直追随在他身旁，为他立下了赫赫战功。再后来，帖木仑病逝，成吉思汗又将自己的女儿嫁给了孛秃，这都是以后的事情了。

孛秃英勇善战，带领蒙古大军势如破竹，很快就攻克了懿州，直逼金国东京辽阳。与此同时，另一路大军在契丹将领石抹也先的带领下也一路奔袭，顺利抵达辽阳地区。

石抹也先是契丹族的兄弟民族奚族人，奚族与契丹族“异种同类”，在辽国时期就已经开始相互融合，到金国统治时期，很多奚人都被笼统地归为契丹人，石抹也先的家族正是这样一个具有代表性的家族。

石抹也先自幼就聪明伶俐、勇猛过人，长大之后精通契丹语和女真语两种语言，并对两国的风俗、政治、典故等等都有深入了解，因此得以在金朝担任译事之职，译事就是负责翻译的低级官吏。此后，因立下军功，石抹也先平步青云，一直升至万户。但不久之后，石抹也先就将职务让给了他的兄长。

金章宗去世之后，金国开始陷入腐败混乱之中，石抹也先对金国统治者逐渐失去了信心。于是，在成吉思汗率军攻伐的时候，石抹也先就和其兄长一起率领手下的奚人以及契丹人部众与金国决裂，投靠到了成吉思汗帐下。随后，成吉思汗将他派往木华黎麾下，辅助木华黎进行东北战事。

在抵达辽阳之后，石抹也先通过探子的情报得知，金国新任命了一个名叫蒲察郑留的契丹将军为东京留守，前来管辖辽阳，而这名将军此时正在赴任途中。石抹也先凭借自己对金国官场的了解，顿时心生一计，并将此计谋告知了木华黎。木华黎听后非常满意，当即委任石抹也先为攻打辽阳的前锋，并派遣一千精骑由他指挥。随即，木华黎率领一队人马，出奇制胜地在通往辽阳的途中阻截了蒲察郑留和他的随从们。

木华黎从蒲察郑留身上获得了金国皇帝的委任状，并将它交给了石抹也先。石抹也先拿着委任状，带领一千蒙古精骑，堂而皇之地闯入了辽阳城，并让所有驻守辽阳的金国将士相信，他就是金国皇帝册封的东京留守蒲察郑留。

石抹也先曾在金国为官多年，对金国官场的一切都了如指掌，因此辽阳城内并无一人对他产生怀疑。他们热烈地欢迎石抹也先和他所率领的精骑，并为他举行了一场就职仪式。石抹也先“上任”之后，第一件事情就是撤去所有辽阳守备，并为木华黎大军打开了辽阳城的城门。

至此，前后不过三天时间。木华黎大军不费一兵一矢便征服了辽阳城，得到土地数千里，百姓十万八千户以及士兵十万、器械粮食数不胜数。当时，驻守辽阳城的大部分士兵都是契丹人，木华黎将他们收编到蒙古大军之中，进一步扩充了自己的队伍。这是石抹也先投靠蒙古的第一场战争，立下汗马功劳的他由此成为木华黎的得力助手。

辽阳的陷落沉重地打击了金国政权，可以说，此后成吉思汗能够率领大军攻克金中都，少不了木华黎大军的一份功劳。

“权皇帝”的中原战场

1215 年 2 月，木华黎攻克辽阳之后，率领大军攻向大定府，当时负责镇守大定府的是金国元帅寅答虎和乌古论，二人早已听闻木华黎大名，根本不敢与之抗衡，随即不战而降。

同一个月，木华黎派遣手下将领高德玉和刘蒲速窝儿前往金兴中府，劝说兴中府同知（城市最高长官，相当于市长）兀里卜投降，兀里卜怒而拒绝，并将刘蒲速窝儿处死，高德玉大惊失色，随即奔逃回营。

在兀里卜杀死蒙古使臣，并准备死守城池，与木华黎大军背水一战的时候，兴中府主张投降派系的官员愤怒了，他们根本不愿意浪费自己的生命去打一场注定失败的战争。于是，这些官员合谋杀死了兀里卜，并推举了当地同样主张投降的豪强石天应为新的长官。此时，木华黎大军正准备大举进攻兴中府，战事还未打响，却见兴中府众官吏在石天应的带领下献城投降了。

木华黎非常高兴，当即就正式授予石天应为兴中府尹、兵马都提控，后石天应加入木华黎麾下，跟随他一路征战，立下累累战功，一直升迁至右副元帅。

此后，木华黎又相继得到开义、瑞州以及利州等地，掌控了整个辽西地区。

在木华黎的征战过程中，有许多城池都是不战而降的，之所以会出现这样的情况，主要有三方面的原因：首先，金国势力已经衰微，而蒙古军则所向披靡，加之木华黎又是久负盛名的大将，金国众将士根本无法与之抗衡，与其做无谓的牺牲，倒不如主动投降；其次，许多镇守城池的兵将实际上并不是女真人，他们可能是契丹人、汉人或者其他被金国奴役的部落的人，这些人对金国的忠诚有一定限度，根本不可能秉持着一种为国捐躯的信念，因为金国从根本上来说并不是他们的祖国；最后，蒙古军队在攻打城池的时候，但凡是遇到坚决抵抗的，在破城后必定会进行残酷的屠城，这给众多城市都造成了极大的心理震慑。

同年7月，成吉思汗派遣使臣抵达南京，要求金宣宗再次献出失而复得的河北、山东等地，并取消帝号，改称“河南王”。金宣宗非常愤怒，断然拒绝了这一要求。

次年，金国都督蒲鲜万奴正式在开元称帝，并在随后不久投降了蒙古，为了向成吉思汗表示自己的忠诚，蒲鲜万奴还将自己的儿子热孜铁哥献给成吉思汗当侍臣。

如今的金国可以说是众叛亲离、摇摇欲坠。但就在这个时候，成吉思汗决定率领主力大军撤离金国，放弃继续攻打金新都南京，将主要精力转向西方地区。但这并不意味着他会放弃中原战场，他已经决定要将中原这个大舞台交给他最信任的将领——大名鼎鼎的木华黎将军。

木华黎是主儿乞部的札剌亦儿氏人，大约在1197年成吉思汗攻打主儿乞部的时候，随全家在祖父的率领下投靠了成吉思汗。随后，木华黎的父亲古温兀阿将他献给了成吉思汗做奴仆，当时古温兀阿对成吉思汗说道：“我将我的儿子木华黎献给您做仆从，如果日后他不能尽忠职守，就请您挑断他的脚筋，挖出他的心肝来惩罚他吧！”此后，木华黎便以伴当的身份一直跟随成吉思汗南征北战。

木华黎十分勇武，在蒙古草原上威名赫赫。据说有一次，木华黎与成吉思汗带领30余名随从在山谷中打猎，被一帮强盗拦住了去路。这帮强盗居高临下，站在山坡上向成吉思汗等人放箭。就在这个时候，木华黎挺身而出，拉开自己的弓箭，“嗖嗖嗖”三声过后，三个强盗应声倒毙。

见木华黎如此勇猛，众强盗大骇，高呼道：“你究竟是什么人?”

木华黎高声回应说：“我就是铁木真汗的侍从木华黎！”

强盗们无比惊惧，怎么也没想到今天碰到的竟然是草原上大名鼎鼎的木华黎，随即慌忙逃窜，如鸟兽一般奔入了山林之中，由此可见木华黎的威名。

1217年秋天，成吉思汗正式册封木华黎为“太师、国王”，并赐予他誓卷和金印，上书“子孙传国，世世不绝”字样。随即，成吉思汗当众宣布，将对金作战的一切指挥权都交给木华黎，只要是对金作战的事宜，木华黎具有完全决策权，无需向任何人请示报告。当时，成吉思汗对木华黎说道：“太行以北的事情，我自己去经略；至于太行以南，以后就靠你了！”足见其对木华黎的信任与重视。

接着，为了加重木华黎的权威，成吉思汗又将象征着孛儿只斤家族乃至整个大蒙古国的“九斿白纛”大旗赐给了他，并告谕众将士：“以后木华黎只要高举此旗发号施令，就如同我亲自指挥一般！”

正是由于成吉思汗对木华黎的倚重，金国人一度把木华黎称之为“权皇帝”，也就是代理皇帝的意思。

为了西征，成吉思汗带走了蒙古的主力部队，只分出大约两万兵马给木华黎。此时，中原地区一片混战，随着蒙古大部队的撤离，金军陆续将黄河以北的广大地区收归旗下，蒙古军只控制了金中都以及北京等少数战略要地。与此同时，各地军阀并起，纷纷割据地盘以求自保，生活困苦的广大农民也相继结成起义军，形势极为错综复杂。南宋王朝此时也乘虚而入，向北边延伸势力范围。

这个时候，已经遭受重创的金国也难以依靠自己的武装力量来稳定局面，于是转而以封官赏爵的方式来收买各地的地方武装势力，当时金国曾一口气连封了 9 个“公卿”，致使在这一时间段金国境内出现了许多有名无实的高官贵胄。

这样的情况对于仅仅拥有两万兵马的木华黎来说是十分不利的，先不提打败金军，哪怕稳定住眼前局势都困难重重。面对这样的境况，木华黎决定秉承成吉思汗一贯的策略，利用金国内部各个阶级以及各个民族之间的矛盾招降纳叛，以壮大自己的队伍。这一举措取得了重大成效，木华黎先后拉拢并重用了六七十个地方武装首领，其中最为著名的有刘伯林和刘黑马父子、董俊和董文炳父子、史秉直和史天倪家族、李庭植家族、耶律阿海家族以及奥屯世英家族等等。这些由汉人、契丹人以及女真人等组成的武装力量成为木华黎在中原战场上的主力军队。

在获得庞大的武装力量支持后，木华黎于 1218 年率大军分道南下，直指山西、河东一带。约 9 月间，木华黎大军进入河东地区，攻克了代、隰、吉、石等州，并向太原步步逼近。

10 月间，木华黎大军围困太原城，镇守太原的金国元帅左监军乌古论德升坚守城池，拒不投降。据说当时为了激励士气，乌古论德升还将自己所有的家财和马匹拿出，分赏给了追随他的将士。后蒙古军攻破太原城西北角，攻入城中后与乌古论德升的军队进行了激烈巷战，在乌古论德升的顽强抵抗下，木华黎大军三次被打退。但双方实力的悬殊已经逐渐显示出来，金兵最终还是难以抵御骠勇强悍的蒙古大军。

太原城陷落之后，乌古论德升回到府邸，对其妻子和姑母说道：“我驻守太原城已经多年，一直都相安无事。今天，我实在是无能为力了。”说完，乌古论德升便上吊自缢身亡了。见他死去，其妻子与姑母也相继自杀，不愿做蒙古人的俘虏。

留下一名将领镇守太原之后，木华黎继续带领蒙古大军攻伐汾州，同年11月间相继夺得绛州和潞州等城池，并一路向平阳挺进。当时驻守平阳城的是金国将领李革和左监军完颜从坦。平阳是河南的屏障，具有极其重要的战略位置。早在太原失陷的时候，李革和完颜从坦就已经向金宣宗递上奏折，要求金宣宗增加平阳守军以抵抗蒙古大军的攻伐，但直到木华黎大军兵临城下，金国的援军也没有出现。

木华黎围困平阳城的时候，城中驻兵甚至不满六千。在完颜从坦的指挥下，金军屡次出城迎敌，但都遭遇了惨败。仅仅数日的时间，平阳城中的驻军就已经损伤过半，原本薄弱的战斗力更加不堪一击。不几日，驻守平阳城的金国副将李怀德便偷偷向蒙古大军投降，并帮助蒙古军顺利攻破平阳城。城破之时，城中官员士兵本想护送李革和完颜从坦突围逃跑，但李革却说:“我不能保住平阳城，还有什么颜面去见宣宗皇帝呢，不用管我，你们走吧！”之后，李革与完颜从坦双双自杀殉国。

此后，木华黎又相继领兵攻下了河中府等地，到1221年已基本平定辽西、河北、山西以及山东等地区。从成吉思汗将中原指挥权交到木华黎手中开始，他仅仅用了不到5年的时间，便成功夺取了金国70余座城池，平定数个省县。在成吉思汗的指示下，木华黎于1221年秋天率领大军渡过黄河，一鼓作气夺取了陕北、关中等地，至此黄河以北的大部分地区都被蒙古军所控制。

最后的遗憾

在木华黎的步步紧逼之下，金国陷入退无可退的境地，将势力龟缩到黄河南岸一带。金国将兵力集中屯驻于潼关附近，并将黄河岸分为 4 段，划出 4 个据点分兵把守，与黄河以北的蒙古大军呈对峙之势。

1221 年，惧怕木华黎进一步行动的金宣宗终于派遣使臣向成吉思汗求和，尊称成吉思汗为兄长，但成吉思汗断然拒绝了他。次年，金宣宗再次派遣使臣求和，成吉思汗让使臣转告金宣宗："当初我让你把河北、山东等地给我，你乖乖去当河南王，但你不答应。现在，这些地方都已经被木华黎抢过来了，你还拿什么资本来求和呢?"随后成吉思汗又让使臣转告金宣宗，想要求和，就必须将关西地区的城池让出，并乖乖去做河南王。这一条件实在过于苛刻，最终议和失败。于是木华黎再次踏上征程，将矛头指向关西地区。

1222 年冬天，木华黎率领蒙古大军渡过黄河，向陕西一带进发。进入陕西后，木华黎首先率军攻克了同州（今陕西大荔县），接着大破蒲城，随后直扑京兆府（今西安）。

当时，京兆行省完颜合达率领 20 万大军镇守京兆府，顽强抵抗蒙古大军的进攻。数战之后，木华黎大军始终不能取胜，于是决定转向西进发，攻打凤翔。在凤翔，木华黎大军依然遭遇了金军奋力抵抗，在激战一个月之后，由于种种问题，木华黎只得撤军。此次西行的挫折让木华黎非常郁闷且失望，他对左右感慨道："自从我接受大汗的命令征讨中原，几年之内便连续攻占了辽西、辽东、山东、河北等地。但如今，面对一个小小的凤翔，我竟久攻不下，莫非我的生命已经逐渐走向衰颓了吗?"

1223年春，木华黎回到山西，在行至闻喜时，突然一病不起，大军被迫在闻喜滞留。此时木华黎年仅54岁，长期的征战生涯在他的身上留下了无数的病痛，此时他的心中充满了惆怅，他最担心的不是死亡的靠近，而是自己在溘然长逝之前，无法完成成吉思汗所交托的任务。即便他有强大的意志力，但可惜的是他始终未能战胜病痛，正如他此前所感慨的一般，他的生命走向了尽头。

临终前，木华黎的弟弟带孙一直守在他的床前，木华黎艰难地抓着带孙的手，无力而充满遗憾地说道："我为大蒙古国，为成吉思汗披坚执锐40余年，南征北战，从来都没有什么可后悔的事情。但我的心中却唯独有一个遗憾，那就是没能完成大汗嘱托，打下金都南京。希望你今后能继承我的遗志，为此而努力，完成大汗的托付!"

语毕，木华黎的手重重垂下，带着最后的遗憾走完了人生的路程。

就在木华黎溘然长逝的这一年，金宣宗也驾崩了，其子完颜守绪继位成为金国新的皇帝，即金哀宗。

木华黎死后，战局发生了巨大变化，见蒙古军一时群龙无首，金军士气大增，对蒙古军进行了大反扑，接连收复了山西、河北等地的一些州县。眼见金兵似有起死回生之势，河北一个名叫武仙的地主武装首领也发动叛变，归附了金国。

就在这个时候，木华黎的死讯传到了成吉思汗耳中，他十分悲痛，下令让木华黎的儿子孛鲁接替木华黎的官职。当时孛鲁正追随成吉思汗西征，见中原形势不稳，成吉思汗便令他赶回中原战场。孛鲁迅速整顿军队，率先领兵讨伐武仙的地主武装政权，并于三峰山击溃武仙政权，但武仙得以逃脱。

到 1227 年，孛鲁又成功迫降山东义军首领李全，此后蒙古势力得以迅速恢复，并一直延伸到淮河中下游一带。

木华黎的改革

木华黎是成吉思汗的左膀右臂，更是大蒙古国的栋梁支柱，木华黎的死对于大蒙古国和成吉思汗而言，都是无法弥补的损失。木华黎死后，成吉思汗曾亲自率军攻打凤翔，以祭奠木华黎，完成他死前未曾完成的事业。当时，成吉思汗曾非常感慨地对众将领说道:“若今日木华黎还在，我又何须亲自来到这里啊!”

木华黎对于大蒙古国和成吉思汗而言，最大的贡献不仅在于中原战场上的赫赫战功，更在于他对蒙古军队以及大蒙古国政治统治的改革。在木华黎之前，大蒙古国一直处于原始、粗放的统治模式中，无论是军事还是政治方面，都遵循传统的草原部落管理模式。而木华黎的改革，则将这样的大蒙古国和蒙古军队带入了辉煌的宋金文明，为推动草原民族实现统治定居城市，并建立国家打下了良好的基础。

在与金国的战争中，木华黎一直认真留意并学习中原地区的政治以及文化知识。攻克城池之后，木华黎听取投降将领们的意见和建议，根据中原农耕地区的形式，对蒙古传统制度进行改革，使之适应农耕社会的运行和管理。

作为草原游牧民族，大蒙古国在战争中的重点一向是掠夺物资、人畜以及人口，攻占一个地方之后，在该地进行大肆劫掠和破坏，便将此处抛弃，并不会建立自己的据点，管理攻克的城池，所以历史上将传统的大蒙古国称为“行国”。这样的一种理念和行为是不能够扩大领土，建立国家的，并且也难以使利益最大化。

在与金国作战时，木华黎发现了蒙古传统战争形式的劣势，于是他学习宋金的制度，逐步建立了云中、燕京等行省，采取攻取一城便占领一城，同时守住一城的战略，逐步采取王朝式的统治来对城池进行管理。

为了更好地实现对农耕社会的管理，木华黎在军中进行了一系列的政策调整，颁令禁止蒙古士兵进行随意杀戮，改变了蒙古大军动辄屠城的习惯；同时禁止剽掠行为，使百姓的生命以及财产有了一定保障；在对待俘虏方面也采取宽松的安抚政策；重视攻占城池后的治理，并注意巩固后方基地。

木华黎骁勇善战、任人唯才，并善于听取各方意见，他对投降的汉、契丹以及女真族等将领都宽大仁慈，并大胆启用，甚至委以重任。正是木华黎的真诚以及其身上所具有的人格魅力，使得大多降将在归附他之后都死心塌地为他战斗。

据《元史》记载，木华黎死后，承袭他“国王、太师”封号的一共有12个子孙，放眼整个元朝，受到这一殊荣的也仅有木华黎、博尔术以及博尔忽三大家族。无论是对于成吉思汗还是蒙古来说，木华黎的功绩都是不可抹杀的。

第四章 群狼环视

流亡者的阴谋

在攻打金国的途中，成吉思汗突然将中原战场交付给了自己的得力干将木华黎，分兵西征，这背后是否有什么缘由呢？一方面来说，成吉思汗显然是认为金国气数已尽，已经不需再大动干戈；而另一方面，则是因为在这个时候，成吉思汗曾留下的后患终于“发作”了。

当初，成吉思汗在攻打乃蛮部落的时候，太阳汗的儿子屈出律在战乱之中逃脱了。这个屈出律非常命大，他先是跑到叔父不亦鲁黑的地盘，但很快不亦鲁黑就被成吉思汗杀死了，于是屈出律又再次出逃到盟友蔑儿乞部落，但不久之后，蔑儿乞部落也被成吉思汗攻灭，命大的屈出律竟再次得以逃脱。这一次，屈出律逃到了西辽国，由于再无人可依靠，他过了一段时间的流浪生活。

西辽国的创立者名叫耶律大石，是辽太祖耶律阿保机的八世孙。1114年，女真族在其首领完颜阿骨打的率领下起兵反抗辽国统治，一路势如破竹，两年后就攻克了辽国东京。此时耶律大石正担任泰州刺史之职，不久后被调任为祥州刺史。1120 年，辽国相继失去了上京等地，中京也陷入危机之中。此时，北宋王朝趁虚而入，打算收复燕云十六州，耶律大石被调任辽兴军节度使，负责镇守南京道。

最终，辽国被金国覆灭，耶律大石便率领手下军队逃往漠北，并建立了西辽。此后，为壮大国力，耶律大石先后率军征讨了高昌回鹘王国、东西两部喀喇汗王朝以及花剌子模等地，使得西辽得以称霸西域。

现如今，西辽的皇帝是直鲁古，他喜好玩乐游猎，几乎不问国政，在他的放纵之下，西辽政治日趋腐败，逐渐失去了在西域一带的霸主地位。

屈出律逃到西辽之后，并不甘心一直做一名流浪汉，于是试图投靠直鲁古皇帝，但又担心对方可能会对他不利。于是，他在得到直鲁古皇帝的接见后，命令自己的一名亲信随从顶替自己的身份前去面见西辽皇帝，自己则装成一名马车夫，在宫门外等待以观察情况。

就在这个时候，西辽的皇后突然从这里经过，发现这个年轻的车夫长相不错且气质非凡，一袭破旧的衣衫也挡不住其隐隐透露出的高贵气质。西辽皇后感到非常奇怪，令人把屈出律叫过来进行盘问。屈出律见皇后非常友好，对自己也没有丝毫恶意，便把自己的情况据实相告。西辽皇后听后，觉得屈出律是个非常不错的年轻人，便在直鲁古皇帝面前举荐他做了皇帝的贴身近侍。

做了皇帝的贴身近侍，屈出律在西辽皇廷之中走动的机会就多了，自然而然也有机会接触到直鲁古皇帝的子女们。在一次偶然的状况下，屈出律和直鲁古皇帝的女儿浑忽公主打了个照面，此前说过，屈出律这个人的长相非常不错，自然引起了浑忽公主的注意。

或许是浑忽公主要求了，也可能是屈出律有计划地经营了，总之没过多久，直鲁古皇帝就下旨将浑忽公主嫁给他，屈出律摇身一变成了西辽尊贵的驸马爷。由此也可以看出，屈出律这个人特别有本事讨人喜欢，既能让尊贵的公主对他死心塌地，同时又能博得直鲁古皇帝的好感，让他甘心将女儿嫁给一个落魄的王子。

成为驸马爷之后，屈出律的野心开始膨胀起来，他见直鲁古皇帝不理朝政，且年纪越来越大，渐渐起了取而代之的心思。而此时的西辽实际上也是危机四伏、矛盾重重。

当时，由于直鲁古皇帝昏庸无能，西辽国力开始走向衰颓，原先臣服于西辽统治的属国花剌子模开始起兵造反。与此同时，西辽东面的一些属国和部落也都纷纷起兵，试图脱离西辽国的统治，致使西辽国陷入困境之中。

了解到西辽的困境，并打听到许多乃蛮余部的人躲在山中的情况之后，屈出律假惺惺地向岳父直鲁古皇帝进言："我听说我的部众和军队流散在东边一带，若是他们知道我还活着，必然会聚拢到我的身边，追随我一同抗击敌人。岳父啊，您不如让我去将他们召集起来，这样一来，我便能够带领他们为您戍边守境了啊！"

直鲁古皇帝本就非常喜爱屈出律，听了他说的话，心中也非常高兴，当即就赏赐给了他许多财宝，并让他赶紧去召集旧部，以帮助西辽国平定叛乱。

获得直鲁古皇帝的支持后，屈出律很快将自己的族人召集起来，增强了自己的实力，并在此过程中利用直鲁古皇帝所赏赐的财宝拉拢了一部分西辽的重臣和将领，蓄积力量准备将西辽皇帝取而代之。

为了保证夺权成功，屈出律联络了反叛西辽统治的花剌子模国国王摩诃末，与他秘密结盟攻打西辽。摩诃末是突厥人的后代，信奉回教，他的父亲统治花剌子模的时候被西辽国打败，因此每年都要向西辽纳贡。摩诃末继承王位之后，一直引以为耻，一心谋划要脱离西辽国的统治，因此立即答应了与屈出律联盟。此外，西辽的另一属国撒马尔罕也与屈出律结成了联盟，约定共同起兵。

在屈出律和花剌子模以及撒马尔罕三军的联手进攻下，西辽都城很快被控制，直鲁古皇帝也落入他们手中。

直鲁古皇帝怎么也没想到，自己如此信任的女婿会反过来将自己一军，但木已成舟，回天乏力，为了保住自己的性命，他只得向屈出律提出，愿意主动将自己的皇位让给他，并向他称臣。但没想到，屈出律却假惺惺对他笑道:“您是我的岳父，如同我的父亲一般，我又怎么会抢夺你的皇位呢?”

最后，屈出律将直鲁古皇帝尊为太上皇，其皇后尊为皇太后，并承诺不改变西辽国的国号和统治制度，只将实权掌握在了自己手中，玩起了“挟天子以令诸侯”的把戏。

成功夺权后，屈出律将西辽国西部的西尔河以南地区割让给了花剌子模，并免除了其纳贡的责任和属国身份，摩诃末非常满意，随后便率领军队离开了西辽。撒马尔罕也得到了约定的利益，获得了独立。

此时，西辽的属国只剩下喀什噶尔的东部喀喇汗王朝。东部喀喇汗王朝的大汗名叫默罕默德·本·玉素甫，他曾集合穆斯林部众反抗直鲁古皇帝的统治，战败后成为西辽俘虏，被直鲁古皇帝囚禁在西辽的监狱中。夺取西辽政权后，屈出律为了拉拢东部喀喇汗王朝势力，便释放了玉素甫，强迫他向自己效忠之后将他遣送回喀什噶尔。

但没想到的是，喀什噶尔的贵族和宗教人士得知玉素甫竟然背叛了神圣的宗教，投靠了身为异教徒的屈出律后，全都怒不可遏，集结在喀什噶尔城门口将玉素甫刺死了，甚至没有让他踏上自己的国土。随着玉素甫的死亡，1211年，历时371年的东部喀喇汗王朝也正式宣告灭亡。而正是这一事件，促使信奉佛教的屈出律与伊斯兰教之间的关系正式宣告决裂。

屈出律自取灭亡

1213 年，在屈出律的挟持下，苦苦挨了两年的直鲁古皇帝郁郁而终，屈出律“名正言顺”地继承皇位，成为西辽的新皇帝。

登上皇位之后，屈出律决定替他的盟友玉素甫报仇，派出大军攻向喀什噶尔地区，并对该地进行了残暴的劫掠，试图施以兵威迫使喀什噶尔人向他屈服。屈出律的残暴行径使他成为中亚地区各地伊斯兰教势力的敌人，同时也使他失去了花剌子模这个盟友。

在各方压力之下，屈出律只得率部迁都到喀什噶尔，并正式建立了自己的乃蛮政权。迁都之后，屈出律与伊斯兰教势力之间的仇恨更加深重，他大肆搜索并杀戮原东部喀喇汗王朝的贵族与上层宗教人士，并颁布命令禁止该地区的穆斯林活动，如礼拜和集会等，甚至将城中所有的神职人员都赶走，还发出通告迫使当地百姓改信佛教或改穿契丹人服饰。为了保住自己的宗教信仰，喀什噶尔百姓只得决定改穿契丹服饰。

屈出律此举引起了众人的愤慨，为了防止当地人民反叛，他在每一户居民的家中都安置了一名自己的士兵，以此来监视当地人民的行动。

一个名叫大伊玛目阿老丁·默罕默德的教长实在看不下去屈出律的所作所为，便找上门去劝说他，并和他展开了一场关于“宗教自由”的辩论。屈出律在宗教方面原本就没有多少建树，在与大伊玛目阿老丁的辩论中被驳斥得体无完肤，但没想到的是，屈出律并未因此而作出让步，反而一怒之下命人将大伊玛目阿老丁抓了起来，并在实施了酷刑之后，将他钉死在了当地清真寺的大门上。

屈出律的行为引起了穆斯林们的悲愤，他们向安拉跪拜，诅咒屈出律："全知全能的安拉，求你大发慈悲，将这个可恨的暴君投入一望无尽的海洋之中，直至淹死吧！……只有将他逮住，我们的国家才能重新得到自由！"

就在屈出律与伊斯兰教的矛盾达到一个不可调和的地步时，成吉思汗刚刚攻取了金中都。当成吉思汗得知乃蛮部的余孽屈出律竟在西辽成功篡位，甚至开始召集离散部众准备复国的时候，他愤怒了，绝不能容许原本应该在自己手中毁灭的敌人死灰复燃，并有机会威胁到自己的后方安定。于是，在将中原战场交托给他最为信任的部下后，成吉思汗决定攻伐这个早就应该死去的敌人——屈出律。

在出兵攻打屈出律之前，成吉思汗先腾出手再一次进攻了反复无常的西夏国。

大蒙古国在此前就曾出兵攻打过西夏，并成功获得了西夏的臣服。此后在攻打金国的战役中，为筹集物资，大蒙古国一再向西夏伸手。在蒙古无休止的征兵和收贡下，西夏人不堪重负，最终叛离蒙古，拒绝了成吉思汗的一切要求。

西夏国位于今天的宁夏、甘肃一带，西辽国则大约位于新疆地区。成吉思汗要从蒙古草原攻打西辽，很可能要经过西夏国，因此他决定首先率军修理"叛徒"西夏国，之后再进一步攻打屈出律。

1217 年，成吉思汗率军渡过黄河，攻向西夏，并令负责中原战场的木华黎带兵进行支援，两支蒙古大军共同夹击，致使西夏腹背受敌，没过多久西夏国的都城中兴府就被蒙古军包围了。此时，西夏国前任国王李安全已经去世，接替他的新皇帝是比他更加窝囊懦弱的李遵顼。见蒙古大军来势汹汹，李遵顼留下太子李德任守城后直接逃往西平府了。皇帝跑了，众将士难免心寒，装模作样地抵抗一番之后就纷纷投降了。

1218 年，西夏投降之后，成吉思汗正式率军前往西辽攻打屈出律。出征前，成吉思汗叫来手下的汉族将领郭宝玉，问他道："我决定要向西域进行攻伐，但那里地形十分险要，你认为我们能够获胜吗?"

郭宝玉是唐朝名将郭子仪的后人，曾在金国担任汾阳郡公之职，在成吉思汗率部攻打金国的时候投降蒙古，并经由木华黎的引荐成为成吉思汗的手下大将。郭宝玉足智多谋，很快就获得了成吉思汗的赏识，引为心腹。

听成吉思汗这么问，郭宝玉答道："这普天之下的城池，只要不是在天上的，哪有打不下来的!"

成吉思汗大喜，赞道："果真是条好汉!"

随即，成吉思汗派遣哲别和郭宝玉引兵两万前往攻打屈出律。在此过程中，哲别对蒙古军队颁布命令，禁止其肆意烧杀抢掠。由于军队对百姓几乎是秋毫无犯，加之此前屈出律对百姓的"高压政策"早已令他失去民心，许多西辽百姓都非常欢迎蒙古人的到来，仅仅几个星期，哲别和郭宝玉大军就将西辽军打得落花流水。

据记载，在攻打屈出律的一次战斗中，郭宝玉身中流矢，危在旦夕，为保护郭宝玉，成吉思汗下令宰杀了一头牛，并将牛的肚子剖开，将郭宝玉放置其中养伤。没多久，郭宝玉醒来了，拿起武器再次投入了战斗。此记载难免有夸张的成分存在，但足以看出郭宝玉的确是成吉思汗手下非常令人敬佩的一员猛将。

蒙古大军势如破竹，一路攻占了西辽的都城以及天山以北的各地区。次年，蒙古大军攻入喀什噶尔地区，屈出律本想整顿力量与蒙古大军进行决战，但可惜，此时的他已经尽失民心，没有任何一个伊斯兰教徒愿意为他而战，他手中的西辽兵也军心涣散，根本不想进行任何抵抗。

见到这样的情形，为了保住性命的屈出律再次选择了自己驾轻就熟的道路——逃跑。当时愿意跟随屈出律一同逃跑的只有三个部下，在弃城逃亡之后，由于屈出律曾经的所作所为，沿途的百姓没有一家一户愿意收留他们，可见屈出律是多么的不得民心。

为了摆脱蒙古兵的追击，屈出律决定逃往“世界屋脊”帕米尔高原避难。在屈出律穿越帕米尔高原附近的穆斯塔群山之时，蒙古骑兵追踪到了他的足迹，但此地山崖陡峭，不利于骑兵通行，且长期行走于草原上的蒙古骑兵并不擅长爬山，故而只能眼睁睁地看着屈出律逃脱。

就在这个时候，蒙古人突然见到当地有一些猎人正在打猎，顿时大喜，对当地猎人说道:“前面逃跑的人是屈出律，若是你们能抓到他，我们必然会给你们许许多多的金银财宝！”

当地猎人一听屈出律的名字，顿时恨从心起，加之金银财宝的诱惑，二话不说拿起武器就追了上去，没多久就把屈出律和跟随他逃跑的三个随从一并抓获了。蒙古人得到屈出律之后，果然如约给了猎人们很多金银财宝。蒙古士兵割下屈出律的头颅，将他作为胜利的象征带到了成吉思汗面前。

彻底铲除屈出律之后，整个新疆地区都成为蒙古人的领地，哲别特意在当地挑选了一千匹上等的白口栗色战马献给成吉思汗。此前哲别在与成吉思汗相遇的时候，他曾射杀过成吉思汗的一匹战马，那匹战马正是白口栗色战马。可见，对于那件事情，哲别一直记于心中，甚至可能一直背负着深深的自责和愧疚，毕竟他曾伤害了忠心追随的大汗的战马。但从成吉思汗对哲别的重用来看，显然他的心中根本没有记挂过那件事情。

丝绸之路上的畏兀儿王国

统治中亚地区的除了辽西国的“黑契丹人”以外，还有畏兀儿人。这里的中亚地区所指的仅仅是突厥斯坦地区。

这片地区北部是由砂砾或粘土组成的荒漠，而南部则是广阔的塔克拉玛干沙漠，属于一片正在“沙漠化”的地区。在该地区的中部，是横贯东西的塔里木河，在干涸的土地上，这条河流本身也奄奄一息、几近枯竭。塔里木河的北边是天山，西边是帕米尔高原，南边则有阿尔金山，三座山呈现半圆形，包裹着塔里木河。在溪流还未干涸的地方，也就是塔里木河的上游地区，有着一些十分肥沃的绿洲，这些绿洲内的居民正是畏兀儿王国的人。

古代的丝绸之路曾从这里经过，它穿越了中亚最荒凉的地区，连结了中华世界和穆斯林以及欧洲等世界的沟通。这些位处于丝绸之路上的畏兀儿人有着相较于其他游牧民族更为先进的文化知识，他们中出了许多学者和文书，堪称是蒙古人的文化教员。

畏兀儿王国的历任国王都居住在天山一代，早在成吉思汗准备攻打金国之时，畏兀儿王国就向他表示了友好，畏兀儿的国王巴尔术还曾亲自出席成吉思汗的誓师大会，对蒙古大军表示了支持。

早在成吉思汗统一蒙古诸部，成为蒙古草原上的新主人之际，畏兀儿国王巴尔术就敏锐地感觉到：这个蒙古人将会干出一番大事业！于是他在第一时间向蒙古表示了友好，并派遣使臣带着礼品前往大蒙古国，对成吉思汗表示支持，并令使臣转告成吉思汗："听说皇帝您建立了业绩，臣下心中非常欣喜，就如同遮蔽天日的浮云骤然散去，冻结河流的寒冰乍然消融一般。希望能够得到皇帝您的恩赐，让我们成为您的藩属，如此一来，臣一定尽心尽力为皇帝您效力啊！"

巴尔术对成吉思汗表示了臣服，并甘愿让畏兀儿王国成为蒙古的藩属，成吉思汗听闻之后龙颜大悦，当即就与畏兀儿人建立了极为亲密的盟友关系。随后，巴尔术又亲自带着丰厚的礼品前往蒙古，觐见了成吉思汗。成吉思汗大喜过望，当即就把自己的一名女儿嫁给了巴尔术，畏兀儿王国与大蒙古国之间的联盟关系变得更加亲密且牢靠。

畏兀儿是突厥语系民族中最具古老文化的民族，当年成吉思汗在攻灭乃蛮部时，所得到的掌玺大臣塔塔统阿正是畏兀儿人。塔塔统阿将畏兀儿文字和印玺的用法带入大蒙古国，为大蒙古国带去了文明的曙光。成吉思汗一生目不识丁，但却非常重视文化教育，曾坚持让他的儿子们跟随塔塔统阿学习畏兀儿文字。

除了塔塔统阿之外，对于大蒙古国而言影响深远的另一名畏兀儿教育家名叫镇海。镇海曾与塔塔统阿一起，为成吉思汗组织起了家族政府，曾到蒙古旅行过的西方人都将镇海称为"大法官"。

丝绸之路上的这支古老民族为成吉思汗提供了一批非常重要的文化官员，为其继承者们奠定了牢靠的文化政治基础，在此后蒙古的统治中发挥了重要作用。

在畏兀儿归附之后，当成吉思汗彻底覆灭西辽王国之时，他已经拥有了整个蒙古高原、中原地区北部以及中亚的一大片领土，为此后残酷的西征奠定了良好的基础。

第三篇

踏遍欧亚大陆的蒙古铁骑

第一章　不识相的摩诃末

和皇帝做生意

攻灭西辽之后，大蒙古国与中亚地区的花剌子模帝国成为邻居。

花剌子模是中亚西部地区的一个国家，大约在公元前6世纪的时候，花剌子模曾为波斯帝国的行省，后波斯帝国远征希腊失败之后逐渐走向衰落，花剌子模又相继隶属于马其顿帝国、贵霜王朝、塔希尔王朝、萨法儿王朝、萨满王朝以及伽色尼王朝等。

大约在1142年，花剌子模归属于塞尔柱帝国的统治，但是西辽与塞尔柱帝国展开决战，塞尔柱大败，花剌子模被迫投降西辽，并承诺向西辽纳贡。直到1200年，新的国王摩诃末继承王位后，花剌子模才开始兴盛起来。为了脱离西辽的统治，摩诃末曾和屈出律联手俘虏了西辽的直鲁古皇帝，并最终得到西辽国西部的西尔河以南地区的领土，大大扩充了自己的实力。

当时与摩诃末一起叛离西辽的，还有撒马尔罕君主奥斯曼·伊本·易卜拉欣。在屈出律夺权之后，摩诃末与奥斯曼联手，将其势力赶出了中亚河中地区一带。此后，摩诃末又带领花剌子模转而攻打奥斯曼，成功吞并撒马尔罕，完全占领了整个河中地区，并乘机向阿富汗等地进攻，最终于1215年成功征服古尔王朝。自此，花剌子模在中亚西部达到鼎盛时期，它的领土包括了今天的伊朗、乌兹别克斯坦、土库曼斯坦、塔吉克斯坦、吉尔吉斯斯坦、哈萨克斯坦、阿富汗以及伊拉克东部和以色列等地区。

早在攻打屈出律之初，成吉思汗就已经注意到了这个拥有的版图足以与大蒙古国抗衡的强大西部帝国。但当时，对于这个让中东地区和欧洲诸国闻风丧胆的花剌子模帝国，他并不十分了解，因此在与它成为邻居之后，成吉思汗决定按兵不动，与它先进行一些友好的接触与相处，实际上就是打算试探一下对方的实力。

成吉思汗派出三位蒙古使臣，带着珍贵的礼物以及一封信件前往花剌子模，拜见了摩诃末国王。在信中，成吉思汗表达了自己愿意与花剌子模成为盟友，互通往来的意愿，他说："摩诃末国王啊，你拥有辽阔的国土和坚实的士兵，我深深地希望能够与你结为朋友。我爱你，就如同爱我的儿子一样。我相信我们同样是爱好和平的人，就让我们两个国家友好往来，相互结亲吧！"

按理说，成吉思汗这封信写得是非常友好的，但当时摩诃末看完信后却勃然大怒，他认为成吉思汗将他比喻为"儿子"是一种侮辱。实际上对于奔放的蒙古人而言，这并不是什么"大不敬"的意思，试想，这个世界上，每个父亲对儿子的爱难道不是最诚恳、最真挚的吗？但正是这样一种认知上的不同，在摩诃末与成吉思汗之间埋下了祸患。虽然后来在手下的劝阻加之对蒙古势力的忌惮下，摩诃末并未当场给蒙古使者难堪，但这次不愉快的接触却给摩诃末留下了挥之不去的怒意。

第一次接触后，花剌子模和蒙古国逐步有了一些生意上的往来。作为马背上生活的民族，蒙古人除了放牧之外几乎不从事其他任何职业，因此他们的其他生活必需品都需要从商人处购买，所以蒙古人非常重视对商人和贸易的保护。

当时，花剌子模国有三个冒险家，他们得知蒙古人金钱意识不强，在买东西的时候十分豪爽，鲜少会与商人讲价后，决定前往蒙古发一笔横财。他们购买了一些金线刺绣的丝绸制品以及一些棉织品，带着这些东西翻越天山，向着蒙古草原去了。

成吉思汗曾有规定，但凡是商人到蒙古草原做生意，都要欢迎他们，并发给他们通行证。但是在边防的时候，商人的货物要接受士兵检查，如果这些货物里有特别珍贵的东西，那么商人就要先带着货品前往成吉思汗大营让他先行挑选。当然，这对商人来说是天大的好事情，因为这意味着他们将会从成吉思汗那里获得一个好价钱。

这三个花剌子模冒险家抵达蒙古草原后，士兵对其货物进行了例行检查，很快发现了那些精美的金线绣丝织品，便将三人和货物都带到了成吉思汗大营里。

成吉思汗一眼就看中了其中一个名叫巴勒乞黑的冒险家带来的金线绣丝绸袍子，便对他说："你所带来的东西我全部买下，你看看出个价钱吧。"

巴勒乞黑一听，心中大喜，打起了自己的小算盘，打算狠狠"敲"成吉思汗一笔，于是报了一个价钱。

他报的价钱是多少我们不知道，但从成吉思汗的愤怒来看，应当是一个极其"狮子大开口"的价钱。成吉思汗在听到这个价钱之后，勃然大怒，当即就令人将巴勒乞黑给抓了起来，并将他的货物全部没收，怒气冲冲地对他吼道："你当我从没见过这些东西吗？就这样的破东西你竟敢说如此高的价钱！"成吉思汗边说边令人将巴勒乞黑带到了自己的库房里，将自己所收藏的珍贵布料丢到他面前。

随后，成吉思汗又查看了其他两个冒险者带来的货物，心中都非常喜欢，便也向他们询问价钱。

这二人一看巴勒乞黑遭了殃，再也不敢贪心，慌忙说道：“大汗说笑了，我们都是因为在花剌子模听说了您的威名，所以特意将这些东西带来孝敬您的，又怎么敢跟您要钱呢?”

成吉思汗非常高兴，当即将所有货物收下，对他们说道：“好了，你们一路辛辛苦苦地来，也非常不容易，每件金丝衣服我都给你们一万钱，可以吧?”

这两人一听，不由得欢欣雀跃，因为成吉思汗所出的价钱早已远远超出了商品本身的价钱，他们纷纷跪地谢恩。但他们也没忘记自己那个贪心的同伴，趁着成吉思汗高兴，急忙又向他求情。成吉思汗看他们并无恶意，便下令将巴勒乞黑释放了，并用同样的价格收购了他的商品。

在这场生意之后，成吉思汗突然意识到，花剌子模有许多的好东西，从而萌生了与他们做生意的念头。但没想到的是，正是这一念头，却招致了飞来横祸。

讹答刺的罪恶

早在成吉思汗率兵初次涉足中亚，征伐屈出律的时候，大蒙古国就与花剌子模有过一场交锋。

当时，成吉思汗的手下大将速不台领兵追击流窜到新疆以西的屈出律部队，当时的战场距离花剌子模帝国非常接近，成吉思汗并不想过早与花剌子模为敌，故而特意嘱咐速不台，如果在打仗过程中遭遇花剌子模的军队，一定要避其锋芒，以免引起两国误会。

速不台一直遵循成吉思汗的嘱咐，在击溃屈出律势力后便立即班师回朝。但没想到的是，摩诃末却率领花剌子模大军对蒙古大军穷追不舍，似有发动攻击的意向。速不台见状后，急忙派遣使者去求见摩诃末，向摩诃末说明一切，希望花剌子模不要参与到战事之中。但没想到的是，摩诃末却将速不台的友好当作了懦弱，当即下令向蒙古军发动进攻，企图从中渔利。

此时的蒙古大军刚经过与屈出律部队的激烈战事，只是一支疲惫之军，摩诃末对其发动进攻，实际上也正是仰仗花剌子模士兵以逸待劳的优势。但摩诃末没有想到的是，这支疲惫的蒙古大军依然体现出蒙古人骁勇善战的特点，给予了花剌子模大军沉重的打击。在这场战斗中，摩诃末险些被蒙古人所俘虏，幸而其子札兰丁及时赶到，才将他救离虎口。

1218 年，为了与花剌子模实现贸易往来，同时也是为了进一步化解曾经的误会与仇怨，成吉思汗派出一支规模庞大的商队和使者，自伊犁河谷向花剌子模行进。

这支商队规模非常庞大，共有 450 人以及 500 峰骆驼，每头骆驼上都驮满了珍贵的货物——无数的金银，以及辽东的人参、云南的宝石、宋朝的瓷器、丝绸以及来自蒙古草原的珍贵皮毛等等。此外，成吉思汗又写了一封信让使者带给摩诃末，信中大概是这样描述的:“我们应该让两国交往的道路畅通无阻，让商人们能够自由往来，安全地进行贸易。从今以后，随着我们关系和友谊的发展，那充满仇怨的脓疮将随之挤除，那些骚乱反侧的毒计也将尽数湮灭。”

可见，这是一支和平的商队，成吉思汗试图以友好的通商来实现与花剌子模帝国的交往。

经过几个月的长途跋涉，这支蒙古商队抵达了花剌子模与蒙古接壤的一个大城市讹答剌，这是他们第一次踏上花剌子模帝国的土地。

讹答剌是花剌子模帝国的东方重镇，位于哈萨克斯坦奇姆肯特市阿雷斯河和锡尔河的交汇处，东面是天山，北面接连俄罗斯钦察大草原，商人从此地起步，东能抵达中国，北能前往伏尔加河，西能到东罗马帝国，这是个非常重要的交通枢纽城市。

蒙古商队进入讹答剌城后，讹答剌的守将亦纳勒术热情地接见了他们。亦纳勒术是国王摩诃末的兄弟，有可能是同父异母兄弟，也有可能是表兄弟，这一点史书上没有详细记载。但可以肯定的是，他是一名皇室成员。

亦纳勒术是个非常贪婪的人，他的封号是“海尔汗”，意思为“权威并且可怕的领主”。正如他的封号一般，他的脾气也十分暴躁，当他看到满载着金银财物的蒙古商队之后，一个残忍而邪恶的念头在脑海中产生了。

为了将这近在咫尺的财富据为己有，亦纳勒术将这支蒙古商队扣押在了讹答剌。与此同时，他派人送了一封信给摩诃末，告诉他自己成功截获了一支来自于蒙古的“间谍”，这队间谍伪装成一个商队，并随身携带了大量的财物，“请示”摩诃末应该如何处置这支“间谍”商队。

亦纳勒术这一招是非常阴损的，他无凭无据，但却在信中一口咬定这支商队是“间谍”，显然已经给蒙古商队定了罪。当摩诃末收到这封信的时候，他正率领花剌子模军队攻打巴格达，且获得了辉煌的战果。这正是摩诃末志得意满的时候，往日与蒙古军队的恩怨，以及成吉思汗对他的“侮辱”顿时纷纷涌上心头，摩诃末完全不想过去查证这一事实，草率地给了亦纳勒术答复：将所有“间谍”全部处死，并没收他们携带的所有财物。

守将贪婪，上主不察，只在一念之间，蒙古商队 449 颗人头落地，只有一人在混乱中得以逃脱，没命地带着血腥的记忆逃回了蒙古大草原……

大汗的愤怒

成吉思汗满怀期待地等待着商队的消息，但没想到，等来的却是一名狼狈不堪、死里逃生的蒙古商人。

这名好不容易从讹答剌监牢中逃回的蒙古商人一见到成吉思汗便匍匐在他的脚下，不住地哭泣着将商队所遭遇的惨况一一告知他们的大汗，并请求成吉思汗为死去的伙伴们主持公道、报仇雪恨。罹难的商队成员家属们听说这件事情之后，都纷纷跑到成吉思汗的大帐前，哭声震彻天地，也震撼了成吉思汗的内心。

众多历史典籍里都记载了成吉思汗听到这一消息时的反应："听着这如此绝望、哀伤的哭声，这个血性的汉子一个人跑到了山顶上，脱掉帽子，把脸贴在冰冷的大地上，祈求长生天给他复仇的力量，他祈祷道：'伟大的主啊，我不是这场这场灾祸的挑起者，请帮助我，赐给我复仇的力量吧！'他在山顶上祈祷了三天三夜，终于下定了复仇的决心。"

毫无疑问，此时的成吉思汗内心必定燃起了熊熊的复仇烈焰，他恨不得立即挥舞着钢刀，率领骁勇的蒙古男儿们向花剌子模讨个公道。最终理智还是战胜了情感，成吉思汗意识到，在这个时间贸然发动西征，对于大蒙古国来说不见得是件好事，因为此时西夏政权阳奉阴违，南宋政权也蠢蠢欲动，中国地区还有大片的领土亟待他去征服。但面对自己臣民的哭泣，面对蒙古商队 449 个亡魂的呐喊，他绝不能够无动于衷，花剌子模人需要为他们的罪行给出一个交代！

在多番考量之后，成吉思汗决定给花剌子模最后的机会。他派遣了三名使臣前往花剌子模觐见摩诃末，希望他能够交出凶手，给冤死的蒙古商队一个交代。使臣向摩诃末转达了成吉思汗的口信，成吉思汗说："你曾与我有过约定，保证两国商队的友好往来。但你今日的所作所为，却违背了我们之间的约定，枉为一国之主！如果讹答剌的罪恶并非你的授意，希望你能将那胆大妄为的守将交出来，让我对他施以惩罚，否则的话这场战争恐怕不可避免了！"

成吉思汗此时还不希望挑起战争，他希望摩诃末能够重视这件事情，并抓住这一次机会，将那残忍贪婪的守将交出。但可惜的是，狂妄的摩诃末并不打算向成吉思汗低头，他不仅没有交出兄弟亦纳勒术，反而决定给成吉思汗一个"下马威"。

当时成吉思汗派遣前去的三个使臣中，有一名本就是花剌子模人，另外两名则是塔塔儿人。摩诃末将那名花剌子模人处死，并称他背叛了自己的国家；而对那两个塔塔儿人，摩诃末则下令剃光了他们的头发和胡须，作为对他们的羞辱，然后将他们放回蒙古，特意要给成吉思汗点颜色看看。

胡须对于蒙古男人来说是非常重要的，不同年龄和不同身份的男人所留的胡须样式按照约定俗成的规则来说也有所不同。例如到了 25 岁的男人一般留上嘴唇的胡须，胡须的两端最好搓成略往上翘的样子，这种胡须被称为"老虎胡须"，意味着年轻力壮；到 37 岁之后，男人就被认为进入了一个成熟阶段，此时可以开始留下巴的胡须；等到了 49 以后便能考虑开始留络腮胡；进入 60 岁以后，胡须则顺其自然生长，不加修饰，注重"五缕全胡"，即两腮、下巴、上唇胡须下垂两角，这是一种德高望重的标识。因此，作为一个成年的蒙古男人，没有胡须往往会遭到众人的耻笑，这对于蒙古人来说是一种侮辱。

摩诃末的狂妄自大彻底激怒了成吉思汗，他顿时拍案而起，愤慨地对众人说道："我将要踏平花剌子模的土地，砍去那摩诃末的脑袋！"

成吉思汗的愤怒预示着又一场残酷战争的到来，这一次，战刀将向着花剌子模帝国高高举起。

在历史上，有一部分人认为，讹答剌的事件并非成吉思汗发动西征的真正原因，早在征讨中原地区的时候，成吉思汗就已经对花剌子模帝国虎视眈眈，此次事件不过是给了成吉思汗一个借口，即便没有发生这件事情，蒙古大军的西征步伐也绝对不会停下。

瑞典一名汉学家多桑就曾评论说："花剌子模繁荣富庶，不免会引起这些游牧民族的贪婪之心，没过多久，蒙古人就找了一个借口，对花剌子模发动了侵略战争。"

显然，多桑认为，真正刺激成吉思汗将战刀指向花剌子模的，并非那冤死的 449 条人命，而是花剌子模的富庶和繁荣。但无论成吉思汗是否对花剌子模早有觊觎之心，讹答剌的罪恶事件也必然对成吉思汗造成巨大影响，让他下定决心发动西征，没有任何一个君主能够忍受自己的权威遭到无视和羞辱！

嗣位之争

征讨花剌子模无论对于成吉思汗还是大蒙古国来说，都是一场非同寻常的战争，这将是成吉思汗率领蒙古大军第一次真正走出蒙古大草原的范围，并进入一个他们完全不了解的世界。更为重要的是，当时花剌子模帝国的军队从数量上来说，比成吉思汗的军队占据了绝对的优势，这注定是一场危机四伏的艰苦战役。

在成吉思汗决定西征之后，他的宠妃也遂皇后不无担忧地对他进言："大汗啊，您这一去便是千山万水，长途远征，不知将要花费多少时日。您可曾想过，如果……如果不幸降临在您的身上，又该由谁来继承您的遗志，带领着大蒙古国继续向前迈进呢?"

也遂的话说出了众人心中都有所担忧却不敢说出的重点，成吉思汗听后觉得也遂说的非常有道理，这是一个十分现实的问题，容不得他逃避。于是，成吉思汗决定在西征之前决定好自己的继承人，以免将来自己的儿子们为此争抢不休，坏了兄弟感情。

在古代，一般来说只有嫡出的子嗣，也就是正妻生的儿子才有资格继承家业，因此成吉思汗将自己的正妻孛儿帖皇后找来，将也遂的一番话告知了她。孛儿帖听后非常赞成立嗣的想法，人生总是祸福难料，此次西征又凶险非常，早做打算确实是明智之选。

成吉思汗与孛儿帖一共生了 4 个儿子，即术赤、察合台、窝阔台以及拖雷。按照时间来推算，当时窝阔台大约 32 岁，其他几个兄弟也都正值壮年，且个个骠勇善战，成吉思汗夫妇一时之间也拿不定主意应该选谁来做汗位的继承人。

几经思索之后，孛儿帖皇后对成吉思汗说道："我们的 4 个儿子都是草原上英勇的战士，都是非常出色的人才，实在难以抉择。不如便以长幼之序来选择继承人吧，术赤是大汗你的长子，跟随你南征北战，人生阅历也比其他几个孩子要丰富得多，我相信，术赤一定能够成为大汗你合格的继承人。"

听了孛儿帖皇后的话，成吉思汗却沉默了。我们知道，孛儿帖曾被蔑儿乞人掳走，术赤正是大约在那一段时间怀上的，因此对于他的血统问题，众人一直有所议论，虽然成吉思汗从未言明过此事，但心中显然对此也不能完全释怀。

孛儿帖皇后是何等聪明的女人，一看成吉思汗的反应便知道他心中所想，不由暗暗在心里叹了口气，随即又轻声对成吉思汗说道:“不如听听儿子们的意见吧，既然继承人是从他们之中选择，就该也让他们说说自己的想法才是。”

成吉思汗默默地点了点头，将4个儿子召唤到自己的大帐中，将立嗣之事粗略地对他们说了一遍，然后对长子术赤说道:“术赤，你是大哥，你先说说看你的想法吧!”

结果术赤还没发话，老二察合台却站了出来，大声嚷道:“大汗，您不会是想让术赤继承汗位吧?哼!难道大家都忘记了，术赤可是蔑儿乞人的野种!这样的人怎么可能有资格继承汗位呢!”

听到察合台毫不客气的话语，术赤顿时气得面红耳赤，一把抓住察合台的领口，怒喝道:“大汗都不曾这样说过我，你作为我的弟弟，凭什么这样血口喷人!”

察合台丝毫不打算退让，也抓住了术赤的衣服，冷笑道:“凭什么?这难道还需要什么凭证吗?你究竟是哪里来的野种，整个蒙古汗国的人都一清二楚!还需要什么证据!”

察合台所说的话刺痛了术赤的心，同时也让成吉思汗非常难堪。这件事曾一直困扰着成吉思汗，却始终难以定论，而且在术赤的成长过程中，这件事也一直如影随形，如同乌云般笼罩在他的心头。

看着两个儿子扭打在一起，成吉思汗心中一阵烦闷，往事顿然涌上心头。当年妻子孛儿帖被俘，他是需要负重大责任的，若不是他将妻子丢弃在营地，又怎么会让她落入蔑儿乞人的手中，遭受到这样的耻辱。想到这里，成吉思汗大手一挥，大声说道:“够了!察合台，术赤是你的哥哥，你怎么能够如此说他！术赤就是我的儿子，是你们的哥哥！今后谁也不许再提这件事情！”

这是成吉思汗第一次公开声明术赤的出身问题，察合台见状也不再纠缠，但脸上的表情却始终不太好看，始终无法接受身份不明的术赤成为成吉思汗的继承人。于是在沉默片刻之后，察合台又找理由说道：“对于术赤的本领和力气，我是非常认可的，我和术赤都能够成为大汗你在战场上的好帮手。但至于继承人，我推举三弟窝阔台，他为人敦厚，必然能够成为合格的大汗。”

察合台对窝阔台的支持究竟有几分诚恳此时还非常难说，但他打定了主意不能让术赤成为汗位继承人，因此他也不能毛遂自荐，将自己推为候选人，否则将会让人以为他针对术赤是为自己谋利益，所以只能将弟弟窝阔台给推出来了。

成吉思汗听察合台这么说，若有所思地看向术赤：“那术赤你是怎么想的呢？”

对于察合台的阻挠，术赤心中非常郁闷，但此时又不能发作，只得说道：“既然察合台都这么说了，儿子当然也愿意和他一起为蒙古效力，并推举三弟窝阔台成为汗位的继承人。”

成吉思汗笑道：“何须你们一起啊！这个世界拥有广阔的山河，完全能够分封给你们广大地域各自去镇守！只是希望你们铭记今天的誓言，不要让天下人耻笑啊！”

随即成吉思汗又看向一直坐山观虎斗的三儿子窝阔台，问道：“老三，你的心中又有什么想法呢？”

窝阔台怎么也没想到，因为大哥二哥之间的争斗，这好处自然而然就落在了自家门口，心里自然万分欣喜，但面上却没有显露太多，而是不紧不慢地说道：“话已至此，我还能再说什么呢？若是推却，说自己不行，岂不是辜负了大汗和两位哥哥的期望吗？今后我会尽全力去做好的，只是唯恐我的子孙后代中出了那种扶不上墙的无用之人啊！”

窝阔台这一番话看似谦虚，但实际上却是深谋远虑的，不仅考虑到了自己做大汗，甚至还考虑到了自己的子孙后代做大汗，显然是当仁不让了。

听窝阔台这么说，成吉思汗点了点头，又问小儿子拖雷：“窝阔台既然这么说，那就是没问题了。拖雷，你还有什么需要说的吗?”

拖雷一想，此事相当于是已经板上钉钉了，自己还有什么可说的呢，于是表态道：“我愿意做三哥的左右手，时刻提醒他忘记的事情，在危难时叫醒沉睡的他，听从他的诏令，为他征战四方！”

拖雷的一番话让成吉思汗和窝阔台都十分高兴，成吉思汗一拍大腿，说道：“好了，那这件事情就这样成了！至于窝阔台，若是以后你家真的出了那样扶不上墙的不肖子孙，你的三个兄弟，以及几个伯父家，难道还找不到一个英勇的战士来继承汗位吗?”

成吉思汗的一番话既确定了窝阔台的继承者地位，同时也变相地给了窝阔台一个提醒：这个汗位上容不得无能之辈，无论你还是你的子孙有所差池，等着替换的候选人多的是！

解决嗣位问题之后，成吉思汗将所有注意力再次放到了西征的准备之上。

大战来临之前

成吉思汗吹响了战争的号角，大蒙古草原上的勇士鱼贯而来，驱策战马响应大汗的诏令。平民百姓也积极贡献出自家的干粮，支持军队为无辜的蒙古商队报仇雪恨。

当时的蒙古帝国依然过着“逐水草而居”的游牧生活，士兵们较为散乱地分布在蒙古草原上，成吉思汗一边向本汗国的兵马发出召集令，一方面派遣使臣到其他部落和归附的国家请求支援，试图将整个蒙古汗国的力量集中起来，全力对抗强大的花剌子模帝国。

大多数部落和属国都响应了成吉思汗的号召，但其中也有不太合作的伙伴，比如西夏国。

据说成吉思汗所派遣的使臣抵达西夏国后，拜见了西夏国王，并转达了成吉思汗的话：“当初你曾答应成为我的左膀右臂，现在我将率领我的士兵进行西征，向遥远的花剌子模帝国复仇，请你们和我一同出发，实践当初的诺言吧！”

西夏国王却没有发话，看着使臣，一副若有所思的样子。这个时候，西夏国一员大将阿沙敢布对使臣吐了口唾沫，并傲慢地说道：“既然你们能力不足，又何必非要称汗，还要去招惹人家呢？简直就是自找麻烦！别指望我们西夏国会与你们一起陪葬！”

其实西夏国在投降蒙古之后，国内势力就分为了两派，一派主张投降，一派则主张抵抗。西夏国王自然是投降派，而阿沙敢布等军事将领则大多是抵抗派。在派别斗争之中，由于抵抗派大多是手握兵权且个性强悍的人，因此他们很快脱颖而出，甚至在一定程度地架空了西夏国王的势力。

花剌子模是当时赫赫有名的强国，西夏人通过分析当时的形势，笃信蒙古人此次西征凶多吉少，因此抵抗派的官员才敢如此嚣张地反抗蒙古使臣，而国王显然也默许了这一行为。

使臣被西夏国羞辱之后悲愤交加，一回到蒙古就添油加醋将事情上告给成吉思汗。此时，成吉思汗对花剌子模一事还未消气，又听到了西夏国的无礼和背叛，不由得怒火中烧，当即召集部属开了一次军事会议。

对于此事件，蒙古将领们也持有两种不同的意见：一些人认为，应该立即出兵去修理这个目中无人的西夏小国，让他们瞧瞧大蒙古国的威力，然后再准备西征；另一些人却认为，此时蒙古最大的敌人是强大的花剌子模，不应该在西夏方面浪费兵力，应该先集中力量攻克花剌子模之后，再转而去教训西夏。

此时的成吉思汗对西夏国的态度是非常愤怒的，但经过一番慎重的思考后，他压下了自己的愤怒，对众将领说道："现在出兵去教训西夏小国有什么难的？但如今，我们最强大的敌人是花剌子模，不应浪费兵力在其他事情上。如果腾格里庇佑，让我消灭了花剌子模，那么回军之后，必然向西夏讨伐！"

1219 年春，成吉思汗在阿尔泰山下聚集了本部约 12 万兵马。据记载，当时大蒙古国的全部兵力在 15 万上下，此次出征，成吉思汗可谓倾巢而出。

6 月，西征军在阿尔泰地区的额尔齐斯河上游举行了盛大的誓师大会，成吉思汗手下最为重要的谋臣之一耶律楚材将此次誓师的情况记载成文字，他是这样描述的："车帐如云，将士如雨，牛马被野，兵甲辉天，远望烟火，连营万里。”可见其声势之浩大。

誓师大会结束后，成吉思汗令弟弟帖木格留守蒙古大本营；令后妃忽兰伴驾出征；令哲别所率军队为先锋部队，之后是速不台所率兵马，继而是脱忽察儿所率兵马；同时令术赤、察合台、窝阔台以及拖雷随行。蒙古大军浩浩荡荡地向花剌子模帝国挺进，一场空前盛大的战争缓缓拉开了帷幕。

第二章　出征中亚

摩诃末的策略

对于这场空前的战役，我们可以先从三个方面来了解大蒙古国与花剌子模之间的实力对比。

首先，从两个国家的统治者说起。

大蒙古国的统治者是成吉思汗，成吉思汗虽然出身于蒙古贵族家庭，但幼年时期却因父亲遭遇不幸，失去了家族的支柱，一家人数次陷入困境之中。成吉思汗可以说是真正意义上的白手起家者，他依靠自己的力量逐步征服了蒙古各部落，并进一步攻向金朝、西夏，作为大蒙古国的开国皇帝，成吉思汗的实力是毋庸置疑的。

而摩诃末并不是花剌子模的开国皇帝，但他的实力同样不容小觑。摩诃末并非一个白手起家的“创业者”，他的祖先早已为他创立了一个强大的花剌子模帝国。在接收这个帝国后，他在祖先的基础上开疆拓土，并成功脱离了西辽的统治。往东，他占据了中亚两河流域最为富饶的土地；往西，他率领花剌子模军队一直打到了伊拉克；往北，高加索山脉的阿塞拜疆也落入他的统治。可以说，摩诃末的能力并不亚于当年统一中国的秦始皇。

其次，从两个国家的版图说起。

在西征之前，大蒙古国的版图已经十分广阔，东起辽东半岛，西至新疆一带，南达黄河中下游，北则一直到西伯利亚。

而花剌子模的帝国版图也是非常惊人的，东起新疆一带与蒙古接壤，西抵伊拉克，南到阿富汗，北延伸至俄罗斯南部。

可见，单从帝国版图来说，双方不相上下，且都地域广阔，令人叹为观止。这样的两个帝国一旦杠上，必定尘嚣四起、地动山摇。

最后，从两个国家的军队情况说起。

从数量上来说，成吉思汗的西征队伍有 15 万至 20 万人，其中包括大约 12 万上下的蒙古本部军队，以及一部分数量不详尽的外援部队，全部都属骑兵；而花剌子模同样也是骑兵，但数量高达 40 余万。从人数上来说，成吉思汗大军显然占据了绝对的劣势。且作为远征军的蒙古大军还将是疲惫之师，而花剌子模大军则完全可以以逸待劳。

从士兵的身体素质来说，成吉思汗所率领的士兵绝大多数是蒙古人种，而花剌子模的士兵则主要是突厥人种，两个种族实际上属于近亲关系，但突厥人总体上比蒙古人更加高大强健，因此若从单兵作战方面来看，突厥人更占优势。

从各个方面的硬件条件对比来看，花剌子模似乎稍占优势，但在战争中，除了硬件条件的比拼之外，软件条件同样具有决定性的作用。最后的胜利果实究竟将花落谁家，还是一个未知数。

1219 年秋，成吉思汗大军经别失八里、不剌（今新疆博罗市），并通过铁木儿忏察（今果子沟）至阿力麻里，西行渡伊犁河，由海押立向花剌子模挺进，经过层层艰难险阻抵达花剌子模边境。

得知成吉思汗大军压境，摩诃末心中却并不紧张，因为此时的他还不曾见识过蒙古大军的威力。摩诃末迅速集结了 40 余万的军队抗击蒙古，从数量上来说，这是成吉思汗大军的两倍之多。由此，我们大约也能知道，摩诃末的自信究竟源自何处。

为了尽可能地避免伤亡，摩诃末并不打算与成吉思汗进行一场酣畅淋漓的大决战。他决定据守城池，坚壁清野。

从理论上来说，摩诃末的这一战略是非常有道理的，蒙古大军远道而来，必是人困马乏，加之路途遥远也难以保证粮草供应。而花剌子模拥有坚固的城池作为根据地，以逸待劳，粮草充足，只要据守不出，待到蒙古大军萌生退意之际再一举出战，必定能将他们打得人仰马翻。

可惜的是，摩诃末并不了解蒙古军队。在成吉思汗决定西征之前，蒙古军在征讨西夏以及金国的数次战役中已经逐步掌握了丰富的攻城经验。想当初，金中都那样固若金汤的城池都能被蒙古人的铁骑踏破，可见起初不擅攻城的蒙古士兵已经在战争中有了令人惊异的成长。

摩诃末的策略如果对付的是不曾经历过战火洗涤，只限于草原作战经验的蒙古士兵，必定能够取得好的效果，但可惜，他将要面对的是一群早已身经百战、多次游走于中原城池的蒙古铁骑。正所谓“知己知彼，百战不殆”，摩诃末却从未了解过蒙古士兵，只依靠自己的臆测纸上谈兵，又怎么可能在这场战争中拔得头筹呢?

在决定了自己的作战策略之后，摩诃末将 11 万余人的主力军分别布置在新都撒马尔罕以及旧都玉龙杰赤两地进行布防；战略预备部队则主要负责镇守不花剌城；其他部队分散在各个重要城池进行防守。撒马尔罕、玉龙杰赤以及不花剌是花剌子模最重要的三个城市，是全国的政治经济以及文化中心，相当于现在中国的北京、上海和广州。

摩诃末分散兵力进行驻防的对策其实正中成吉思汗下怀，在两军对战之初，成吉思汗最为忌惮的就是摩诃末所拥有的士兵在数量上远远超过他所率领的蒙古大军。但现在，摩诃末将兵力分散，这就意味着在攻打单个城池的过程中，摩诃末完全失去了兵力数量上的绝对优势。因此，成吉思汗决定集中兵力，逐个击破，而首当其冲的自然就是那个犯下了滔天罪恶的边境之城——讹答剌。

向讹答剌复仇

讹答剌城是成吉思汗打算攻伐的第一个城市，这里埋葬着带着友好和诚意的蒙古商队，每一个蒙古士兵都不会忘记，就在数月之前，他们的伙伴因一个花剌子模人的贪婪而丧命于此，他们将在这座城池点燃复仇的火焰!

关于当时的情形，波斯历史学家志费尼在《世界征服史》一书中是这样记载的:“他们兵临讹答剌城下，杀气腾腾，连闪电也不敢向前迈步，霹雳也不敢高声布道。天变蓝，地变黑，大海因金鼓齐鸣而沸腾。他（成吉思汗）用手指向原野上的人马——一支无穷无尽的军旅。”

在成吉思汗大军抵达之前，摩诃末已经猜到，作为这场战役始作俑者的讹答剌将会成为蒙古人的第一个攻击目标，于是他增派了5万兵马前往讹答剌，协助亦纳勒术一起守城。5万兵马出发不久后，摩诃末左思右想还是感到不放心，便又派遣手下大将哈喇察率领1万兵马前往讹答剌进行增援。

亦纳勒术也丝毫不敢松懈，督促军队将讹答剌的城墙加高，并对城堡进行了整修。为确保万无一失，他还下令在城外修建了一道作为外部防守的壁垒，在城中也囤积了足够的军用物资。此刻他的心中充满了忐忑，他不知道一支满载着仇恨的蒙古士兵究竟有多大的力量，只能祈求讹答剌的城池坚不可摧。

蒙古大军在成吉思汗的率领下兵临城下的那一刻，亦纳勒术正站在高高的城墙上，低头看着如潮水般从四面八方奋勇而至的蒙古骑兵。虽然他已做好一切准备，且相信他所修筑的城池固若金汤，但此刻，面对着杀气腾腾的敌军，他的心底还是生出了一丝怯意，不由自主地用嘴咬住了自己的手背。

但让人意外的是，接下来的几天里，远道而来的蒙古人并未立即向讹答剌城发动进攻，他们在讹答剌城周围的草原上安营扎寨、放羊牧马，一副似乎想要在此地安家常驻的样子。更让亦纳勒术感到不解的是，蒙古大军甚至还没有发动攻击，就有几股为数不少的部队离开了，向着不同的方向而去。

这是内讧吗？是退缩了吗？还是有什么阴谋呢？

实际上，蒙古大军安营扎寨放羊牧马是他们作战的一贯作风。作为一支游牧民族，蒙古人在发动远征的时候，往往都要赶着羊群和马匹一起前行，这些牲畜实际上正是他们的“军粮”来源。士兵感到饥渴的时候，马奶和羊肉就是他们的食物。因此，当遇到坚固的城池，需要耗费大量时间进行围困的时候，蒙古士兵就会先在附近的草原上放牧，以保证粮食的供给。亦纳勒术等花剌子模人对蒙古军的情况一无所知，见到这样的情形自然是丈二和尚摸不着头脑了。

而关于离开的军队，事实上是成吉思汗在讹答剌城观察之后，认为攻打这样一座小小的城池根本不需要浪费这么多的兵力；于是，决定兵分三路：二子察合台和三子窝阔台率军继续围困讹答剌；长子术赤率领一部分军队向周围的小城市发动进攻；自己和幼子拖雷则分兵取中路，渡锡尔河，向西南方向的另一中心城市不花剌挺进。

接下来的 5 个月里，亦纳勒术经历了人生之中最为黑暗而痛苦的时期。

原本亦纳勒术大修防御工事所期望的是，蒙古大军久攻不下城池之后会自动退兵，或因军粮供应不足等原因身心俱疲。但他没想到的是，蒙古人早已做好了打长期战斗的准备，甚至把“家”都搬到了战场上。他们如同在家乡一般，怡然自得地放羊牧马，同时又坚持不懈地向讹答剌城发动进攻。5个月过去了，虽然依旧未能攻下讹答剌，但这似乎对蒙古大军高昂的士气没有任何影响。

亦纳勒术却不同，在这5个月里，恐惧时时笼罩在他的心头，让他日夜难以安寝。试想，你的敌人从四面八方包围了你，并且表现出惊人的耐性和毅力，丝毫没有退缩的打算，这是一件多么可怕的事情，这和坐牢几乎没有什么分别。

在这5个月的数次战争中，亦纳勒术和他所率领的花剌子模军队也见识了蒙古人的攻城能力，他们拥有巨大的攻城利器——抛石器。蒙古将领一声令下，排成一线的抛石器开始运转，漫天的石块向着城墙飞来，沉重地敲击在城墙上，而守城的士兵一旦被石块砸到，非死即伤。

比石块更恐怖的是蒙古人的新式武器——火药。蒙古人将引火球、蒺藜火球、毒药烟球、霹雳炮、雹天雷等众多火药武器放在抛石器上，送上讹答剌的城头，一时之间，高高的城楼上烈焰冲天，弹片横飞，爆炸声混合着士兵的哀嚎声，震彻天地。

面对这些闻所未闻的进攻武器，以及骁勇剽悍、满怀仇恨的蒙古士兵，花剌子模人又怎能不感到恐惧。在日日夜夜的煎熬中，这种恐惧逐渐演变成绝望。摩诃末派遣来协助亦纳勒术守城的将领哈喇察最先动摇了，不断劝说亦纳勒术向蒙古人投降，将讹答剌城献出，以保住城中军民的性命。

亦纳勒术同样很恐惧，但他也非常清楚地知道，一旦投降，自己只有死路一条，蒙古人的复仇火焰最终会将他吞噬殆尽。因此，亦纳勒术毫不犹豫地拒绝了哈喇察的投降主张，并摆出一副大义凛然的样子斥责哈喇察:“如果我们不忠于我们的国家，不忠于我们的人民和我们的国王，我们还有什么颜面留存世上呢？日后我们又该怎样去回应穆斯林的谴责！”

见亦纳勒术说得如此冠冕堂皇，哈喇察顿时无话可说，但他却不打算牺牲自己的性命和讹答剌城一起陪葬。当天夜里，哈喇察率领着自己带来的一万兵马打算偷偷出城逃跑，但没想到的是，他才刚打开城门，就迎面遇上了前来进攻的蒙古军。

一见到哈喇察所率领的花剌子模军，蒙古人顿时喜出望外，怎么也没想到，这久攻不下的壁垒，倒被花剌子模人自己给打开了缺口。蒙古士兵叫喊着一拥而上，如饿虎扑羊般扑向了毫无准备的哈喇察大军，不到片刻便将这只军队尽数俘虏，并迅速攻入了讹答剌的外城。

哈喇察被带到了察合台和窝阔台的面前，他跪地求饶，希望能向蒙古人投降。察合台见到哈喇察的丑态，鄙夷地冷笑道：“你既然能背叛你的主人，将来必然也会背叛我们，我们又怎么可能留下你呢？”

随后，哈喇察和他所率领的士兵全部被处死。对于叛徒，蒙古人向来不留情。

外城失陷之后，亦纳勒术带着残余的两万士兵躲进了内城，抱着一种鱼死网破的心态和蒙古军队又抵抗了一个多月。但奇怪的是，亦纳勒术没有集中兵力进行突围，反而将两万士兵化整为零，每次只派出一支大约 50 人的小队出城与蒙古军战斗，这无异于将弱小的绵羊丢进凶恶的狼群之中。在这样的消耗之下，亦纳勒术几乎失去了全部的抵抗能力，最终成为蒙古人的俘虏。

察合台和窝阔台令人将这个罪魁祸首送到成吉思汗面前，成吉思汗令人将白银熔化，将这些滚烫的液体倒进亦纳勒术的眼睛和耳朵里，让这个贪婪残酷的人带着他所喜爱的钱财落入地狱！

占领讹答剌后，蒙古大军进行了残酷的烧杀抢掠，除了有手艺的工匠之外（对于蒙古人来说，工匠也是一种珍贵的战利品），他们处死了城中所有的男人，并将整个城池全部拆毁，夷为平地。这座原本繁华辉煌的城市就这样在蒙古人仇恨的火焰之中变成一片荒原。

术赤的怒火

在察合台和窝阔台率军攻打讹答剌的同一时间，成吉思汗的长子术赤正率领另一路军队向速黑纳黑城（今哈萨克斯坦契伊利东南）挺进。

抵达速黑纳黑城后，术赤决定先派遣使臣哈散哈只前往劝降。哈散哈只是一名阿拉伯商人，很早就归附了蒙古人，深得成吉思汗的信任。

在蒙古军队中，像哈散哈只这样身份的穆斯林有很多，他们和犹太人一样，热衷并且擅长贸易，他们经商的触角很早就已经深入了蒙古草原。早在成吉思汗还没有统一蒙古草原的时候，他的麾下就已经集结了许多穆斯林商人，哈散哈只便是其中一个。根据《蒙古秘史》记载，早在1203年，成吉思汗身边就已经有了哈散哈只的活动身影："从那里，成吉思合罕迁移到巴勒诸惕海子地方去居住。在那里住下以后，豁罗剌思族人搠斡思察罕带领着豁罗剌思族人前来投降。又有从汪古惕部人阿剌忽失的吉惕忽里那里带来一千只羊，向住在额尔古纳河附近的居民收买貂鼠、青鼠的撒儿塔兀勒人阿三骑着白骆驼，赶着羊，来到巴勒诸惕海子饮羊。成吉思合罕和他相逢了。"

这一段记载中所提到的"阿三"指的正是哈散哈只。他是最早归附到成吉思汗帐下的穆斯林商人，可想而知，他在蒙古军中的地位必然十分重要。

作为一名走南闯北的商人，哈散哈只可以说是相识满天下，加之他与当地人又都同属于一个教派，因此术赤委派他担任这一重要职责，希望他能够通过与当地人之间的亲密关系说服他们投降蒙古。

但令人意外的是，哈散哈只才刚刚进入速黑纳黑城，甚至还没来得及和城中的当权者对话，就被一群无知的愚民和恶棍给打死了。

术赤得知哈散哈只的死讯后，不禁怒火中烧，当即就下令大军攻城。在术赤的指挥下，蒙古大军保持着战斗队形，不分昼夜地对速黑纳黑城发起进攻。速黑纳黑城本就是个小城池，镇守的士兵也不算多，很快就无法抵挡蒙古人的攻势，落了下风。

经过七天七夜的奋战，蒙古军队一举攻破城池，杀入了速黑纳黑城。为了替哈散哈只报仇，同时也给花剌子模人一个威慑和警告，术赤毫不留情地下令进行残忍的屠城，致使速黑纳黑城血流成河。随后，术赤将这座城池交给了哈散哈只的儿子进行管理，以慰藉哈散哈只的在天之灵。

攻破速黑纳黑之后，术赤继续率领大军向前挺进。

此时，术赤在速黑纳黑城的残忍屠戮行为已经传到了附近的毡的城，毡的城守军将领忽都鲁大为惊惧，当得知术赤的大军已经向着自己步步逼近后，他毫不犹豫地丢下了满城百姓，带领军队连夜弃城逃跑。

忽都鲁带领守军望风而逃的消息很快就被术赤得知了，术赤非常高兴，委任成帖木儿为使臣，前往毡的城劝降。成帖木儿抵达城中后，向城中百姓传达了术赤的意思，劝说他们放弃抵抗，投降蒙古。此时，毡的城中已经是一片混乱，当家作主的人早已逃跑，人们开始乱成一团地发表自己的意见，谁也不愿意退让。争执愈演愈烈，人群中发生了骚乱，一些激进分子怒气冲冲地举着武器，试图将蒙古使者成帖木儿杀死。

见情况不妙，成帖木儿心中大骇，但表面上依旧装出一副镇定的样子，他缓缓地开口，向群情激奋的人们讲述了速黑纳黑城因杀害使者而惨遭屠城的经过。激愤的百姓开始有所退缩，虽然他们依旧叫嚷着，但却没有一个人敢率先动手。接着，成帖木儿又发表了一通恩威并施的演讲，许诺只要城中百姓投降，蒙古军必然不会伤及他们的性命，人们激动的情绪渐渐平复下来。最后，在成帖木儿的再三保证下，城中百姓才放他回去。

成帖木儿一回到军中就向术赤报告了城中的情况，在得知城中百姓依旧不肯投降后，术赤只得下令发动进攻。

得到命令后，蒙古大军当即紧锣密鼓地展开行动，他们填平了毡的城外的战壕，并开始在城墙下架设攻城器械，不久巨大的抛石器和高耸的云梯已经一字排开。

此时，城中的百姓们却全然不知蒙古人在做什么，他们并非正规的军队，根本没有任何战斗经验，他们是只单纯地认为，毡的城的城墙高高耸立，只要城门不开，蒙古人无论如何都是不可能进来的。

在这样盲目的自信下，毡的城百姓根本没有做任何的战斗准备，直至蒙古人顺着云梯从四面八方爬上城头，涌入城中的时候，这些居民才意识到情况危急。但事已至此，再做任何事都是徒劳的了，蒙古大军不费吹灰之力便成功占领了毡的城。而这场战斗也奇迹般地没有任何伤亡。

毡的城的百姓们虽然没有主动投降，但由于他们实际上也没有实施任何抵抗，因此术赤决定对这些人网开一面，他只将几个当初意图伤害成帖木儿的激进分子处死了，并将其余居民赶出了毡的城。随后，蒙古人将毡的城洗劫一空，术赤把这座城池交给一个名叫阿里火者的人进行管理，阿里火者本是花剌子模人，但很早就已经投靠蒙古。后来阿里火者在蒙古人的支持和信任下一直管理毡的城，一直到他去世。

将刀子挥向不花剌

在成吉思汗大军杀向不花剌城的途中，有一座名叫匝儿纳黑的小城市挡住了去路，这个小城市在成吉思汗眼中无异于一个芝麻绿豆大的地方，若不是它处于通往不花剌城的必经之路上，成吉思汗是断然看不上它的。

当蒙古大军如潮水般涌来的时候，匝儿纳黑的军民都吓坏了，呆愣半晌之后才纷纷躲进城中，紧紧关闭了城门。这里不过是个小地方，军备力量也薄弱得几乎可以忽略不计，百姓们更是从来没有见识过这等阵仗，一时之间都不知该如何反应，只能忐忑地等待着蒙古人宣布他们的死期。

动手之前，按照以往的惯例，成吉思汗派出一名使臣前去说降。这一次成吉思汗所派出的使臣名叫答失蛮哈只卜，是一个穆斯林。

答失蛮哈只卜进入匝儿纳黑城之后便向城中百姓宣布了成吉思汗的意思，劝说他们献城投降。城中的百姓都非常忐忑，他们深知仅凭着薄弱的军备力量，是绝对不可能抵御住蒙古人的进攻的，但同时他们又担忧，即便投降了，恐怕也不一定能保住自己的性命，毕竟蒙古人凶狠残暴的名声早已在外。

就在大部分都犹豫不决的时候，一些人突然在人群之中高喊起来："杀死这个蒙古人！这是我们的国家！要让所有蒙古人都滚出去！"

听到这一口号，众人的爱国之心顿时被激起，百姓们开始骚动，呼喊声也随之越来越大。答失蛮哈只卜一看，事态已经快要失去控制，心中不由一阵慌乱，但他知道，这个时候绝不能表现出一点点的退缩，否则自己的性命肯定是保不住的。于是，答失蛮哈只卜鼓足了劲儿对着骚动的人群怒吼道："谁说我是蒙古人！"

听到这声怒吼，大家都呆住了，视线全都集中在答失蛮哈只卜身上。他顿了顿，接着大声说道："我并不是蒙古人！我与你们一样，是穆斯林的儿子。我对你们是绝无恶意的，我之所以会在这里，完全是感知到真主的指示。我奉成吉思汗的命令前来，是要将你们从死亡的深渊之中拯救出来！你们难道不知道自己所面对的敌人是谁吗？是成吉思汗，拥有着所向披靡军队的蒙古大汗！你们若是决定与他对抗，片刻之间，匝儿纳黑城就将被夷为平地，而你们的血液也将如同河流一般淹没原野。但如果你们愿意用你们聪明的头脑去思考，用你们持重的耳朵来听从忠言和劝告，服从成吉思汗的旨意，你们的生命和财产必将得到保全，这难道不是你们所希望的吗！"

这番话顿时让激愤的人群安静下来，他们开始在脑海中反复思量。最终，绝大多数的百姓都决定向蒙古人投降，其余一些人则依旧惴惴不安，怀疑着眼前这个蒙古使臣的承诺。见此情形，答失蛮哈只卜立即在众人面前发誓，若是他的誓言有丝毫虚假，愿意接受真主的惩罚，这才稳定住了那些摇摆不定的人。

语言的力量是非常伟大的，答失蛮哈只卜在危急时刻的一声怒吼阻止了一场原本即将到来的战斗和屠杀。他成功地劝降了匝儿纳黑城，从另一方面来说，他的舌头拯救了许多人的性命。首战告捷让成吉思汗非常高兴，他拆毁了匝儿纳黑的城堡，将青壮年战斗力编入自己的军队，并按照约定没有伤及城中任何一人的性命。为了纪念这一次兵不血刃的胜利，成吉思汗将匝儿纳黑城改名为"忽都鲁—八里"，意思是"幸福之城"。

在拿下匝儿纳黑城之后，成吉思汗大军向另一座通往不花剌路上的小城讷儿城挺进。讷儿城与匝儿纳黑一样，是处于通往不花剌的必经之路上的一座小城池，军备力量十分薄弱。

成吉思汗的先锋部队率先抵达了讷儿城，他们假装成普通的老百姓，到树林里砍伐木头，并将砍下的木头做成梯子，趁着夜深人静之际悄然靠近讷儿城。当守城的士兵反应过来的时候，这支蒙古先锋部队已经握着武器爬上了城墙。

此时，想要再防守几乎是不可能的了。按照以往的惯例，蒙古人再次派出使臣劝告讷儿城百姓投降。慑于成吉思汗的威力，加之又不具备抵御蒙古人的实力，讷儿城上下在成吉思汗率领的主力军还未抵达之前便献城投降了。

1220 年 5 月，接连兵不血刃地拿下两座城池后，成吉思汗终于率领蒙古大军兵临不花剌城下。

不花剌是花剌子模非常重要且繁荣的城市，是伊斯兰世界的文化艺术中心。这个城池的壁垒十分坚固，分为内外两城，城池广阔，一共有 12 道门，易守难攻。这座城市对于花剌子模帝国来说十分重要，因此摩诃末派遣将军库克汗率领其得力部将哈迷的布尔、舍去治汗和怯失力汗等人，统领 3 万余骑兵进行驻守。这三万骑兵之中，很大一部分是摩诃末花钱招揽而来的突厥雇佣军，他们作战极度勇猛，但由于其目的只是为财，因此忠诚度和团结度都不甚牢靠。

当这些雇佣兵看到蒙古大军如同蝗虫、蚂蚁一般铺天盖地而来的时候，顿时心生怯意，还没开始交战便有了退却之心。但库克汗是坚决不可能投降的，他是一名从蒙古叛逃而来的将领，他非常清楚，对于叛徒，蒙古人绝不留情的。但他却无法控制这群突厥雇佣兵，这些突厥士兵冲出不花剌城，没命地往阿姆河方向逃亡。

虽然突厥士兵不愿与蒙古人交锋，但成吉思汗却不愿意放过他们，他派出一支蒙古军队穷追不舍，在阿姆河畔附近阻截了这支突厥军，并将他们一举歼灭。

此时，失去突厥军队的不花剌城只剩下400余名不愿投降的花剌子模士兵，他们在库克汗的带领下退入内城，拼死抵抗蒙古大军。以400人的军力想要抵抗数以万计的蒙古大军，这无异于是痴人说梦，但库克汗却无论如何也不愿投降，他下定决心要向蒙古人证明，在花剌子模的军队中，绝不缺少慷慨赴死的勇士！

成吉思汗非常愤怒，将外城的花剌子模百姓集合起来，征调其中的青壮年，强迫他们组成了一支“先锋部队”，向内城发起进攻。蒙古兵则在后方搭建起高台，并将抛石器一字排开架好，向城里发射箭矢和石块。内城的士兵们也毫不示弱，不断向外发射弩炮和火油筒来“回敬”蒙古士兵。

实际上，在双方的争斗中，死伤最严重的是花剌子模人组成的“先锋部队”，这场激战无异于是花剌子模人之间的自相残杀。

最终，蒙古人夺取了一道通向内城的斜坡，并在这里泼油放火烧城门，不花剌城的内堡在一片火海之中陷落。

这场激战整整持续了12天，造成3万余不花剌城男人的死亡。在库克汗的顽强抵抗之下，蒙古兵的死伤数目也十分惊人。成吉思汗对此感到非常愤怒，为宣泄心头的怒火，他下令将不花剌城彻底毁灭！他下令拆毁了所有的城墙和堡垒，并将当地居民全部赶到了大草原上，不允许他们携带任何东西。

在蒙古人的肆虐下，不花剌城沦为一片荒凉的废墟。伊本·阿西尔在《全史》中这样描述道：“是日也，极不幸。但闻男女老少悲啼永诀之声，蛮人在此种不幸人面前辱其妇女，男子力不能抗，唯有相对饮泣。中有数人，宁死不愿睹此惨象。”

随后，成吉思汗将所有幸存的不花剌城青壮男子编成一支新的部队，称为“签军”，强迫他们参与下一个目标的战斗。这支签军将成为蒙古大军的“前锋”以及“肉盾”，冲在队伍的最前方，以减少蒙古士兵的死亡。此后，成吉思汗无论征讨何方，几乎都要将当地沿线乡镇抓到的青壮年俘虏组成“签军”，这一残酷战略伴随着蒙古铁骑踏遍了欧亚大陆。

第三章 战火烧到了玉龙杰赤

撒马尔罕之战

攻克不花剌后，成吉思汗率领大军奔向了下一个目的地——花剌子模的首都撒马尔罕。

撒马尔罕是中亚最古老的城市之一，也是丝绸之路上最重要的枢纽城市，它连接着波斯帝国、印度以及中国三大帝国。在当时，撒马尔罕的居民总数已经高达三四十万，是花剌子模非常重要的大城市之一。在蒙古人入侵之初，摩诃末就已经将大部分军事力量都调集到了这里，其总军力高达 11 万人。此外，为了加固撒马尔罕的防御工事，摩诃末还令人在城外修建了环形堡垒，并将城墙一再加高，当地人都感叹，那城墙已经高得快要够着那天上的星星了。

面对如此固若金汤的城防，就算是蒙古大军再如何骠勇，恐怕也难以攻克。当初在攻打金国的时候，成吉思汗迟迟不向金中都发动进攻，其主要原因也是金中都的城防过于坚固，其驻守的士兵也不容小觑。但可惜，这个时候的摩诃末在得知不花剌城失陷之后，已经吓破了胆，根本看不见自己所坐拥的优势，他毫不犹豫地放弃了这座固若金汤的城池，带着一部分军队向阿姆河以南方向逃跑了。

当然，摩诃末并未带走城中所有的军队，撒马尔罕依旧是重兵把守，并拥有坚实壁垒的城池，但国王的离去却让撒马尔罕军民失去了对花剌子模帝国的信心以及与蒙古人拼死一战的决心。

5 月，成吉思汗率领蒙古大军抵达撒马尔罕城下，他并没有急于发动进攻，而是先用两三天的时间进行了实地勘察。当看到撒马尔罕坚固的防御工事后，成吉思汗手下的蒙古将领们不由得有些担心，但成吉思汗却丝毫没有畏惧。此刻，他已经得知摩诃末逃跑的消息，不禁轻蔑地说道："城墙的坚固，只赖于防御者的勇猛！现在眼前的，算什么城墙！"

正如成吉思汗所说，防御者都胆怯退缩了，再坚固的防御工事又有什么用呢？一个早已经被统治者放弃的城市，一群早已经被统治者丢弃的士兵和百姓，他们还有什么抵抗的决心呢！虽然怯懦的摩诃末已经逃跑了，但成吉思汗显然并不打算放过他，早在收到他逃跑消息的时候，成吉思汗就已经派出哲别和速不台率领 3 万蒙古士兵进行追击。一个未战先逃的人，已经再也造不成什么威胁了，此刻成吉思汗所关心的，只是拿下眼前的撒马尔罕城。

虽然信心满满，但成吉思汗也不得不承认，眼前这场战争必定是场苦战。撒马尔罕坚固的城防并不是开玩笑的，更重要的是，城中留守的军队和成吉思汗所率领的蒙古军队，从客观事实上看实力相差无几。

蒙古大军主要以骑兵为主，其中大约有 60%都是轻骑兵，其主要任务是负责侦查和掩护，为重骑兵提供火力支持，并负责肃清敌军残余势力。轻骑兵主要使用的武器是弓箭，他们往往携带两种不同的箭：一种重量较轻，箭头尖利，射程也比较远；而另一种则重量较重，箭头大而宽，射程不远但杀伤力极大。蒙古的轻骑兵所使用的弓也较大较重，拉力大约达到 166 磅，射程在200到300码之间。此外，轻骑兵身上一般还配有近战武器，比如弯刀或狼牙棒等等。

重骑兵与轻骑兵的防御装备基本一致，都是穿戴铁制头盔和皮革护颈，并配备一面皮制盾牌。唯一不同的是，轻骑兵的战马身上没有披战甲，重骑兵的战马则是全副武装，着有皮革制造的轻便甲胄。在武器方面，重骑兵一般配备有两张弓：一张轻型弓，配备短小的箭，便于策马飞驰的同时进行快速发射，其射程较短，但射速非常快；一张重型弓，配备较长的箭，射程远，但射速不及轻型弓。

此外，在装备上，蒙古人还有一大秘密武器——丝绸内衣。蒙古士兵几乎都习惯穿着丝绸内衣，这并非出自美观或舒适的考量，而在于这些轻薄的丝绸往往能够在战斗中发挥重大的效用。蒙古士兵所穿着的丝绸内衣由数层丝绸叠加制成，质地非常坚韧，远距离射来的弓箭往往在穿透其皮甲之后，便会被这些坚韧的丝绸内衣所阻挡。而近距离射来的弓箭由于力量较强，可能会穿透丝绸内衣，但即便如此，箭簇却会被丝绸所包裹，然后才进入人体，这样一来，如果箭簇上带有毒素，丝绸就起到了一个隔离毒素的作用，即便箭簇上没有毒素，有丝绸的包裹，取出箭簇也会相对比较容易，箭簇上的倒钩也就失去了作用。

从装备方面比较，花剌子模的军队实际上并不输于蒙古军队。花剌子模军队的主要兵器是一种非常轻便而锋利的刀，被称为“环刀”。而他们的坐骑则是身材高大且耐力超然的汗血宝马，从品质上来说远远胜过蒙古军队的马匹。

总之，这场战斗的双方可说是各有千秋。

在抵达撒马尔罕的第三天，成吉思汗终于下令士兵将撒马尔罕城包围起来，战事一触即发。

见蒙古大军有所行动，守城的花剌子模军也不甘示弱，集结数万人从城中呼啸而出，打了蒙古士兵一个措手不及。成吉思汗临危不乱，当即迅速下令作出反击。蒙古士兵迅速分为 5 支队伍，前面两队是重骑兵队伍，后面三队则是轻骑兵队伍。面对花刺子模大军的进攻，后排的蒙古轻骑兵率先越过重骑兵来应战，他们主要以弓箭射击，尽量避免与敌人短兵相接。等花刺子模军在“箭雨”的攻击下阵形大乱之际，重骑兵再开始冲锋，与敌人近距离交战。而此时，轻骑兵则趁机从敌军两翼进行包抄，让敌军陷入腹背受敌的境地。

这套战术是成吉思汗的惯用套路，凭借着它，成吉思汗纵横沙场，少有败绩。但这一次显然并不容易，花刺子模军阵型严整，进退有度，一时之间竟难以将他们冲破。经过一天的激战，双方都伤亡惨重，谁也没能讨到好处。这显然是成吉思汗西征以来打得最不痛快的一场战争。

此次受挫不仅没有让成吉思汗有丝毫的退缩之心，反而激起了他更大的勇气和斗志。当天傍晚，成吉思汗决定，要向撒马尔罕发起更加猛烈的进攻。他亲自翻身骑上战马，指挥着蒙古大军攻城，投石器再次一字排开，漫天的石块和火球沉重地敲击着撒马尔罕坚固的城墙。花刺子模士兵大为惊骇，为了扭转局面，他们派出 20 头战象向着蒙古大军阵营冲杀。这些战象身上装饰着色彩鲜艳的披挂，皮肤也被漆成红红绿绿等鲜艳的颜色。每头战象背上都有一座用丝绸覆盖的小木堡，四个角都插着旗帜，每个木堡大约配备 5～6 名战士，颈子上还骑着一名负责操控的战士。为了增强战象的杀伤力，每头战象的象牙上都被绑上了尖利的大刀，这些经过训练的庞大武器，其高速冲锋速度达到约 30 千米 / 时，杀伤力是十分惊人的。

当庞大的战象飞快地冲向蒙古军队时，蒙古人都惊呆了，这是他们第一次见到如此庞大的怪兽。士兵们非常恐惧，但即便如此，却没有一个人慌乱退缩，对于他们而言，怪兽固然可怕，但更震慑人的却是成吉思汗的军令如山。蒙古士兵们拉开了强弓，向着冲锋而来的战象射击，箭雨穿透了战象身上的披挂，刺进了战象的皮肤。受伤的战象敏锐地意识到了前方的危险，突然不顾一切地开始往回跑，冲回了花剌子模军的阵营，在战象的冲撞之下，花剌子模士兵死伤严重。最终，守军只得慌乱地撤回撒马尔罕城中。

此次失败沉重地打击了撒马尔罕城中守军的自信，一部分士兵的意志开始动摇，萌生了投降的念头，这些人大部分是花剌子模的雇佣军康里人，与蒙古人同属突厥人种。这些人认为，自己与蒙古人属于同一种族，相当于是同胞兄弟，向他们投降，必定不会受到亏待。于是在第五天，守城主将——摩诃末的舅舅——康里人脱海罕率领着家眷以及手下的 3 万精兵向成吉思汗投降了。

脱海罕投降之后，成吉思汗大军顺利控制了撒马尔罕外城，并按照以往惯例迅速拆除了城墙和堡垒。此时，内城的士兵还在顽强抵抗，成吉思汗当即下令蒙古士兵架设起弩炮和投石器，并拉开强弓，矢石齐发地攻打内城。与此同时，成吉思汗又令人利用盛石油器向内城的守军喷射点燃的石油。激战一直持续到入夜，蒙古军终于冲破了内城城门，斩杀了所有顽抗抵御的花剌子模守军，其中包括了 20 余名花剌子模的重臣。

攻破撒马尔罕后，蒙古人并没有放过所俘虏的士兵和居民，他们将所有俘虏都赶到了草原上，笑着对他们说道:“以后你们就是蒙古人了，和我们是一家人。”随即，蒙古人给这些俘虏都剃了蒙古人的发型，仿佛真的将他们当作了自己人。但到入夜时分，吃饱喝足的蒙古士兵却突然对这些手无寸铁的俘虏大开杀戒，一时之间，大草原上回荡着凄厉的哭喊声，情况甚是悲惨。在这场大屠杀中，有三四万人死在了蒙古人的屠刀之下。

至于那些在脱海罕的带领下投降的雇佣军，最终也没有什么好下场。我们知道，成吉思汗向来对叛徒深恶痛绝，这一次自然也不会例外，在撒马尔罕的战争结束后，他立即下令将这些投降的雇佣军全部处死，其中自然也包括这位吃里扒外的脱海罕。

在撒马尔罕城的所有居民中，伊斯兰教的长老、《古兰经》保管者、伊斯兰教法官以及他们的5万家属因为缴纳了巨额“保护法”而幸免于难。至于其他没有丧命于大屠杀中的人，成吉思汗将其中的3万余名工匠当作奴隶分赏给了各个王公贵胄，又挑选了3万余青壮年组成签军，还剩下5万余没有什么用处的人则继续让他们生活在破败不堪的撒马尔罕城，并安排了几个小官吏进行管理。

关于这场惨烈的撒马尔罕城战争，据长春真人丘处机记载："城中常十余万户，国破以来，存者四之一。"10余万户，却只留存了1/4，若按照每户平均4口人来算，这场战争中，蒙古人大约屠杀了30万人！这是一个令人极其震惊的数字！

志费尼曾在《世界征服史》中为撒马尔罕城的悲剧写下一首挽歌：

“心儿哟，不要呻吟，
因为尘世仅仅是幻影；
灵魂哟，不要悲伤，
因为凡间仅仅是虚无！”

让战火烧向玉龙杰赤

撒马尔罕的惨剧并未阻滞蒙古征服者的步伐，成吉思汗率领着他的蒙古铁骑奔向了下一个目标，花剌子模帝国的旧都——玉龙杰赤！

此时，蒙古军队实际上已经占据了花剌子模帝国的大部分城池，玉龙杰赤已经成为一座无依无靠的孤城，只要攻下玉龙杰赤，花剌子模帝国基本上就能宣告灭亡了。

玉龙杰赤城中最有权势的人原本是摩诃末的母亲秃儿罕哈敦，她统领着9万余花剌子模军队，是玉龙杰赤地位最高的女人。但在收到摩诃末逃出撒马尔罕消息的同时，秃儿罕哈敦也携带家眷和财物逃跑了。或许是逃亡得太过匆忙，秃儿罕哈敦在离开的时候竟没有指定人选接替她来镇守玉龙杰赤。

起初，花剌子模名将帖木儿灭里以及摩诃末的儿子扎兰丁曾先后来到玉龙杰赤，试图接管这座城池，但由于城中的将领和贵族势力不服他们管事，并时常与他们发生冲突，他们最终都离开了。因此，当蒙古大军向玉龙杰赤挺进的时候，玉龙杰赤近百万居民、9万余军队，还有许多贵族、大臣、学者等等，都还处于群龙无首的混乱之中。

如今情况已是迫在眉睫，为了抵御敌军，玉龙杰赤城中的将领和贵族们多番协商后终于达成一致，推举了秃儿罕哈敦的亲戚忽马儿暂代城主之职，带领城中上下共渡难关。

或许是认为玉龙杰赤这座孤城已经不足为患，成吉思汗并未亲自参与这场攻打花剌子模帝国旧都的战斗。他率领一支蒙古军队向呼罗珊地区（今伊朗地区）挺进，令长子术赤为主帅，次子察合台和三子窝阔台为副帅，率大军攻打玉龙杰赤，同时又派遣一支部队驻防在呼罗珊北境一带，防止城中守军南逃。

1220年秋天，蒙古先锋部队抵达玉龙杰赤城下，这支先锋部队人数不多，但却极其嚣张，他们肆无忌惮地在城外杀人放火、掠夺牲畜，完全不把城内的守军放在眼里。玉龙杰赤的守将们终于忍无可忍，派出一支部队气势汹汹地杀了出来。蒙古先锋部队一看情况不妙，转头就拍马逃走，但他们虽然惊慌，却逃得不紧不慢，甚至不时还会回头看看花剌子模人有没有追上来。显然，这是蒙古人的老伎俩——诱敌出战。

可惜，花剌子模人对这一战术似乎并不了解，他们穷追不舍，跑了二三十里地。就在这个时候，铺天盖地的蒙古士兵突然从四面八方涌来，花剌子模人大惊失色，这才惊觉中计了，但为时晚矣，他们已经陷入敌人的包围圈。花剌子模军顿时四散溃逃，蒙古人则如同凶猛的猎人一般，策马追击，将这些花剌子模士兵剿杀大半，只有一小部分得以逃回城中。

在取得初步胜利之后，术赤并没有乘胜追击，而是率领大军退回了城外阵营。术赤做此打算有两方面的考量：一是天色渐晚，在对玉龙赤杰不甚了解的情况下，贸然进攻不见得是件好事；二是术赤内心认为，成吉思汗派遣他到此地，必定是打算将玉龙杰赤封赏给他，这就意味着这座城池是他的财产，面对自己的财产，术赤当然希望能以温和的手段收服，而不是通过强攻将一切毁之殆尽。

次日，术赤再次下令攻城，但数次都被玉龙杰赤的守兵打退。

为了保护自己的“财产”，术赤始终下不了决心发动猛攻，便决定派遣使臣进城说降，并向玉龙杰赤上下传达自己想要保护城市的心意。一向与术赤不和的察合台非常反对他的策略，一直主张采取强硬攻势，一举拿下玉龙杰赤，但他毕竟只是副帅，最终的决策人始终还是主帅术赤。

使臣进入玉龙杰赤之后，发表了一通情真意切的演讲，并一再向众人保证，只要投降，术赤必然会保护这座城池以及众人的生命财产安全。但没想到的是，作为花剌子模的旧都，居住在玉龙杰赤的人几乎都是些忠心爱国的人，对花剌子模帝国有着非常深的感情。尤其是当使臣对众人说，这座城市将归术赤所有的时候，所有玉龙杰赤的军民都愤怒了，在他们看来，这是蒙古人赤裸裸的挑衅和羞辱！

愤怒与爱国的情绪交杂在一起，玉龙杰赤的人民紧紧团结在一起，高喊着将要与玉龙杰赤共存亡的口号。士兵则在城墙上向着蒙古人射箭，扔石头。

见劝降不成，术赤也愤怒了，当即下令让士兵暂且退后，抓紧一切时间制造更多的攻城器械，并运来大量的沙子和土木，一点一点填平了玉龙杰赤的护城河。这些工程整整花费了十天才完成。当一切准备工作就绪后，一场大战终于展开。

蒙古军在四面八方架起无数云梯，顺着城墙往上攀爬。守城的花剌子模军大为惊骇，用弓箭和石头攻击这些侵略者，并用木板用力将云梯往外顶，试图将这些侵略者全部推倒。但顺着云梯而上的蒙古兵实在是太多了，守城士兵根本应接不暇。那些顺利爬上城墙的蒙古士兵开始攻击玉龙杰赤的守卫军，一时之间，尸骨遍地，喊声震天。

见蒙古人如同蝗虫一般大举涌入，忽马儿不由得胆战心惊，无奈之下，他只得下令放弃城墙，全力退守城中。蒙古大军终于“撬”开了玉龙杰赤的大门，但这并不意味着胜利的降临。

当蒙古士兵大举涌入城中的时候，他们发现玉龙杰赤人比想象中更加固执而顽强，他们凭借着对城中巷子和房子的熟悉，与蒙古士兵展开了激烈的巷战，至死也不肯投降。蒙古人一直习惯于在宽广的大草原上作战，根本不擅长巷战，加之对地形不熟悉，自然陷入了苦战之中。

见形势不妙，术赤只得率领蒙古士兵退出了玉龙杰赤。

经过多番较量之后，术赤决定断绝玉龙杰赤的水源，以此来逼迫他们投降。打定主意后，术赤当即派遣3000名蒙古士兵前往附近的阿姆河，打算在上游堵截水道。玉龙杰赤守军得到消息后，立即派遣了一支队伍前往保护水源，双方发生了激战，最终生存下去的决心占了上风，玉龙杰赤守军将蒙古士兵全部歼灭。而这一次保卫水源的胜利也坚定了玉龙杰赤军民抵御敌军的决心，同时也大大鼓舞了军队的士气。

而就在这个时候，蒙古军中的形势却越来越差，这主要是由于主帅术赤与副帅察合台之间不和。

我们知道，早在出征之前，术赤与察合台就因继承人一事而闹得非常不愉快。而在攻打玉龙杰赤的过程中，两兄弟的意见也一直相左。术赤希望尽可能地保护这座城池，毕竟对他来说，这将会成为他的财产；但察合台却坚持强攻策略，在他看来，术赤的错误指挥已经让蒙古大军伤亡惨重了。主帅与副帅的争执大大影响到了蒙古士兵，军中纪律涣散，双方的支持者们呈现出一种剑拔弩张的状态。

玉龙杰赤久攻不下终于引起了成吉思汗的不满，当他得知军中情况后不禁勃然大怒，当即派人痛斥了术赤和察合台一顿，并将全军的指挥权改交到了三子窝阔台手中。

窝阔台成为主帅后，立即以严厉的态度整顿军中上下，并下令用点燃的石油筒向玉龙杰赤发动火攻，烧毁城中的房屋。在此后的 7 天里，玉龙杰赤几乎陷入一片火海之中，两军便在这火海里奋勇拼杀，情况极为惨烈。

7 天之后，玉龙杰赤派出一位名叫阿老丁哈牙锡的教长做代表来向三位蒙古王子投降，他说道："我们已经感受到大王你的怒火和威严了。今天还请大王你能够发发恻隐之心，怜悯一下我们啊！"

但蒙古大军的伤亡已经让术赤的胸中燃起了熊熊怒火，不等两位兄弟答话，他便断然拒绝道："你们的抵抗已经让我们牺牲了许多勇士。迄今为止，我军一直领受你们的怒火和威严，现在你却反倒说你受到了我们的怒火和威严！那就让我军给你们看看，什么才是真正的怒火吧！"

最终，蒙古人残忍地剥夺了玉龙杰赤投降的"资格"，蒙古大军继续对玉龙杰赤发动毁灭性进攻。

1221 年 4 月，蒙古大军冲破玉龙杰赤防守线，完全占有了这座城池。

繁华的城市已成焦土，但它悲惨的命运显然还没走到尽头。蒙古人将所有的居民都赶到草原上，将工匠、技师以及妇女儿童等挑出来，其余居民则分给军队进行屠杀。据记载，当时蒙古军队整整屠杀了120万余人！

残忍的屠杀依旧难解蒙古人的心头之愤，他们挖掘阿姆河的河堤，将汹涌的河水引致玉龙杰赤，将它变成一片汪洋。这座曾经繁荣一时的城市真正成为一座“死城”。

据说成吉思汗的三个儿子在分配玉龙杰赤的战利品时，竟忘记了给成吉思汗留下一份，惹得他勃然大怒，整整三天拒绝接见他们。后来在其最亲近的三个兄弟博尔术、木华黎和失吉忽秃忽的劝解下，成吉思汗才终于接见了这三个“不孝子”，并将他们狠狠地痛斥了一顿。

荒漠背后的眼泪

在屠戮忒耳迷城之后，成吉思汗继续率领大军渡过阿姆河，逼近呼罗珊地区最重要的城市巴里黑。

巴里黑是花剌子模帝国面积最大的州，拥有肥沃的土地和丰富的物产。当成吉思汗率领大军向此地行进时，蒙古大军势如破竹的消息已经先行一步抵达这个城市，巴里黑城上下笼罩在一片恐惧的阴云之下，他们无法预想，蒙古大军兵临城下之时，将会给他们带来怎样的灾难。经过多番商议之后，巴里黑城人最终决定主动投降，蒙古人残忍的屠城政策早已让他们吓破了胆。

当成吉思汗率领大军抵达巴里黑城外的时候，城中一位首脑人物主动带着食物和礼品出城拜见了成吉思汗，并表示愿意向蒙古人投降。

就在这个时候，花刺子模帝国的太子札兰丁正在各个地方进行游说，号召花刺子模人为保卫自己的国家而奋起战斗，他甚至出现在一些已经被蒙古人攻克的城市，呼吁人们奋起反抗蒙古人的统治。札兰丁的召唤起到了一定作用，许多已经投降蒙古的花刺子模人开始相继叛离，纷纷归入札兰丁麾下。

当这个消息传到成吉思汗耳中时，他顿时觉得眼前向他主动投降的巴里黑城人也是靠不住的，若是留下他们，他们将来必定会和那些叛离者一样，成为蒙古帝国的敌人。于是，成吉思汗不动声色地以清点人口数目为由，将所有巴里黑城的居民都赶到了大草原上。

成吉思汗召集蒙古士兵，按照以往的惯例，将这些无辜的居民按照一定比例进行了“任务分配”之后，又一场残忍的大屠杀开始了。蒙古士兵挥舞着手中的弯刀，无情地砍向这些手无寸铁的花刺子模人，无数的尸体堆积成山，刺目的鲜血汇聚成河。

紧接着，蒙古人放火焚烧了巴里黑城的园林，几乎拆毁了这里所有的建筑。更为残酷的是，当成吉思汗率领大军离开巴里黑城，攻克白沙瓦，行军路上再一次路过巴里黑城时，他发现，竟有许多幸存的居民在摇摇欲坠的巴里黑城池上建设自己的家园，试图让这座被蒙古人摧残得千疮百孔的城池重现辉煌。原来，在蒙古人进行残忍屠杀的时候，一部分巴里黑居民躲进了洞穴以及地窖之中，得以保存性命。成吉思汗没有放过这些漏网之鱼，他又一次令士兵在巴里黑城进行了残忍的屠杀，并冲入城中，令人将所有直立的围墙都推倒，直至将巴里黑城变为一片荒漠才罢手。

毁灭巴里黑城之后，成吉思汗大军向塔里寒出发。

塔里寒城地势险要，易守难攻，且城池之中军备物资十分充足。他们听说巴里黑城人在投降之后被赶尽杀绝的消息后，对蒙古人更加深恶痛绝。如果说之前他们对于投降与否还心存疑虑的话，那么在听到这个消息之后，他们已经下定决心要拼死御敌了。

抵达塔里寒城后，见当地居民坚决不肯投降，成吉思汗当即发动了进攻命令。塔里寒士兵拼死抵抗，数次击退蒙古人的进攻，双方的拉锯战持续了7个多月。

此时，哲别和速不台所率领的军队正在追击逃亡的摩诃末，术赤、察合台以及窝阔台三兄弟则正在苦战玉龙赤杰，无论哪边都无法分出兵力前来支援成吉思汗。好在此时成吉思汗的幼子拖雷所率领的军队已经基本上完成战斗任务，随即火速赶往塔里寒支援成吉思汗。

拖雷大军抵达之后，蒙古军顿时兵力大增，不久便成功攻破塔里寒。蒙古军依旧进行了屠城，并将这座城池尽数拆毁，夷为平地。

离开塔里寒之后，大军抵达范延城，在这里同样遭到了顽强抵抗。在激战中，不幸的事情发生了，一支利箭破空而来，射中了成吉思汗最宠爱的孙子、察合台的爱子木秃坚。这一箭直接射中要害，木秃坚没有坚持多久就死了。成吉思汗万分悲痛，在攻下范延城之后，为泄心头之恨，竟下令将范延城所有生灵尽数杀光，从人到牲口，一个活口也没有留下。此外，成吉思汗还将此地改名为“卯危八里”，就是“歹城”的意思，并正式颁布命令，此地将永远成为一片荒漠，任何人畜都不得在此居住，更不能令它恢复！

失去爱孙之后，成吉思汗下令封锁了这一消息，他不愿让正在苦战的儿子察合台得知这个噩耗。成吉思汗明白，在战场之上，任何一点小小的分心，随时都可能要你的性命，他已经不想再体会一次失去儿孙的痛楚了。

直到后来有一天，成吉思汗和他的儿子们胜利会师之后，成吉思汗才将所有人叫到大帐之中，打算宣布这个令人痛苦的消息。

成吉思汗装出一副十分愤怒的样子，将几个儿子扫视了一遍，之后沉声道：“你们中有人不服从我的命令！”

儿子们见成吉思汗表情不对，急忙澄清自己并没有违逆之意。就在这个时候，成吉思汗的目光停留在察合台身上，说道：“察合台，你听从我的命令吗?”

察合台心下一惊，赶紧单膝跪在地上，赌咒发誓道：“大汗，如果我敢有丝毫违背你的命令，那就让腾格里惩罚我吧！”

成吉思汗这才痛苦地说道：“察合台，你的儿子——我的孙子——木秃坚已经英勇战死了！我现在命令你，不许哭泣，不许悲伤！你刚才发过誓，绝不会违背我的命令！”

察合台听到这一消息时，整个人如同被雷击中一般，摇摇欲坠，眼泪几乎夺眶而出，但他不敢违背对成吉思汗的承诺，硬是将这痛苦和眼泪强压了下去。

繁荣的城池终究沦为悲凉的荒漠，蒙古铁骑踏过的地方埋藏了无数的尸骸与血泪，在这片荒漠的背后，蒙古人同样也付出了惨重的代价。正所谓一将功成万骨枯，可谁又看得到光鲜的胜利与荣耀背后那堆积的累累白骨……

帖木儿灭里的传奇

就在成吉思汗的儿子们相继建立战功的同时，其手下三大将领阿剌黑那颜、速克秃以及塔孩正率领 5000 蒙古军队向忽毡地区奔去，并在一路上接收了许多各地赶来的援军。

忽毡城坐落于锡尔河中心的一座小岛上，据险而立，易守难攻。当时忽毡城的守将是花剌子模非常有名的将领帖木儿灭里，据说人们评价他的时候，都会说:“即便是鲁斯坦（当地非常有名的英雄）在世，也只配给他做马夫。”可见其威名之盛。

蒙古军抵达忽毡城之后先进行了一番勘察，却发现几乎没有适合的突破口。由于城池建设在大河中间的沙洲之上，超出了许多攻城器械的打击射程，投石器和弓弩都难以发挥作用。若是选择水上作战，蒙古军几乎没有胜算，大多蒙古人都不识水性，更没有任何水军经验。几位将领思前想后，终于作出了一个决定——填河！

确实，既然是河流阻挡了进攻的步伐，那就将它填成平地，让忽毡城的地理优势不攻自破。但想要阻截一条宽阔的大河，又岂是这么容易？这是一项无比浩大的工程，但这支蒙古军队只不过是一支分部队，根本没有足够的军力来完成这项大工程，加之在锡尔河附近，根本没有足够的石头用来填河。

为了让这一计划付诸实践，蒙古人在数日之内于已经攻破的毡的、讹答剌、不花剌、撒马尔罕等地区征调了五万余人的俘虏，同时还征调了两万余名蒙古兵。俘虏们负责从远处将石头搬到锡尔河附近，而蒙古士兵则负责将石头丢入河中，以此配合来完成填河工作。

帖木儿灭里察觉到了蒙古人的意图，事实上在开战之前，他已经考虑到蒙古人会用这一策略，因此早已准备了十二条特殊设计的船只。这些船船身十分坚固，并覆盖着湿毯，湿毯外则涂抹着一层厚厚的用醋揉过的粘土，这样的设计使得船身既不怕箭射也不怕火烧，十分牢固。在船身上，每隔一段距离还开设有一个窥视孔，无论是射击还是勘测敌情都非常实用。

每天早上，帖木儿灭里都会派出船队沿河道行驶，将蒙古人投入河中的石块清理出来，以免河道受阻。周而复始，这样一来蒙古人的填河举动就变得毫无意义，他们在这头填，花剌子模人在那头就捞出来了。

经过一段时间徒劳无功的僵持，蒙古人最终放弃了这一打算，决定以围困的方式展开持久战，逼迫帖木儿灭里投降。

忽毡城的地理优势同时也存在着致命的缺点：城池建设在河流中间，既让它难以被敌军攻克，但同时也使得它难以得到援助和补给。在长久的围困下，忽毡城内的物资和箭矢等储备很快就消耗光了，一旦这些东西得不到补给，城中上下便只能坐以待毙，眼睁睁看着蒙古人破城而入。

无奈之下，帖木儿灭里决定拼死突围，他准备了 70 条船，在一个月黑风高的夜晚，把城中所有剩余的物资以及受伤的士兵都搬到了船上。他率领一队勇士登上其中一条大船，并令人点起火把，以极快的速度顺流而下，火光顿时照亮了漆黑的天空。

蒙古人发现帖木儿灭里的船队后，已经来不及进行阻截了，只能沿着锡尔河两岸纵马追击。但蒙古人在陆地上跑，帖木儿灭里却在水面上行驶，即便追到了，一时之间也没有办法进行拦截。况且每当蒙古士兵追上船队并行之际，花剌子模士兵就从船上向岸边放箭，一时之间射杀了不少蒙古骑兵，致使蒙古人根本无法靠近船队。

为了阻挡船队继续行进，前方的蒙古士兵在河中布置了铁链，但当帖木儿灭里的船队行驶至此的时候，帖木儿灭里却丝毫没有停下或减速的意思，他拔出宝剑，在铁链即将碰撞到船只的一瞬间大吼一声，“啪”地砍断了横贯河面的铁链，硬生生率领船队闯了过去。

此时，帖木儿灭里等人坐船奔逃的消息传到了术赤耳中，术赤当即将所有锡尔河附近的蒙古军调集起来，将所有能找到的船只连接在一起，又在锡尔河河面上建筑起了一道“高墙”，并在河两岸设置了许多埋伏点，架起弩炮，严阵以待。

收到蒙古人在前方伏击的消息后，帖木儿灭里当即决定弃船登陆，率领部众骑马逃走。帖木儿灭里一行人才登上陆地就被追击的蒙古士兵发现了，为尽量减少损失，他下令辎重部众先行离开，自己则率领花剌子模士兵与蒙古人展开决战。

这一场对战持续了数天，帖木儿灭里军队伤亡惨重，而先行的辎重部队最终也未能保住，尽数落入蒙古人之手。眼见败局已定，帖木儿灭里只能放弃对抗，一心逃亡，途中，追随他的士兵随从都相继战死，到最后只剩下了他一人继续逃亡。在狼狈不堪的逃窜中，帖木儿灭里丢失了武器，箭筒里也只剩下三支箭，其中一支还是没法用的断箭。就在这个时候，虽然他已经甩掉了大部分的蒙古追兵，但还是被三个士兵发现了。

帖木儿灭里镇定地拉开弓，将那支断箭搭在弓弦上，“嗖”的一声，准确无误地射中了其中一名蒙古士兵的眼睛，其余二人见帖木儿灭里箭术如此精湛，不由得心生畏惧，迟迟不敢向前。帖木儿灭里见状，对两个蒙古士兵冷笑道:“如今我还剩下两支好箭，我舍不得将它们浪费在你二人身上，相信你们二人也消受不起，不如赶紧回去吧!”

两个蒙古士兵大为惊骇，对望了一眼，扶着受伤的同伴不再追赶。帖木儿灭里这才得以逃脱，保全了性命。

虽然此次战役惊险非常，帖木儿灭里全军覆没，自己也是好不容易才从鬼门关爬回来的，但这并没有让他抵御蒙古人入侵的决心减退分毫。帖木儿灭里首先逃到了花剌子模州，并以此为据点，迅速集结起了一支队伍，继续与蒙古人展开对抗。但可惜的是，他虽有心抗蒙，却无力回天，花剌子模帝国已经走向不可避免的倾颓，无论他付出怎样的努力，终究无法与强悍的大蒙古国相抗争。

多年以后，当战火已经平息，蒙古人正式成为花剌子模的主人后，漂泊异乡的帖木儿灭里偷偷潜回了家乡，隐姓埋名，只为看一看自己的故土，寻一寻自己的亲人。据说有一次，帖木儿灭里在忽毡城里遇到了自己的儿子，此时他的儿子已经效忠了蒙古人，在蒙古人的许可下，获得了父亲帖木儿灭里的财产和土地。

帖木儿灭里走到儿子跟前，问他道："孩子啊，若是有一天你见到了自己的父亲，你还能认出他吗?"

帖木儿灭里的儿子满是疑惑地看着眼前这位陌生的老人，回答道："当年父亲离开的时候，我不过是个还在吃奶的孩子，又怎么可能再认出他呢。不过我家中有一名曾经跟随父亲的老仆人，他应该是认得的。"

最终，在老仆人的确认之下，帖木儿灭里才和儿子相认。但与此同时，帖木儿灭里归来的消息也不胫而走，很快被蒙古人知道了。窝阔台的第六个儿子合答汗命人逮捕了帖木儿灭里，并对他进行了严厉的拷问。

帖木儿灭里依然和从前一样，毫不畏惧蒙古人的威势。他昂首挺胸，骄傲地对众人说道："大海和山岳都有目共睹，我是怎样与那些著名英雄交锋！星星可以作为明证：因为我的英勇，全世界都拜倒于我的足下！"

当年曾经被帖木儿灭里射瞎一只眼睛的蒙古士兵也站了出来，确认了帖木儿灭里的身份。合答汗本想进一步盘问帖木儿灭里，但见他不愿向自己行礼，并一再出言不逊，愤怒之下一箭将他射死了。

就这样，花剌子模帝国让人动容的英雄结束了自己的一生。

第四章 哲别的辉煌远征

脚底抹油的国王

当成吉思汗的大军挥刀直指花剌子模首都撒马尔罕的时候，轻率傲慢的国王摩诃末却率部逃走了。作为引发这场战争的祸首之一，成吉思汗当然不会轻易放过他，况且“龙无头不走”，作为花剌子模的“头”，只有彻底除去摩诃末，成吉思汗才能真正成为这片土地的主人。

为了除去摩诃末，成吉思汗专门派遣手下最得力的干将哲别和速不台率领 3 万蒙古精锐，全力追击摩诃末。临别之际，成吉思汗对这两员大将说道:“无论他逃往何方，你们都一定要追上他。他躲入哪一座城池，你们就将哪一座城池夷为平地!”

摩诃末出逃后不久，他在玉龙杰赤的母亲和家眷也随之逃出与他会和。在追随摩诃末逃亡的随从中，有几个人早已对他心存不满，他们认为摩诃末实在是胆小怯懦，作为一国之主，不留在都城与敌军顽抗，却收拾细软望风而逃，实在是令人不齿。于是，在途中，这几个人便秘密策划，打算偷偷杀死摩诃末，劫走他的财物。

到了晚上，其中一名策划者不知是出于愧疚还是畏缩，偷偷将这个消息告诉了摩诃末，他一听，大惊失色，一整个晚上都没睡安稳，换了好几个睡觉的地方。第二天一大早，摩诃末前去查看他原本睡觉的地方，吓出了一身冷汗，那里已经被人用箭射了好几个大窟窿！

此时，摩诃末深刻体会到了什么叫众叛亲离、什么叫国破家亡。或许正是受了这层打击，据说他在逃亡途中一直散播失败投降之类的消极消息，他曾在一座小城池对百姓们说："野蛮残暴的蒙古人就快到这里了，再不赶快逃命，一个都活不了啊！"

摩诃末的逃窜和消极态度引起了花剌子模百姓的强烈不满，作为花剌子模的国王，百姓们还在顽抗，他却轻率地放弃了自己的帝国和臣民，如何不让人寒心！

哲别和速不台一直率领大军追击摩诃末，抵达巴里黑城的时候，城中的上层人士派出一个代表团，友好地接待了他们并献上了丰厚的礼品。这个时候，成吉思汗的军队还未抵达巴里黑城，因此巴里黑城依然处于一片安宁祥和的景象之中。哲别和速不台所接到的命令是全力追击摩诃末，因此他们并未在巴里黑城停留，接纳献礼之后便离去了。

很快，哲别和速不台就率领大军抵达了波斯呼罗珊省，并在此发现了摩诃末的踪迹。蒙古大军开始急速行军，短短几天就行进了700余公里。大军行至呼罗珊省的尼沙不儿城时，哲别向这里的管理者递交了成吉思汗所发布的一份公告，公告中写道："各位领主、守将以及百姓们，腾格里已经派遣我来掌管你们的帝国。臣服我的人，都能够幸免于难。但如果胆敢抵抗，那么你们连同你们的家眷属民都将成为蒙古大军的刀下亡魂！"

递交公告之后，哲别和速不台并没有停留下来，对于他们而言，最为重要的任务并非收服城池，而是追击逃亡的摩诃末。离开尼沙不儿城后，哲别和速不台率领大军来到了呼罗珊的另一座大城市徒思城。

虽然哲别和速不台并不打算征服徒思城，但为了从此处通行，速不台还是派遣使臣去见徒思城的守将，若他表现出顺从，那么蒙古大军或许就像经过尼沙不儿城一样，甚至不进入城中便离开。但没想到的是，徒思城的守将却态度傲慢地拒绝了速不台，对蒙古大军表现出强烈的敌意。速不台大怒，当即率领蒙古大军向徒思城冲杀，并在此进行了一场大屠城。

随后，哲别和速不台再次率领大军沿途追击摩诃末的行踪，而且但凡在追击途中遇到敢于抵抗的城市，便发起残酷的洗劫。当他们追击到剌夷城的时候，剌夷城郊区的居民和蒙古军发生了冲突，死伤无数。蒙古军进入剌夷城后，不顾当地宗教法官的劝说，对剌夷城进行大肆劫掠。在这里，他们得到摩诃末已经逃往雷什特城的消息。

躲在雷什特城的期间，波斯各省的领主们纷纷向摩诃末表示，愿意为他提供 10 余万的军力支持他复国。但这个时候，摩诃末已经到了谈蒙古人色变的境地，当他听说剌夷城已经被蒙古人洗劫的消息后，吓得六神无主，还没等来 10 万军队就已胆战心惊地逃到了可疾云城。而那些本来愿意帮助摩诃末的领主们，在看到他的胆小懦弱之后都纷纷放弃了他。

在可疾云的时候，摩诃末的一个儿子为他集结起 3 万余人的军队，希望他能够率领这 3 万人反击蒙古，以图复国。有这 3 万兵力在手，胜负尚且难定，若摩诃末愿背水一战，未必没有翻盘的可能。但这个时候，他根本没有任何勇气再面对蒙古人，他再一次放弃了千载难逢的机会，继续踏上逃亡之路。

离开可疾云之后，摩诃末又相继逃窜到了几个地方，蒙古人数次发现了他的踪迹，曾经有一次，一支蒙古小部队寻找到了他的踪影，并将他的坐骑射伤，他险些落入蒙古人的手中。幸好当时附近有另一匹马，摩诃末拼命地策马狂奔，才勉强逃过一劫。

为了甩开蒙古追兵，摩诃末东躲西藏，不断变换着逃跑路线。1220 年

12 月，摩诃末最终逃到了一个位于阿斯特拉巴德以西戈尔甘河河口附近的小孤岛上。此时，这个曾经在穆斯林世界叱咤风云的前君主已经身心俱疲、惊悸成疾，他夜夜难以安寝，日日陷入惊恐，终于死在这座孤岛上。据记载，他死时境况十分凄惨，“及葬，诸子仓皇无敛衣，仅以其衬衫裹葬而已”。

在这场追逐摩诃末的“猎捕”行动中，哲别和速不台虽然未能最终活捉摩诃末，但他们以极其优秀的侦查能力，短短数月之内，带领蒙古大军驰骋 4000 余里，最终将花剌子模帝国的前国王摩诃末逼得走投无路，其捕猎追踪的本领实在是令人叹为观止！

胆小怯懦的摩诃末在临死前正式将国王之位传给了太子札兰丁，顶着这样一个有名无实的虚衔，札兰丁又会作出怎样的抉择？是像父亲一样踏上无休止的逃亡之路？还是豁出性命，以英勇之姿直面蒙古铁骑？

札兰丁的决心

哲别和速不台在追击摩诃末的过程中，虽然并未投入主要精力攻打城池，但一路上只要遇到敢于抵抗的城市，必定给予毁灭性的打击。但凡是蒙古军队所经过的地方，哲别都向该地的人们传达了成吉思汗的旨意，将成吉思汗以及大蒙古国的荣光带到了每一个角落。

当他们最终找到摩诃末的时候，这个曾经目中无人的国王已经死去了，而继承他王位的太子札兰丁也早已逃得不知所踪。

札兰丁虽然是摩诃末的儿子，但他与胆小懦弱的父亲却完全不一样，曾数次劝谏摩诃末集结剩余兵力与蒙古人决一死战，但可惜，摩诃末至死都没有听从札兰丁的意见。

离开孤岛之后，札兰丁逃到了阿富汗山中的加兹尼一带，并以这里为新的据点，向残余的花剌子模帝国势力发出号召。没过多久，札兰丁就成功组建了一支 8 万余人的军队，并正式向蒙古人发起了挑战。

面对札兰丁，蒙古士兵全然不当一回事，长久以来的胜利让他们根本不把这个仅仅继承了“国王”这一虚名的小子放在眼里。但或许正是这种轻视，使得蒙古人遭遇了首战的第一次失败。札兰丁率领着他的新队伍，给了蒙古士兵狠狠一击，消灭了 1000 多个敌人，这对早已倾颓的花剌子模来说无疑是令人振奋的激励。

成吉思汗得知此事后非常愤怒，立即派遣义弟失吉忽秃忽率领 3 万蒙古士兵前往剿灭札兰丁。此时札兰丁军队正因首战告捷而士气大增，个个奋勇非常，蒙古士兵大有招架不住之势。

眼看情势不利，失吉忽秃忽陷入了苦闷之中。当晚，一个蒙古将领向失吉忽秃忽献出一条诡计：令每个蒙古士兵都带着一个用毡子做成的假人上战场，以此来虚张声势，让札兰丁以为蒙古援军已到，不战而退。

第二天一早，失吉忽秃忽便按照此计行事，花剌子模人远远看到蒙古士兵竟整整多出了一倍，全军上下一片慌乱，以为蒙古援军已到，纷纷提议退兵。但札兰丁却不同意，他思前想后，认为蒙古援军不可能来得这么及时，其中必定有诈。于是，札兰丁力排众议，继续命令士兵乘胜追击，向蒙古大军发动猛攻。

此计不成，蒙古士兵顿时乱了阵脚，逐渐陷入花剌子模军的包围之中，这是西征以来蒙古军第一次陷入这等境地，众人不由得惊慌失措，溃散逃离，根本不听失吉忽秃忽的指挥。花剌子模士兵趁机将溃逃的蒙古士兵赶到一处山谷中，几乎将其一举歼灭。

为了向蒙古人复仇，札兰丁残忍地虐待了战俘，令人将钉子刺入他们的耳朵。

失吉忽秃忽的失利传到了成吉思汗耳中，成吉思汗非常愤怒，据史书记载，他“气得把白天当成了黑夜，一着急，又把黑夜当作了白昼”。对于此次失利，成吉思汗却没有过多地责罚失吉忽秃忽，只是轻描淡写地对众人说道:“失吉忽秃忽总是打胜仗，从来没有遭遇过什么挫折，这一次之后，他必定会更加谨慎，学习到更多的知识啊。”

为了一举歼灭札兰丁和他纠集起来的花剌子模军队，成吉思汗亲自率兵前来，此时收到消息的札兰丁正打算携大军渡印度河逃跑，却被成吉思汗大军正好赶上了。在成吉思汗的指挥下，蒙古军很快将这支花剌子模军队围困起来，双方展开了一场激战，互不相让。当时不知出于什么缘故，成吉思汗竟下令要活捉札兰丁，以至于蒙古士兵有所忌惮，生怕一不小心将他杀死。陷入包围圈的札兰丁却如同一头愤怒的野兽，挥舞着战刀狂滥砍杀，杀死了不知多少蒙古人。

最终，札兰丁的部队只剩下六七百人，他带领着这些人浑身浴血地杀出了一条血路，迅速跳入印度河，像一阵风似的逃跑了。见到札兰丁跳入河中，许多蒙古士兵纷纷准备跳河追击，却被成吉思汗制止了。看着札兰丁的身影消失在滚滚江流之中，成吉思汗不由得面露惊讶之色，许久之后才对身旁的儿子们感叹道:“做父亲的就应该拥有这样的儿子，札兰丁实在是一名令人敬佩的勇士啊!”

虽然成吉思汗对札兰丁非常敬佩，但对于那些追随他的花剌子模士兵以及他的家人却没有丝毫怜悯。在札兰丁跳入印度河逃生的时候，一部分士兵也追随他跳河而去，另一部分则留在了岸上，成吉思汗将所有留在岸上的花剌子模士兵处死，并毫不犹豫地下令弓箭手向印度河中的士兵射击，使得印度河上一时之间漂满了尸体。

至于札兰丁的家人，他年轻貌美的老婆们都成了成吉思汗的小妾，而他的儿子们，无论长幼，则都成了蒙古人的刀下亡魂。在作战前，札兰丁为了不让蒙古人得到他的财物，命人将所有辎重尽数丢入印度河，但之后，成吉思汗还是令人成功地将这些珍宝打捞了起来。

成吉思汗知道，以札兰丁的个性和决心来说，只要一有机会，他必定会成为大蒙古国的麻烦，因此他又派出大将八剌率领 2 万士兵进入印度，对札兰丁进行追击。

八剌率军挥刀猛进，一连攻下了印度的几个城池，但却始终没有找到札兰丁。耶律楚材见状，便劝成吉思汗撤离印度，停止追击，以免扩大战事。但成吉思汗却不以为意，野心勃勃地笑道："不仅是札兰丁那小子，印度也将成为我的囊中之物！"

札兰丁从印度河逃亡之后便躲藏在印度境内，那些侥幸得以逃脱的花剌子模士兵又陆续聚集到他的身边，后来一些花剌子模爱国青年在听说札兰丁死里逃生之后，也纷纷前来投奔他。没过多久，他又集结起了一支百余人的小队伍。当时，札兰丁听说附近驻扎着一支印度军队，有三四千人，为了图谋发展，他带着自己的小队伍偷袭了这支印度军队，并大获全胜。札兰丁将此次抓获的俘虏编入了自己的队伍，实力顿时有了巨大提升。

为了生存下去，札兰丁率领部众干起了抢劫偷盗的营生，在当地劫掠食物和牲畜等等。当时的印度土王听说有盗匪在自己境内作乱，当即派出骑兵和步兵前来"剿匪"。札兰丁率众迎战，毫不畏惧，将这支印度军队打得落花流水。此次胜利之后，札兰丁的军力迅速扩张充了三四千人。

札兰丁虽然不惧怕印度人，但对蒙古军依然有着几分忌惮，他深知，以自己如今的实力，是根本无法与蒙古军相抗衡的，若贸然对抗，很可能就此失去翻身的希望。因此，当札兰丁得知八剌奉成吉思汗之令带领蒙古军进入印度四处搜捕自己时，便急忙向印度的德里国一带逃跑。

当时印度被分为若干个小国家，因此，并没有任何军队阻挡札兰丁在印度的国土上横冲直撞。在德里国的时候，德里国王见札兰丁相貌不凡、勇猛善战，便想要招他做女婿。札兰丁虽然对公主没什么意思，但却有了图谋德里国王位的心思，可谁知，他还没来得及正式起事，消息就走漏了出去，德里国王在当时的印度算是颇有势力的，得知此消息后他龙颜大怒，于 1223 年将札兰丁一行人逐出了印度。

被赶出印度的札兰丁不敢贸然回国，在花剌子模边境游荡了近一年，直至 1224 年听说成吉思汗已经率军返回了蒙古，这才带领自己的军队回到了花剌子模。

一听说太子札兰丁竟然没死，而且还回来了，许多原本归顺了蒙古的花剌子模人纷纷开始反叛。在札兰丁的号召下，没过多久，花剌子模西部以及呼罗珊北部的大部分城池都回到了札兰丁手中，只有河中的几个大城市还在蒙古人的控制之下。

在站稳脚跟之后，札兰丁又相继率兵侵略了格鲁吉亚以及巴格达等地方，并正式建立了自己新的王国，定都于大不里士城。

在札兰丁回到花剌子模前期，他虽然具有一定号召力，但实际上对蒙古人的统治还没有多少威胁。到札兰丁真正壮大的时候，成吉思汗已经去世了，三子窝阔台继承汗位。继位之后，窝阔台再次挥兵攻打札兰丁。

面对蒙古大军的卷土重来，札兰丁一连发表了数场演说，试图激励手下军队奋起杀敌，抵御敌军。但当年蒙古人碾压花剌子模的情境依然历历在目，军中上下无不对蒙古人恐惧非常。当蒙古军大举攻来时，札兰丁手下的将士们只抵抗了几个回合便仓皇溃逃了，札兰丁的新政权顿时瓦解。

这一次，命运再也没有眷顾札兰丁，1231 年 8 月逃亡到土耳其一带的札兰丁死了，关于他的死因大约有三种说法比较可信：一是他被当地一个农民所杀，其尸体则被农民扛下山领赏去了；二是他在逃亡中被追随自己的将领所杀，据记载，自复国以来，札兰丁一直穷兵黩武、沉溺酒色，早已大失民心；三是被追击他的蒙古军所杀。

无论是哪一种死法，札兰丁的死亡都宣告了花剌子模帝国的彻底覆灭。这些当然都是后话了。

冲破俄罗斯大草原

现在我们要回过头说一说哲别和速不台大军的情况。

当哲别和速不台率领蒙古大军追击摩诃末至阿斯特拉巴德以西戈尔甘河河口附近的孤岛上时，摩诃末已经死了，其子札兰丁也不知所踪。严格来说，成吉思汗所交托给哲别和速不台的军事任务也算完成了。

两位大将令人将情况报告给成吉思汗之后，成吉思汗便下令，让二人带领蒙古大军从呼罗珊北部穿越高加索山脉，进入俄罗斯大草原之后再取道回蒙古。

回师蒙古的路线有很多条，成吉思汗特别嘱咐哲别和速不台按照这一条路线返回，自然是别有深意的——他需要他的两位得力干将替他一睹俄罗斯大草原的风貌。显然，成吉思汗对俄罗斯大草原动心思了。

哲别和速不台接到成吉思汗的命令之后便决定，既然要绕道回蒙古，那不如顺便取道伊拉克，沿途多掳掠些战利品回去，这样一来也不枉此行啊！打定主意之后，两位猛将率领蒙古大军向呼罗珊北面前行，一路上攻打了伊拉克地区的许多城池，并将伊拉克人的财物抢掠一空，将成吉思汗和大蒙古国的威名远扬到了中亚地区的每个角落。

蒙古大军满载着战利品行至高加索山脉后便向格鲁吉亚方向前进。高加索山脉位于俄罗斯南部，东面临里海，西面是黑海，南面则接呼罗珊。高加索山脉一带居住的是民风强悍的格鲁吉亚人，他们看到外来的蒙古大军十分恼怒，立即派出一支万人的军队来“教训”这些外来入侵者。

格鲁吉亚人虽然强悍骠勇，但面对身经百战的蒙古士兵还是很快就落了下风，没坚持几轮进攻就被蒙古人打击得全面溃散，逃入高加索山林之中。

哲别和速不台见如此轻易便获得了胜利，不由得喜形于色，正当他们大摇大摆进入格鲁吉亚，打算向这些人宣告成吉思汗的威名之际，突然发现这个民族并不像他们所想象的那般好惹。逃入山林的格鲁吉亚百姓和士兵利用对当地环境的熟悉，竟埋伏在山林之中，和蒙古军队打起了游击战。他们借助天然环境的掩护，频频对蒙古军发起小规模进攻，虽然不至于造成很大伤亡，但频繁的侵扰实在令人感到烦忧。无奈之下，哲别和速不台商量，只得带领着蒙古大军又退回了呼罗珊境内。

在呼罗珊境内又待了一段时间之后，哲别和速不台再次带领蒙古大军来到了格鲁吉亚。格鲁吉亚人见蒙古人去而复返，不由得怒气攻心，再次集中全国兵力，打算与蒙古人决一死战。

经过上一次的教训之后，哲别和速不台都谨慎了许多，决定此次与格鲁吉亚人对战应求智取而非力敌。商量好对策后，哲别率领一支兵马埋伏在一处隐秘的山谷之中，而速不台则率领着一支队伍充当先锋，与格鲁吉亚人进行交战。

大战不到几个回合，速不台军突然全面溃逃，这显然又是一出诱敌深入的计策，但缺少经验的格鲁吉亚人却丝毫没往心里去，看到蒙古士兵一路溃逃，不由大喜过望，乘胜追击。这些“败走”的蒙古士兵步步深入，将紧追不舍的格鲁吉亚人带入了早已布置好陷阱的山谷之中。见鱼儿已经上钩，埋伏许久的哲别大军突然高声喊杀，从林中蜂拥而出，可怜格鲁吉亚3万余军士全部成了蒙古人的刀下鬼。

击溃格鲁吉亚人之后，蒙古大军在哲别和速不台的率领下抵达临海的一个小国家——阿塞拜疆。阿塞拜疆和格鲁吉亚人完全不同，他们性情温和、待人友好，没有丝毫抵抗便愿意让蒙古大军从自己国家的领土上穿过。

穿过阿塞拜疆，高加索山脉便近在眼前，经过多番打探，哲别发现，想要穿越高加索山脉，就必须找到一条十分隐秘的小路，这条小路大约就在港口城市打耳班（今俄罗斯杰尔宾特）附近，据说只有当地人才知道具体位置。

哲别和速不台商议后，派出一名使臣前去拜见打耳班的首领，提出想要与他们和平共处。在使臣巧舌如簧的劝说下，打耳班首领非常高兴，为了回报蒙古人的“诚意”，他派遣了10名使臣前往拜见哲别和速不台。结果没想到，这10名使臣才刚刚进入蒙古大营，哲别便一声令下，将之捆了个结结实实。

将所有使臣制服后，哲别随手拉出其中一人，下令士兵利斧一挥，这可怜的使臣还不知道发生了什么事，脑袋就搬了家，“咕噜噜”在草地上滚了一圈，样子煞是吓人。剩下的9个使臣见到这情况，脸瞬间就吓白了，心里暗自叫苦。

这时，哲别站了出来，对这些使臣说道:“我听说这里有一条小路能够穿越这座山，到达那边的地方，这条小路究竟在何处？知道的就赶紧说出来吧，否则恐怕你们都要和刚才那位兄弟一样，脑袋搬家啦。”

使臣们已经吓得面如土色，争相告之，希望蒙古人能饶他们一条性命。

寻到这条传说中的小路时，哲别和速不台才发现，这条小路实在是太狭窄了，且路途不顺，杂草丛生，即便要走，恐怕也需边前行边开路。但此时，哲别和速不台也没有第二个选择，只能率领蒙古大军不辞辛劳地踏上了这条小路，以极慢的速度一边行军，一边开路，向着俄罗斯大草原步步挺进。

居住在俄罗斯大草原的钦察人和阿兰人在得知蒙古人突然闯入时，不由得惊慌失措，他们早已听说过蒙古军队的强大与残忍，为了抵御这支恐怖的入侵者，钦察人和阿兰人决定携手，他们歃血为盟，并立下毒誓，将共同合作对抗蒙古入侵者。

哲别大军初来乍到，自然不愿在不了解环境的情况下轻易惹怒当地势力。在得知钦察人和阿兰人的合作后，一条离间计跃然于哲别心头。

哲别将心中所想告知了速不台，两人商议后便派出一名随从前去钦察人的部落，这名随从对钦察人说道:“我们可是同一民族的人啊！我们的血脉是相通的！让我们共同缔结和平约定，成为彼此的盟友，共同对抗那些本地土著阿兰人吧，他们是与我们完全不同的异类，绝不能让他们占据这片属于我们的大草原！”

钦察人原属于突厥游牧民族中的一支，和蒙古人是同一种族，可以说有亲缘关系。

这些钦察人是从祖辈便远离家乡来到此处的，听着蒙古人舌灿莲花的诉说，心中不由得泛起了一丝对故土的眷恋，思乡之情一涌而起，他们看蒙古人似乎都亲近了几分，颇有一种“他乡遇故知”的感觉。

紧接着，哲别又派人给钦察人送来了很多的金银珠宝，这些常年生活在大草原上的钦察人哪里见过这种阵仗，顿时就被这群“老乡”打动了，带着金银财宝偷偷离开了与他们结盟的阿兰人，把这群盟友交给了蒙古“老乡”。

钦察人一走，哲别和速不台自然毫不犹豫地处理了被丢下的阿兰人。

在阿兰人遭遇毒手的时候，钦察人却浑然不觉危险已经降临，他们以为与“老乡”缔结了友好协议，便能与他们在同一片天空下和平相处。因此，他们放心地收起了金银财宝，毫无防备地继续在大草原上放牧牛羊。

处理完阿兰人之后，哲别和速不台立刻翻脸不认人，率领蒙古大军对毫无防备的钦察人发动了攻击，不仅将此前送去的金银财宝全部抢回，还将钦察人拥有的牛羊牲畜以及值钱的东西劫掠一空。

直至此刻，钦察人才意识到自己落入了敌人的圈套。钦察人的首领钦察汗忽滩九死一生才从蒙古人的屠刀下逃生，走投无路之际，他只得向他的女婿，俄罗斯佳里宁大公姆斯基斯拉夫求援。

钦察人是俄罗斯大草原上的游牧民族，活动地域在俄罗斯南方一带，他们时常侵扰俄罗斯边境，抢掠俄罗斯人的财物。俄罗斯人虽然对此愤恨非常，但一时之间却又难以压制钦察人的势力，因此为了获得边境安宁，俄罗斯人便决定与钦察人联姻，这位佳里宁大公正是因为联姻关系而娶了钦察汗的女儿为妻的。

这种姻亲关系实际上是不牢靠的，它更多地是建立在利益之上。忽滩非常清楚这一点，因此他虽然是去向女婿求援，但也没忘记准备丰富的礼品，并将其中的利害关系一一分析给女婿听："我们之间如同唇齿，唇亡齿寒，今天蒙古人若是夺取我的地盘，明天，他们的屠刀将会挥向你的地盘！为了我们共同的利益，我们应该成为友好扶持的一家人！"

姆斯基斯拉夫对其中的利害怎么会不清楚，另外他也担心，如果俄罗斯不愿意帮助钦察汗，那么钦察汗一旦向蒙古人投降，必定会怀恨在心，联合蒙古人一起攻打俄罗斯。为了避免这一结果，姆斯基斯拉夫在与众人商量后，首肯了与钦察汗的结盟。

哲别和速不台在得知钦察汗与俄罗斯人结盟之后，决定故技重施，离间他们之间的关系。这一次，他们派出使者前往俄罗斯面见姆斯基斯拉夫。使者对俄罗斯人说道："钦察人试图对你们不利，我们正是得知这一消息才来通知你们的，愿我们能够结为永不侵犯的好兄弟！"

但显然，俄罗斯人并不好骗，使臣的话还没说完，姆斯基斯拉夫已经不耐烦地下令将他拉出去杀头了。

离间失败之后，哲别和速不台却依然没有放弃，又派出了第二批使者，期望能够以更加动情的方式取得俄罗斯人的信任。但最终，结果仍旧是一样，只不过第二批使者较为幸运，虽然未能取信于俄罗斯人，但俄罗斯人并没有杀死他们，而是将他们释放了。

计谋不成，一场苦战也就无法避免了。

“神箭”陨落

在决定与钦察汗合作共同抗击蒙古之后，姆斯基斯拉夫迅速联络了俄罗斯其他诸侯国，动之以情，晓之以理，游说他们共同出兵，一起抵御蒙古大军。除了少数几个公国采取“事不关己高高挂起”的态度之外，大部分的公国都派出了军队支持姆斯基斯拉夫。

1223 年 4 月，俄罗斯联军列阵于第聂伯河右岸，准备与蒙古人正式开战，而哲别与速不台也已整军待发，一场俄罗斯大草原的争夺战正式拉开帷幕。

佳里宁大公姆斯基斯拉夫在看到蒙古人的军队后，心中大喜过望，俄罗斯联军的人数比起蒙古士兵人数来说，足足翻了几倍，实力如此悬殊，恐怕是想输都困难啊！

姆斯基斯拉夫现在只看到了自己的优势，却完全忽视了俄罗斯联军存在的致命缺陷。俄罗斯联军乃是各诸侯国参战的结果，每个公国派出一支军队参加战斗，这些军队虽然人数庞大，但力量却不集中，军队没有一个统一指挥者，无论是在调度还是作战方略方面都存在一定困难。俄罗斯联军就如同一盘散沙，各自为政，根本无法将力量集中并合理进行运用，有时甚至还可能拖彼此的后腿。

但蒙古大军却不同，他们身经百战，有着熟练而出色的战略指挥官，不论进退攻守，都能将所有军力完美配合运用，并发挥出军队最大的能动性。

根本看不到这一切的姆斯基斯拉夫早已笃定胜利在望，或许是为了在众人面前显摆一番，他竟带领着手下人马率先冲向了蒙古大军。与他一同冲出的，还有另一个公国的大公丹尼尔，丹尼尔非常年轻，还从来没有上过战场，在他看来，今天这场战争就如同打猎一般充满乐趣。

令人意外的是，这两个全无章法的大公直愣愣冲过去，竟将蒙古先头部队打得措手不及，仓皇失措，最终溃败而逃。姆斯基斯拉夫和丹尼尔都乐坏了，越发觉得蒙古人不过如此，以往听说的种种都不过是谣传罢了，当即下令俄罗斯联军乘胜追击，必将蒙古人一举歼灭。

被骄傲自大情绪遮住眼睛的俄罗斯联军整整追击了蒙古大军 12 天，逐渐离开了自己所熟悉的地盘，但此时，他们却依然没有“嗅”到阴谋的“味道”，依然兴奋地向着自以为是的“胜利”狂奔而去。

蒙古大军将俄罗斯联军引致钦察草原后突然停止了奔逃的步伐，因为他们已经将敌人诱至他们最熟悉的草原，这里是属于蒙古人的战场！再看俄罗斯军队，原本就纪律松散，在经过这么远的长途跋涉之后，队伍更是被拖得稀稀拉拉，整个军队都呈现出一种人困马乏的状况。哲别和速不台相视一笑，了然于心，这正是进攻的最佳时机。

见蒙古人停了下来，姆斯基斯拉夫和丹尼尔再次故技重施，以一副勇者无畏的样子率领军队冲向了蒙古军。他们以为，这一次蒙古人依旧会如同上一次一般，抵抗不了几个回合便慌忙逃命。但这次，他们错了。

12 天前，俄罗斯联军气势正盛，人数众多，哲别与速不台首战诈败，是为了避其锋芒，并引敌深入，将战场搬移到蒙古人所熟悉的地方，同时拖垮俄罗斯人的士气。可惜姆斯基斯拉夫和丹尼尔这两位年轻气盛的大公却浑然不觉。

原本两位大公尚算骁勇，与蒙古大军竟也抵抗了数个回合，但这一次，他们却犯了一个致命错误——将钦察汗的部下用作前锋部队。这些钦察人是蒙古人的手下败将，对他们早有惧怕之心，如今被推为前锋，抵抗数个回合之后，便感觉蒙古人似乎越战越勇，心中不由暗自发慌，还未败退就趁机掉头往回跑了。逃命的与冲锋的混杂在一起，完全打乱了队伍的阵仗，加之士兵们本就心存恐惧，一见有人逃跑，难免信心动摇，不多久便只见战场上的俄罗斯人纷纷向后奔逃。

姆斯基斯拉夫与丹尼尔两位年轻大公所率领的部队实际上只是俄罗斯联军的前锋部队，真正的主力军掌握在后方的基辅大公手中。

此时，若基辅大公率主力部队出战，或许尚有可能稳定战局，扭转乾坤。但此前说过，诸侯国参战的最大弊端就在于各自为政，人人都为自己的利益而非全体的利益考量。基辅大公见前锋部队溃败之后，为免自己的军力受损，竟决定坐山观虎斗，按兵不动，丝毫没有意识到，作为一支联军部队，他们之间的荣辱胜败乃是息息相关的。

前锋部队全面溃败之后，基辅大公率领主要军队退守到了喀尔喀河边的一座小山上，以居高临下之势对抗蒙古军。哲别和速不台率领蒙古军团团围住了小山，基辅大公因军力强大，且占据有利地势，与蒙古军整整抗衡了 3 天，最终也没让蒙古人讨到半点好处。

眼见双方都伤亡惨重，蒙古人开始向山上的俄罗斯联军喊话："我们不要再打啦！只要你们肯放下武器，我们就放你们回家睡觉去！”

让人感到惊诧的是，对于蒙古人的这一喊话，单纯的基辅大公竟然相信了，被困在山上3天的他已经又累又乏，竟以为只要放弃抵抗便能草率地了结这场战争。于是，他下令让全军都丢下武器，优哉游哉地走下了山。果不其然，当这些赤手空拳的士兵怀抱着回家睡觉的希望走下山的时候，蒙古人却突然向他们举起了屠刀。

此次战争中，钦察汗的女婿、佳里宁大公姆斯基斯拉夫却逃过了一劫。当时他充当前锋部队，率先上前与蒙古军对垒，不想却被打得落花流水，姆斯基斯拉夫大骇，率领残部掉头就跑，一直逃回了第聂伯河以西的俄罗斯领土，甚至由于害怕蒙古大军追击而将河上的船只全部烧毁。哲别和速不台倒也没将此人放在眼里，故而根本就没去追击。

在完成成吉思汗交托的任务后，哲别和速不台在启程返回蒙古前又在附近的城池进行了一番劫掠，他们先是前往速答黑城，对城中百姓进行了一番恐吓，竟吓得百姓弃城奔逃，蒙古军得以顺利进入城中抢劫一番。

随后，哲别与速不台又带领蒙古大军前往不里阿耳，这是当地最为富裕的一个小国。但让哲别和速不台没想到的是，这个小国和速答黑城完全不一样，他们进攻了两天却没有任何成效。此外，不里阿耳的百姓还都十分爱国，团结一致打击蒙古大军，晚上竟还有游击部队进行偷袭。

哲别和速不台原本只是想在返回蒙古之前多抢劫一些战利品，却不想遭遇了如此顽强的抵抗，致使蒙古大军损兵折将。最终哲别和速不台放弃了不里阿耳，率领军队正式踏上回国之路。但对于这个小小的仇恨，蒙古人却是睚眦必报的，10余年后，拔都在进行西征时，率先攻灭的国家正是这个不里阿耳国。

辉煌的远征之后，哲别和速不台带着数不清的战利品沿里海北岸向蒙古草原行进。一天，哲别突然感觉头重脚轻，身体非常不舒服，突然之间眼前一黑，竟从马背上摔了下去。军士们大惊失色，在速不台的指挥下，小心翼翼地将哲别抬入了大帐之中。此时，哲别已经神志不清，一副似睡非睡的样子，嘴巴里迷迷糊糊地重复着:“我太累了……”

此后不久，哲别便去世了，最终也没能回到故土，没能跪在大汗的金帐前，向他汇报自己辉煌的战果。成吉思汗最为器重的“箭神”就此陨落。

第五章 丘处机与长生天

长生之道

当花剌子模帝国走向覆灭，成吉思汗的西征也近乎完成之际，他接到一个振奋人心的消息：长春真人丘处机就要到了！

丘处机号长春真人，是一个道士，并且是一个名道士。丘处机的师父叫王重阳，是道教支派全真教的创始人，丘处机自幼失去双亲，从童年时期就开始对“修仙”一事充满向往，传说他曾为了磨练自己的意志，一次次将铜钱丢进灌木丛里，直到找到为止。

王重阳非常看重丘处机，曾预言说：“此子（丘处机）异日地位非常，必大开教门者也。”此外，王重阳还赠予丘处机一首诗，诗曰：“细密金鳞戏碧流，能寻香饵食吞钩。被予缓缓收纶线，拽如蓬莱永自由。”诗中预言了丘处机日后将会得到皇帝的青睐。果不其然，丘处机日后确实名满天下，并且一度成为金朝、南宋以及蒙古帝国三位皇帝的座上宾。

丘处机一介道士，却为何屡屡得到帝王的青睐呢？这实际上并不难理解。自古以来，所有皇帝几乎都对“得道升仙”以及长生不老等玄妙的事情感兴趣，因为他们都害怕死亡，都希望自己能够永葆青春，长生不死，若是能修成正果，摇身一变成了仙人，那就更好了。皇帝作为人中之龙，人上之上，享尽世间富贵，自然更加渴望长生不死、永享富贵，而他所拥有的财力自然也能够支持他作出任何荒唐之举，因此皇帝慕道并非什么稀奇事。想当初，即便是开创了文景之治的明君汉文帝都“不问苍生问鬼神”，可见修道之事对于帝王而言是有多大的吸引力！

丘处机的出名是非常玄妙的，据说有一年金中都遭遇大旱，金国皇帝找来了丘处机，希望他能向上天求雨，以拯救黎明百姓。接到命令之后，丘处机便在金中都搭建了求雨台，装模作样地做了一场法事，神奇的是，几天以后金中都果然降下大雨，丘处机从此一举扬名，被百姓们称为“活菩萨”。

最初看中丘处机的是金国皇帝金世宗，1188 年他曾将丘处机邀请至金中都，向他询问关于修道方面的事情。但后来，随着丘处机的出名，全真教的势力越来越强，引起了统治者的忌惮。1190 年，金章宗宣布禁止全真教，虽然此事再无下文，但丘处机也因此离开了金中都。

1215 年，当成吉思汗率领蒙古大军攻入金中都的时候，他手下一个名叫刘仲禄的汉族人在金中都听到了许多关于丘处机的传说，比如他已经 300 多岁，却身体硬朗，能与年轻人赛跑，是因为他精通长生之术等等。事实上，这一传说是经过夸大的，当时的丘处机才 71 岁，但当时的老百姓都这么传，刘仲禄也就相信了，为了讨好成吉思汗，他便在成吉思汗面前大力推荐丘处机。

这个时候，成吉思汗已经年近花甲，突然听闻这世间竟有长生不老这等神奇的法术，自然心驰神往，于 1219 年正式委派刘仲禄前往全真教邀请丘处机来与自己相见。

刘仲禄奔波了 6 个多月才到达丘处机所居住的道观，这时南宋的皇帝也派遣了使臣前来邀请丘处机，双方争执不休。

丘处机得知后，思索片刻，便回绝了南宋皇帝的使者，决定跟随刘仲禄前去面见成吉思汗。当时蒙古大军正在四处东征西讨，其动辄屠城的残暴行径天下皆知，丘处机之所以作出这样的选择，正是希望能亲自劝说成吉思汗减少杀戮，拯救天下苍生。可以说，丘处机道长虽非真神仙，但确实怀揣着一颗爱民之心。

1219 年，丘处机带领尹志平、李志常等 18 名弟子随刘仲禄启程，前往已经被蒙古人统治的原金中都，也就是今日的北京城。但当丘处机到达北京城的时候，成吉思汗已经率兵出发，准备攻打花剌子模帝国了。

得知成吉思汗已经西征，丘处机决定离开，但成吉思汗却急于想要见到这位名满天下的道长，于是遣人邀请丘处机直接到西亚去与他相见。

丘处机答应成吉思汗的邀约后，便由刘仲禄护送，启程向西亚地区而去。一路上，丘处机看到了被蒙古士兵肆虐后的城池惨况，更加坚定了他要劝说成吉思汗的决心。在此期间，丘处机写下了很多描述战争的诗词，其中有一首诗是这样写的:

十年兵火万民愁，千万中无一二留。
去岁幸逢慈诏下，今春须索冒寒游。
不辞岭北三千里，仍念山东二百州。
穷极漏诛残喘在，早教身命得消忧。

1222 年 5 月，在经过千山万水的跋涉后，丘处机终于来到了阿富汗地区的成吉思汗大营中。成吉思汗极为热情地接见了丘处机，大笑着对他说道:“我听说，这宋朝的皇帝也想请你去见他，但你却不远万里地来与我相见，我实在是太高兴了啊!”

丘处机听成吉思汗这么说，充满智慧地回答道：“我这山野之人也是奉了上天的旨意才来见你的啊！”

一番寒暄过后，成吉思汗直奔主题，问丘处机道：“长春真人你不远万里来见我，一定是要传授我长生不老的秘诀吧？”

丘处机抚着胡须，不紧不慢地回答道：“这个世界上延年益寿的方法有很多，但却不存在长生不老的药。”

成吉思汗一听，心中顿时凉了半截，不由得有些失望。

丘处机看到成吉思汗的样子，笑道：“大汗，我虽然确实没有长生不老的法术，但延年益寿的方法还是非常多的。”

成吉思汗听后在心里盘算着，既然不能长生不老，那退而求其次，延年益寿也是不错的，至少也能多活几年，于是又重新燃起了兴趣，要求丘处机给他讲讲延年益寿之道。

丘处机见成吉思汗来了兴趣，缓缓开口，从道家的清心寡欲讲到强身健体的养生气功，成吉思汗听得津津有味，心中对这个名道士的敬重又更甚几分。随后，成吉思汗令人为丘处机准备了帐篷，与他同吃同住，关系非比寻常。只要一有闲暇，成吉思汗便到丘处机帐中与他探讨养生之道，据记载，成吉思汗一直尊敬地称呼丘处机为“神仙”，由此可见成吉思汗对他的尊崇。

长春真人的治世思想

此前说过，丘处机之所以不远万里奔赴西亚来觐见成吉思汗，是因为怀有体恤苍生的心。丘处机并非为名或为利来见成吉思汗，更不是为了传授什么长生之道，他的主要目的在于，劝谏成吉思汗仁慈向善，减少蒙古士兵的杀戮。

在取得成吉思汗信任后，丘处机开始与他探讨更深层次的话题。成吉思汗是非常信奉腾格里的，于是丘处机就告诉成吉思汗，但凡是明智的帝王，必心存善念，腾格里的旨意是非常明确的："使古今帝王臣民皆令行善。"

为了让成吉思汗进一步信服这个说法，丘处机还给他讲了一个故事："人世间的帝王，实际上都是天上的神仙下凡。如果你在凡间的时候能够把皇帝当好，那么将来回到天上，就能得到奖赏和提拔；但如果你在凡间做不好这个皇帝，回到天上就必须要接受惩罚，过错实在太严重，还可能就此打入地狱。就像当年的黄帝，他原本在天上只是个小神仙，后来下凡尘做了皇帝，他善待国民，得到了极高的褒奖，回到天上之后便成为仙官。后来，他又第二次下凡做皇帝，做得比之前更好，于是现在他已经成为天界的君主了！"

丘处机的故事说得非常精妙，既在无形中抬高了成吉思汗的身份，暗示他是天神下凡，又以黄帝的传说作为引证，真假参半，满含褒扬，由不得成吉思汗不信。

见成吉思汗非常赞同自己所说的话，丘处机便开始进一步与成吉思汗探讨一些实质性的问题，比如治理中原的措施等等。

丘处机对成吉思汗说，这中原地区本是一块沃土，出产众多的奇珍异宝，这是别的地方所难以比拟的。这相当于先给成吉思汗抛出了一个“诱饵”，让他对中原地区产生向往和重视。紧接着，丘处机又说，这中原本是如此的富饶，但因为战争，很多东西都被毁灭了。可被毁灭了，不代表就不能重建，那么如何重建呢？丘处机提出了一系列的方法：首先要派遣有能力的官员进行管理；其次要免除中原 3 年赋税，让老百姓休养生息。这样一来，国家才能强大，国家强大了，就说明皇帝干得好。

丘处机所说的话，简单明了，但却是步步为营。他先讲述中原地区的好，再将这好“毁掉”，让成吉思汗倍感可惜，接着再提出恢复策略，最终再把这些“功德”与之前所说的关于皇帝干得好不好挂上钩。这相当于是在暗示成吉思汗，他的所作所为直接影响到了百年之后在“天庭”中的境遇。

在与丘处机探讨这些事情之前，成吉思汗的认知是非常简单的：对于听话的人，就让他们自生自灭；对于不听话的人，就杀死他们；需要东西，那就去抢、去拿，哪里还有这么多的讲究。但在与丘处机沟通之后，成吉思汗才惊觉，原来治理一个国家竟有这么多的门道。

虽然丘处机时时劝谏，希望成吉思汗减少杀戮，但战争毕竟是残酷的，当时成吉思汗正在处理呼罗珊境内的残余势力，很多时候不免手段过于残暴。丘处机对此无能为力，看在眼中，痛在心头，于是便向成吉思汗奏请，准许他先行回到撒马尔罕，等成吉思汗处理完事情之后两人再叙。

同年 9 月，阿富汗境内的残余势力基本已经扫荡干净，成吉思汗再次派人请丘处机与自己相聚。成吉思汗一直将丘处机奉若上宾，照顾周到，并时时让手下重臣与他一同听丘处机“讲课”。可以说，在成吉思汗与丘处机相处的这段时间里，他与丘处机的论道为日后耶律楚材的改革奠定了坚实的基础。

看到成吉思汗已经逐步接受自己的理念，丘处机心中甚是宽慰，便于1222 年 11 月向成吉思汗提出请辞，希望成吉思汗能够允许他回到山中过闲云野鹤的生活。当时，成吉思汗与丘处机的关系已经极为亲密，两人之前不仅有师徒之情，还有朋友之谊。虽然不舍丘处机离开，但成吉思汗断不愿强人所难，便答应了他的请求，并赐予大量的财物给丘处机作为答谢。丘处机谢过成吉思汗后，将他所赏赐的财物都分给了当地的穷苦人。

就在丘处机一切准备就绪，打算启程回国的时候，天空中却突然飘起了漫天的雪花，成吉思汗抓住这个机会，再次挽留丘处机，希望他能再与自己多探讨交流治国之道。家乡路遥，雪天难行，既然天都要他留，他又何必急着走。

济世奇功

大雪阻碍了丘处机的行程，于是他继续待在成吉思汗的身边，与他探讨养生修道以及治理国家等事情。

这一年的 12 月间发生了一件匪夷所思的事情。一天，成吉思汗正要过一座桥，但他的腿还没抬起来，就看到天上划过一条极其诡异的闪电，生生劈在了那桥上，“轰隆”一声，桥被劈成了两半，一时之间焦烟滚滚。

成吉思汗见到这等情形，心中感到非常惊诧，但却又不知这件事情究竟暗示着什么，于是便把丘处机给请了来。

丘处机四处查看了一番，气定神闲地捋着胡须，意味深长地说道："我曾经听说，这天底下的罪状，最不可饶恕的就是不孝，这说明老天在警告大汗你呀！我听说蒙古国里，很多人对父母都是不存孝道的，如今发生这样的事情，大汗你应该用你的威德来教化臣民啊！"

成吉思汗听后频频点头，赶紧把自己的儿孙全部召来了，对他们说道："汉人讲究孝顺父母，如同我们敬奉腾格里一般。以后你们要记住，向汉人学习，孝顺父母，否则违背天道，必会遭到天谴的。"

次年3月的一天，成吉思汗闲来无事便去山上打猎，在追逐一只熊的时候，不慎从马上跌落下来，那只熊突然扑了过来，举起巨掌就要抓下去。成吉思汗大惊失色，就在这千钧一发之际，身边的护卫举刀向熊乱砍，这才保住了成吉思汗的性命。

打猎归来后，成吉思汗赶紧去了丘处机的帐中，将今天发生的事情原原本本说了一遍。丘处机听完后微微一笑，趁机入谏道："大汗，今天发生这样的事情，正是因为上天有好生之德啊！大汗你现在年岁已高，应该多做些颐养天年的事情，至于打猎这样的活动，实在不应多去。"

骑马打猎均是蒙古人自小便养成的习惯，作为游牧民族的首领，成吉思汗更不可能将打猎这项活动彻底赶出自己的生命。但丘处机这样说必定有他的道理，此后很长一段时间，成吉思汗真的没有再去打猎，这足以见得他对丘处机的信任有多深。

丘处机对成吉思汗的影响是非常大的，在成吉思汗未与丘处机相见之前，他的西征道路完全就是残忍的屠杀，但在与丘处机相见后，蒙古军队基本上停止了大规模的屠杀行为。据《元史太祖本纪》记载，成吉思汗在回到中原后再次征伐西夏的时候，曾下达过一道"止杀令"，其内容是："朕自去冬五星聚时，已尝许不杀掠，遽忘下诏耶。今可布告中外，令彼行人知朕意。”意思就是说，我去年的时候就已经决定，不再屠杀百姓，但却一直忘了正式下令。现在，你们要把这道不准杀戮的命令传到全国，让所有人都遵照该命令行事。

成吉思汗下此诏书，说明他已经完全接受并信奉丘处机的理念了。

到 1223 年的春天，丘处机已经在成吉思汗身边整整待了一年，天气回暖的时候，他再次向成吉思汗请辞，成吉思汗交给他一张圣旨，下令免除所有道教头面人物的赋税，以此作为对丘处机的感激。此外，为了让丘处机平安回到中原，成吉思汗还特意派出一支拥有 5000 人的蒙古军队护送他。

之后，为了表达对丘处机的赞赏和尊崇，成吉思汗赐予他虎符玺书，将他封为爵大宗师，赐号神仙，并让他“掌管天下所有的出家人”。一时之间，丘处机在大蒙古国受尽荣宠，地位相当于蒙古帝国的大国师。

回到中原之后，成吉思汗又传令将原金中都的御花园赏赐给全真教建造道观，并以丘处机的名号命名为长春观。

蒙古军在入侵中原之后，许多百姓沦为蒙古人的奴隶，丘处机凭借成吉思汗赐给他的虎符玺书救下了二三万无辜的百姓。在当时，丘处机的善行影响极大，致使全真教名噪一时，众多名士贵胄都以加入全真教为荣。此外，百姓们还争相向丘处机讨要诗文，据说只要手中握有丘处机的诗文，便能免遭蒙古人的屠杀。

此后，在忽必烈统一中国之际，丘处机的徒弟尹志平继承了他的遗志掌管全真教，并凭借着虎符玺书继续保护众多百姓的生命财产安全，这已经是许多年后的事情了。

1227 年，丘处机于长春观内病逝，享年 79 岁。

在后世看来，丘处机一生最为重要的功绩，便是从蒙古人的屠刀下拯救

了无数生命，这项功绩甚至远远超过他对于宗教方面的贡献。清高宗曾写过一副对联来评价丘处机:

上联：万古长生，不用餐霞求秘诀；

下联：一言止杀，始知济世有奇功。

第六章 最后一战

西征的结束

随着花剌子模帝国的覆灭，成吉思汗的西征也接近了尾声。1224年春，在撒马尔罕度过冬天的成吉思汗准备率领军队班师回朝。

在班师回朝的途中，成吉思汗突然心血来潮，想要建造一座世界上最大最华丽的宫殿来纪念自己西征的功绩。但这个念头转瞬即逝，成吉思汗立即意识到，此时西征才刚刚结束，那些被他征服的广大地区尚未安稳下来，百姓还生活在疾苦之中，若是此时大兴土木，无异于罔顾国家社稷和百姓疾苦，绝非明智之举。

几天后，这个念头突然之间又浮现在成吉思汗脑海中，他顿时有个主意，想借此事来试探试探自己手下的部众。

打定主意后，成吉思汗立即召开了一次会议，要求全军将领都来参加。在会议上，成吉思汗认真地提出了自己想要建造宫殿的想法，此话一出，顿时赢得了一片叫好声，众人纷纷赞颂成吉思汗的功绩，并争相发言，鼓动他必定要建造出世界上最豪华的宫殿，如此才能显示其非同一般的功绩。

成吉思汗一语不发，散会之后唯独留下了耶律楚材。成吉思汗摸着胡子，一副若有所思的样子，对耶律楚材说道："今天的大会让我非常不解啊，那些与我出生入死的兄弟们仿佛没了主见似的，人云亦云，唉，看来还是我们大蒙古国缺少栋梁之才啊！"

听到成吉思汗的感叹，耶律楚材却笑道："大汗何出此言？大汗帐下谋臣如云、猛将如雨，又怎么会缺少栋梁之才呢？"

成吉思汗叹了口气，这才将自己试图借建造宫殿之名来试探部众的心思告知了耶律楚材。耶律楚材听完之后也不说话，只吩咐下人拿来一个方形的茶壶和一个圆形的杯子，并亲自给成吉思汗沏了一杯茶。茶香袅袅飘出，耶律楚材端起茶壶向圆形的茶杯里倒了一杯茶，然后对他说道："大汗请看，这水装在方形壶中，它便是方的；但若是将它倒入圆形的杯中，它则立刻变成了圆的。"

成吉思汗看着耶律楚材若有所思，随即说道："莫非先生你的意思是说，有什么样的君主，便有什么样的臣子？先生你是觉得我平日心胸狭隘、缺乏肚量吗？"

耶律楚材急忙应道："大汗千万不要误会我的意思。我是想说，识别人的愚贤，不应只看他一时的表现，而应该联系以往，看他一贯的表现，仅仅凭借一件事情，是很难真切地判断一个人的。"

成吉思汗听完后，认为耶律楚材说得非常有道理，当下心中也就释怀一些了。

这次召开的大会，成吉思汗的长子术赤因为生病而没有出席，成吉思汗非常担忧，会后专门向一名刚从钦察回来的部众询问术赤的情况。但没想到，此人却向成吉思汗报告说，他离开之前还见到术赤去森林里打猎了，根本没有生病的样子。

成吉思汗听后勃然大怒，谎言和背叛对于他来说是同样可耻的。就在成吉思汗准备派遣二子察合台和三子窝阔台前往钦察将术赤带回来之际，钦察却突然传来术赤病逝的消息，成吉思汗顿时呆若木鸡，怎么也没想到自己竟如此轻易就错怪了术赤，顿时想起耶律楚材此前对他所说的那一番话。

在西征结束之前，成吉思汗就已经将所征服的土地分封给了术赤、察合台和窝阔台，钦察汗国便是成吉思汗分封给术赤的领土。班师回朝之前，成吉思汗将术赤派往了钦察汗国，并有意让他留守此处。在此期间，术赤一直对自己的身份感到痛苦和纠结，与察合台因此事闹翻的阴影一直留存在心中挥之不去。尤其是成吉思汗将术赤留在钦察汗国的举动，更加深了他对自己身份的怀疑。

在这样的苦闷之中，术赤日日酗酒打猎，逃避现实，有时在山林中一待就是十余日，久而久之，身体也就搞得越来越差，这才最终英年早逝。对于术赤的死，成吉思汗的内心是感到愧疚和悔恨的，尤其是作为父亲，他竟因为别人的一句话而怀疑自己的儿子，实在是非常惭愧。

想起那个向自己告密的部众，成吉思汗心中大为恼火，当即令人将他绑来，厉声道:“说！你为什么要诬告术赤?”

起初那部众沉默不语，后在成吉思汗的逼迫下才战战兢兢地交待道:“是……是二王爷，是二王爷察合台叫我这么做的！”

此话一出，察合台脸色“唰”地就白了，赶紧跪在成吉思汗面前磕头道:“大汗，这个人疯了，他在诬蔑我，我绝不会这么做的。”

此时，成吉思汗心中已经有了答案，他失望地看着察合台说道:“不是他疯了，而是你疯了。术赤是你的大哥。”

成吉思汗的目光扫过几个儿子，但唯独少了术赤，想到此，他心中不免涌起一种空落落的感觉。随后，成吉思汗下令让术赤的儿子拔都继承了术赤的位子，管理钦察汗国，其所授封地不变，疆域包括额尔齐斯河以西，咸海、里海以北。

此外，成吉思汗封给次子察合台的封地为察合台汗国，其疆域包括原西辽旧地，天山南北及阿姆河、锡尔河之间的地区。

封赏给三子窝阔台的封地为窝阔台汗国，其疆域包括额尔齐斯河上游以及巴尔喀什湖以东的地区。

伊尔汗国则是成吉思汗的孙子、拖雷之子旭烈兀在西征时期，于波斯地区所建立的汗国，也被称为波斯汗国，其疆域东起阿姆河，西至地中海小亚细亚，南达印度洋，北抵高加索山脉，与钦察汗国接壤。

1225 年 2 月，成吉思汗终于率领蒙古部众回到了故乡，持续了整整 7 年的西征终于落下帷幕。但平静的日子始终是短暂的，不到一年的时间，成吉思汗的弯弓又开始蠢蠢欲动了……

再次挥刀向西夏

1226 年，在西征结束一年后，成吉思汗再次率领蒙古军队踏上征程，这一次蒙古铁骑又将踏上“老朋友”——西夏的国土。

蒙古与西夏打交道已经不是一次两次了，成吉思汗从统一蒙古开始，就曾数次带兵征讨西夏，但每一次西夏的屈服都是为自保而采取的权宜之计，毫无信誉和诚意可言。这让成吉思汗甚为恼火，尤其让他忿恨的是，在蒙古大军准备远征花剌子模的时候，西夏不仅没有出兵相助，甚至出言不逊，致使大蒙古国上下义愤填膺，非要找它讨个公道不可。

当时西征在即，成吉思汗虽然恼怒，但还不至于分不清主次，便暂且放了西夏一马。而如今，西征已经圆满结束，接下来便是向西夏算账的时候了。

西征结束后一年，蒙古大军兵分两路，开始整军向西夏国进发：一路由成吉思汗直接领导，从漠北南下；另一路则由大将阿答赤率领，从西域借道畏兀儿东进。

蒙古大军一进入西夏国，便洗劫了位于边境处的几个村庄和城镇。成吉思汗所领导的东路大军率先攻向西夏重镇黑水城，破城之后又转而攻取阿剌筛山，大获全胜。随后，成吉思汗又率领蒙古军迅速向西，屯驻于察速秃山一带。

见成吉思汗的东路大军取得胜利，阿答赤所率领的西路大军也迅速展开行动，他们首先向西夏重镇沙州发动进攻。当时的沙州守将是西夏名将籍辣思义，他见蒙古人势力强大、来势汹涌，便决定诈降献城，主动派人给蒙古人送去了牛羊酒菜，以及许多珍贵的礼物。暗地里，籍辣思义却早已设下伏兵，就等蒙古军队放松警惕，再给他们致命一击。

就在蒙古军队欢欣鼓舞地接受籍辣思义的馈赠而毫无防备之际，伏兵突然四下涌出，打得蒙古军措手不及，大将阿答赤险些成为西夏人的俘虏。

首战告捷让西夏人士气大增，一时之间竟有了与蒙古人负隅顽抗的勇气。激战数天后，蒙古人强攻不下，便暗中挖了一条地道进入城中，里应外合地拿下了沙州，西夏守军全军覆没。之后，两路大军在察速秃山顺利会合。

此次成吉思汗攻打西夏，最主要的目的是惩罚西夏人的背叛和反复无常，因此蒙古军一路上的行为都十分残暴，杀戮不断。对于当时的惨况，《蒙古史》中是这样描述的："人们徒劳地隐藏在洞穴和大山里，在蒙古军的剑下，逃掉的几乎不到2%，战场上尸横遍野，白骨成堆。"可见，成吉思汗心中对于西夏国背叛行为的痛恨深刻而久远。

两军胜利会师后原本打算进攻兀剌海城，但成吉思汗再三思考后认为，兀剌海城防御工事非常牢固，短时间内必定难以攻破，故而决定暂缓对兀剌海城的攻打，并分兵各地，先后占领了甘州、西凉府等西夏国军事重镇。

其后，蒙古军开始向灵州城进攻。灵州城相当于西夏国度中兴府的门户，一旦被攻破，中兴府必定岌岌可危。因此，当收到蒙古人打算进攻灵州城的消息后，各地的西夏军纷纷赶来救援。但实际上，打灵州城不过是个幌子，成吉思汗真正的目的是将西夏军队主力吸引而来，并在半道上进行阻截。这一仗，西夏近 50 万士兵被歼灭，只剩数余万残兵逃入了中兴府。

此时，西夏国大势已去，成吉思汗大军也很快拿下了灵州城，但他对于西夏都城中兴府的态度却依然是“围而不打”。

1227 年正月，眼见大局已经，西夏君臣已经无路可逃，成吉思汗便令幼子拖雷带领 4 万精兵继续围困中兴府，自己则与三儿子窝阔台以及大将速不台等人率领 6 万大军南下扫荡金国势力。

此时的金国早已经风雨飘摇，虽然木华黎最终未能完成覆灭金国的任务，但在他之后，金国实际上已经几乎失去了抵抗力量。成吉思汗大军势如破竹，一路攻克了石州、洮州、河州以及德顺等地，获得了金国西部绝大部分地区。

就在这个时候，木华黎的儿子孛鲁也率领蒙古大军前来与成吉思汗军会合，整个黄河以北地区全部落入蒙古人的手中。

这一年，成吉思汗参加了一次围猎行动，因坐骑突然受惊，他从马上摔下，高烧不止。此时正值酷暑，加之治疗条件不好，成吉思汗的伤越来越重。众将领纷纷提议立即终止作战行动，返回蒙古进行休养。但成吉思汗却坚决地拒绝了这一提议，或许此时，他已经对自己的健康状态不再抱有任何希望。

就在这个时候，金国皇帝再一次派出使臣来向成吉思汗投降。此前，金国已经数次派遣使臣向蒙古求和，成吉思汗却一直不肯答应，他的心中只有一个打算，那就是将金国永久覆灭，将金国的领土划入蒙古的版图。

但这一次，成吉思汗客气地接待了金国使者，并正式答应了金国的求和，接纳了金国人所献的珍宝。

成吉思汗虽然答应金国的求和，但这并不意味着他真正放弃了金国。随后，成吉思汗大军屯驻于六盘山一带，以便于他进行休养。在这里，他焦急地等待着西夏的战况，同时孜孜不倦地拟订着自己百年之后蒙古对金国的作战方略。

此时，留守中兴府的拖雷正遵照成吉思汗的嘱托，继续围困中兴府，与西夏人展开长久的消耗战。自成吉思汗大军开始包围中兴府开始，已经过去了半年时间，在长达半年的围困中，中兴府几乎已经是弹尽粮绝，城中死伤无数，根本再无力做任何反抗。

6 月间，西夏突然发生了地震，中兴府中大部分建筑在地震中塌陷，这对西夏人而言无疑是雪上加霜。终于在这个月，西夏的小皇帝李晛在走投无路之下，向成吉思汗提出献城投降，但希望成吉思汗能给他一个月的时间。这个时候李晛已经知道成吉思汗患病的消息，之所以提出宽限一个月，实际上是因为西夏君臣都抱有一种侥幸心理，试图通过这个月对成吉思汗的病情进行观察，然后再根据实际情况作出最终决定。直至此刻，西夏人依旧在思索着，是不是要在这一个月内重施其拿手的“反复无常”伎俩。

一个月后，李晛始终没能等到成吉思汗病逝的消息，只得赶紧准备丰盛的礼物，按照蒙古的礼仪规定，向成吉思汗投降，希望成吉思汗能够放他一条生路。虽然小皇帝李晛表现得极其有诚意，并带来了大量的金银牲畜，蒙古人却似乎不吃这套，只肯让他在成吉思汗的帐外拜见。

事实上在那个时候，成吉思汗的病情已经非常严重了，蒙古人之所以不让李晛见到成吉思汗，便是不希望这一消息透露出去，因为一旦成吉思汗病重的消息传说，难保西夏和金国的情况不会有所异动。好在西夏人此前的反反复复早已激怒了成吉思汗，李晛得不到成吉思汗的接见，心中倒也并未生疑。

为了杜绝西夏再次反叛，成吉思汗随即下令将李晛一家全部处死。至此，西夏国终于正式灭亡了。蒙古对西夏前前后后一共征讨了六次，历时23年之久。在成吉思汗去世的前夕，他终于完成了对西夏国的最后一战，亲手将其覆灭。

壮志未酬

成吉思汗的病已经越来越重，他甚至已经感觉到了死神在耳边的呼吸。连日来，他一直梦见那些已经死去的将领、与他并肩作战的兄弟，他知道，自己大限将至、时日不多了。

此时，成吉思汗的长子术赤已经死去，而剩下的3个儿子中，察合台正留守蒙古大本营，并不在他身边。

成吉思汗屏退左右，将窝阔台和拖雷叫到了跟前，叮嘱他们道："我的儿子们啊，我现在已经时日不多了。在腾格里的保佑下，我已经为你们创建了一个大帝国。这个帝国实在太大了，如果你们要使它统一在一起不致分解，就要共同合作，抵御外敌，并帮助彼此来增加财富。等我死后，就由窝阔台来继承我的皇位吧，千万不要违背我的意思啊。现在察合台不在我的身边，你们一定要注意，防止他生出乱心。"

成吉思汗虽然按照之前所商定的结果，让三子窝阔台继承了自己的皇位，但实际上真正继承实权的人，却是四子拖雷。蒙古人向来保持着游牧社会“幼子守产”的习俗，根据蒙古人的习俗，家中的儿子长大成人之后，都有权力带走父母的一部分财产，离开父母去生活。而最小的儿子则不能离开父母，他将继承家中的大部分产业，并承担照顾父母的职责。

成吉思汗在分封领土的过程中，实际上也一直遵循这一习俗。他将他的兄弟们尽数分封在东面地区，其中合撒儿分封于蒙古东北部，合赤温死后其子分封在蒙古东部，帖木格分封在蒙古最东北的地区，别勒古台则分封在克鲁伦河中游一带地区。

而对自己的儿子，成吉思汗也有各自的分封。此前说过，除了拖雷以外，成吉思汗的其他三个儿子都在西征结束之前有了自己的封地。而幼子拖雷则将继承成吉思汗所统领的大片地方，并接管成吉思汗手下的众多军队。可以说，成吉思汗一生之中最重要的财产，以及蒙古帝国的实际军事权力，都捏在了拖雷手中。

弥留之际，成吉思汗始终不能忘记与金国之间的战事，这或许是他戎马生涯之中的最大遗憾。此时的他已经非常虚弱，但依然没有忘记自己的雄心壮志，他对儿子们以及跟随他南征北战的将领们说道：“金兵主要屯驻于潼关，南据险要高山，北临奔腾黄河，故而难以攻破。因此，我们应当取道于宋，由宋地向金国发起进攻。宋朝和金国是死敌，必定会同意我们的要求。到时，蒙古大军由宋道下河南，由河南直取开封。金兵见状，必定会召集屯驻于潼关的军队前往抵御。但即便让他们赶到，也是一群疲惫之师，根本无法与我大蒙古军相抗，如此一来，开封也就破了。”

这是成吉思汗在养病期间亲自为攻伐金国所制订的计划，但可惜，他已经无法亲自在战场上挥斥方遒，享受最终的胜利果实了。成吉思汗去世6年后，幼子拖雷率领蒙古大军实践了这一计划，并成功于1233年5月攻破开封。

随后，成吉思汗还交代道：“等我死去之后，千万不要发丧，不能让敌人知道我已经死去。”这一要求是非常理智的，无论是已经投降的金国，还是失去领主的西夏，此时内部都还十分不稳定，他们的投降很大一部分是慑于成吉思汗的威名，一旦知晓成吉思汗死去，各地难保不会趁机发动叛乱。

1227 年秋，成吉思汗病逝于六盘山附近的清水县。

在成吉思汗死后，蒙古人果然遵从其遗命，没有举哀发丧，只暗自筹备了一支送葬队伍，秘密将成吉思汗的灵柩送走。为了避免消息透露，但凡是在路上见到此支送葬队伍的人，都被蒙古人杀死了。

最终，成吉思汗被葬在不儿罕山中，为了避免有人发现成吉思汗的墓地，在埋葬成吉思汗之后，蒙古人不仅没有竖立墓碑，更令蒙古骑兵踏平了埋葬成吉思汗的土地。据史书记载：“其（成吉思汗）墓无冢，以马践蹂，使如平地。若忒没真之墓，则插矢以为垣，逻骑以为衡。”

关于成吉思汗的死因除以上正史所记载之外，还有多种不同的说法。

第一是“雷击说”。

这一说法来源于曾出使蒙古的罗马教廷使节约翰•普兰诺•加宾尼的一篇文章，他在文中透露，成吉思汗实际上是被雷电击中而死亡的。

加宾尼是葡萄牙人，曾于 1245 年至 1247 年之间出使中国。他在蒙古草原的时候发现，这里常常会发生雷电伤人的事故，曾记载称：“在那里（蒙古草原）却有凶猛的雷击和闪电，致使很多人死亡。”因此蒙古人都非常害怕雷电。

此外，《黑鞑事略》一书中也有相似记载：“鞑人（蒙古人）每闻雷霆，必掩耳屈身至地，若躲避状。”

可见蒙古草原多发雷电事故并非空穴来风，但至于成吉思汗究竟是否死于雷电，除了加宾尼的“证词”外，似乎并没有决定性的证据。

第二是“中毒说”。

这一说法来自于意大利人马可·波罗的著作《马可·波罗游记》。

马可·波罗曾于 1275 年到中国经商，此时正值忽必烈当政时期，而他也因此与元朝政府有过长达 17 年的往来。

关于成吉思汗的死亡，马可·波罗在书中是这么记载的："在进攻西夏时围攻太津（吉州，古要塞）时，成吉思汗膝部不幸中了西夏兵士射来的毒箭。结果可想而知，毒箭攻心，伤势益重，一病不起。"

此外，民间也流传着关于成吉思汗乃是中毒身亡的说法，但又传成吉思汗并非死于西夏兵的毒箭，而是死于美貌的西夏王妃之手。据说这位西夏王妃非常漂亮，被成吉思汗一眼看中，在侍寝的过程中，他趁机下毒杀死了成吉思汗。

第三是"被刺说"。

这一说法的主角依然是美丽的西夏王妃。据蒙古民间传说，成吉思汗在攻破西夏后，士兵们俘虏了美艳的西夏王妃，并将她献给了成吉思汗。成吉思汗非常高兴，当即下令让西夏王妃侍寝。西夏王妃趁机藏有利器，在成吉思汗放松警惕的时候将他刺死。

这一说法来自于清康熙元年写成的《蒙古源流》一书，这本书非常珍贵，后被乾隆皇帝收入了《四库全书》，因此这一说法具有较高的可信度，值得研究。

第四是"被咬掉生殖器说"。

这种说法听上去极其惊悚，正史之中也没有任何相关记载，主要流传于外蒙古人之间。这一说法的主角依然是美貌的西夏王妃。据说当时成吉思汗看中了西夏王妃，要求娶她做妃子，西夏王妃表面上同意了，心中却一直想着复仇。于是，在侍寝的时候，西夏王妃趁成吉思汗在兴头上，一口狠狠咬下了他的生殖器，顿时血流如注。在身心的双重打击下，成吉思汗一病不起，很快逝世了。因为这件事情实在是难以启齿，为顾及成吉思汗的脸面，便对外宣称说成吉思汗是因坠马受伤而死的。而西夏王妃最终也跳河自尽。

以上几种说法既有言之成理的，也有匪夷所思的，当然也不乏香艳无边又惊悚无比的。如今，我们已经无法再确切地证实这位天之骄子的死亡原因，但无论如何，这位叱咤风云的帝王终于走完了他不平凡的一生，为后世留下了不朽的传说。

一代天骄

“由于有了蒙古人，人类才第一次拥有了世界史，而蒙古人倔强不拔、勇猛无敌的精神和机智敏捷的性格塑造了伟大的成吉思汗……网络还未出现的700年以前的蒙古人，却打通了世界各国的关系，建立了国际往来关系。”

这是韩国总统金大中对成吉思汗的评价。

确实如此，无论是对于蒙古，还是对于中国，或是对于世界，成吉思汗的存在都有着非常深远的影响。

纵观成吉思汗的一生，大约可以分为3个阶段：一是统一分散落后的蒙古部落，在蒙古大草原上建立起一个统一政权；二是南进中原，统一中国北方地区；三是西征，走向世界，建立起一个横跨欧亚大陆的伟大帝国。

在这3个阶段中，成吉思汗打通了中西贸易，同时也打破了封建社会的枷锁。但伴随而来的却是大规模残酷的屠杀与破坏，而这也正是他的一生都充满争议的主要缘由。有人说：“他（成吉思汗）使恐怖成为一种整体，使屠杀成为了一种蓄意而有条理的制度。”

不可否认，成吉思汗所领导的蒙古大军在当时就是杀戮与掠夺的代名词，许多无辜的百姓死于蒙古铁骑的践踏之下，许多辉煌的文明也因此而消失在历史的长河中。他是敌人眼中的“魔鬼”、“刽子手”，但他同时又是一名优秀的军事家、政治家及一个伟大的帝王。

成吉思汗所生活的年代，正是蒙古历史发生巨变的年代，当时蒙古的氏族制度开始逐渐分崩离析，阶级分化也日趋显著，生产力的发展使得封建文化思想开始生根发芽。在这样一种转变中，蒙古大草原急需一个统治者带领它完成历史的蜕变。而成吉思汗符合了一切时代所需要的特质，他最终站在了历史的选择之下，将游牧民族从部落与氏族的狭隘血缘关系之中解救出来，终止各个部族之间常年不断的混战与争斗，使得蒙古在新的统一下有了更大的发展和希望。

成吉思汗把蒙古从松散的部落逐渐塑造成为一个强悍的国家，一步步摆脱了金国的奴役，为蒙古社会的发展创造了有利条件。

而此后成吉思汗大规模的军事活动，则进一步打通了亚洲陆路上的交通线，并从侧面促进了中西文化的交流。蒙古社会也得以接触到更加高端的文明，蒙古社会的经济文化都有了飞跃发展。

但同时，我们也不可否认，成吉思汗所发动的侵略战争给各个国家都带来了深重的灾难，无论是亚洲还是欧洲，其历史进程都因蒙古帝国的崛起而大受影响。此前，亚洲许多国家事实上都已经拥有了高度发达的封建经济文化，但蒙古人的到来却摧毁了这一切，他们焚毁城池，踩踏农田，并屠杀了大批支持封建经济发展的劳动力。与此同时，农耕社会所依赖、花费了大量财力物力所修建的灌溉系统相继遭到破坏，许多地区也因蒙古人的践踏而成为荒无人烟的废墟。

可以说，蒙古人的侵略与征讨严重地破坏了亚洲地区的经济发展和文明建设，使得亚洲地区在很长一段时间内处于停滞甚至倒退状态。

在东欧，成吉思汗以及此后他的继承者们也给一部分国家造成了难以弥补的不良影响。蒙古帝国对俄罗斯的长期统治与奴役，造成了俄罗斯在经济文化建设方面的停滞。匈牙利和波兰等国因蒙古人的入侵而国力受损，被迫依附于日耳曼王朝，且放弃了其民族独立性。

而在这场席卷亚欧大陆的蒙古崛起风暴中，西欧各国则成为其中的幸运儿。在亚洲和东欧人民的抵抗下，蒙古大军并未将触手延伸到西欧各国，这些国家的社会经济文化得以平稳地向前发展，最终越过亚洲和东欧，站在了世界巅峰。

总而言之，成吉思汗对众多国家的经济文化发展都造成过不可弥补的伤害，但他的出现也为蒙古带来了空前的稳定和繁荣，同时打破了世界各国在文化经济交流方面的隔膜。他既有滔天之罪，同时又有万世之功。但无论如何，至少有一点可以肯定，成吉思汗对于世界历史的影响毋庸置疑，他在世界历史上的伟大地位也不容动摇，他是当之无愧的雄霸世界的一代天骄！